Research on Commerce of the Silk Road in the
Wei Jin Southern and Northern Dynasties

魏晋南北朝丝路贸易研究

方高峰 著

图书在版编目(CIP)数据

魏晋南北朝丝路贸易研究 / 方高峰著. ——北京：北京大学出版社，
2024.7. -- ISBN 978-7-301-35311-0
Ⅰ. F752.9
中国国家版本馆CIP数据核字第20248HM201号

书　　　名	魏晋南北朝丝路贸易研究
	WEI JIN NANBEICHAO SILU MAOYI YANJIU
著作责任者	方高峰　著
责任编辑	周　粟
标准书号	ISBN 978-7-301-35311-0
出版发行	北京大学出版社
地　　址	北京市海淀区成府路205号　100871
网　　址	http://www.pup.cn　新浪微博：@北京大学出版社
电子邮箱	编辑部 dj@pup.cn　总编室 zpup@pup.cn
电　　话	邮购部010-62752015　发行部010-62750672
	编辑部010-62756694
印　刷　者	北京中科印刷有限公司
经　销　者	新华书店
	720毫米×1020毫米　16开本　15.75印张　250千字
	2024年7月第1版　2025年6月第2次印刷
定　　价	65.00元

未经许可，不得以任何方式复制或抄袭本书之部分或全部内容。
版权所有，侵权必究
举报电话：010-62752024　电子邮箱：fd@pup.cn
图书如有印装质量问题，请与出版部联系，电话：010-62756370

国家社科基金后期资助项目
出版说明

后期资助项目是国家社科基金设立的一类重要项目，旨在鼓励广大社科研究者潜心治学，支持基础研究多出优秀成果。它是经过严格评审，从接近完成的科研成果中遴选立项的。为扩大后期资助项目的影响，更好地推动学术发展，促进成果转化，全国哲学社会科学工作办公室按照"统一设计、统一标识、统一版式、形成系列"的总体要求，组织出版国家社科基金后期资助项目成果。

全国哲学社会科学工作办公室

目 录

绪论 ··· 1
第一章 魏晋南北朝丝路贸易的背景 ······································· 9
第一节 秦汉丝路贸易 ··· 9
一、先秦时期丝路贸易的萌芽 ··· 9
二、秦汉丝路贸易的物质基础 ·· 10
三、汉代丝路贸易的全面展开 ·· 12
第二节 魏晋南北朝的经济 ·· 19
一、魏晋南北朝时期北方经济的缓慢恢复与发展 ························ 19
二、魏晋南北朝时期南方经济发展与经济重心的初步
形成 ··· 30
第三节 魏晋南北朝时期丝绸之路沿线各国 ······························ 40
一、西部各国 ··· 40
二、东南亚诸国 ··· 54
三、东亚诸国 ··· 60
第二章 魏晋南北朝时期丝路交通的维护与拓展 ···························· 66
第一节 魏晋南北朝时期西域丝路交通的维护与拓展 ······················ 66
一、魏晋十六国时期政府对西域丝路交通的维护 ························ 66
二、北朝政府对西域丝路交通的维护与拓展 ···························· 71
第二节 魏晋南北朝时期海东丝路交通的维护与拓展 ······················ 74
一、魏晋十六国时期政府对海东丝路交通的维护与拓展 ·················· 75
二、南北朝时期海东丝路交通的发展 ·································· 80
第三节 魏晋南北朝时期海南丝路交通的维护与拓展 ······················ 88
一、孙吴对海南丝路交通的开拓 ······································ 88
二、两晋时期海南丝路交通的曲折 ···································· 90
三、南朝时期海南丝路交通的发展 ···································· 92
第三章 魏晋南北朝丝路贸易起点与路线的演变 ···························· 98
第一节 魏晋南北朝丝路贸易起点的多元化 ······························ 98

一、洛阳 ………………………………………………… 98
　　二、建康 ………………………………………………… 101
　　三、平城 ………………………………………………… 106
　　四、邺城 ………………………………………………… 108
　　五、长安 ………………………………………………… 110
　第二节　魏晋南北朝陆上丝路贸易路线的演变 ………… 112
　　一、新疆北道的正式开通 ……………………………… 113
　　二、青海道的繁盛与草原路的复苏 …………………… 117
　第三节　魏晋南北朝海上丝路贸易路线的演变 ………… 127
　　一、魏晋南北朝时期南方造船与航海技术的进步 …… 127
　　二、海东丝绸之路的演变 ……………………………… 129
　　三、海南丝绸之路的演变 ……………………………… 130

第四章　魏晋南北朝丝路贸易的管理、形式及主要商品 …… 134
　第一节　魏晋南北朝丝路贸易管理 ……………………… 134
　　一、管理机构 …………………………………………… 134
　　二、贸易统制 …………………………………………… 136
　　三、畅通丝路 …………………………………………… 139
　　四、招徕与优待外商 …………………………………… 142
　第二节　魏晋南北朝时期的官方贸易与民间贸易 ……… 147
　　一、官方贸易与民间贸易的关系 ……………………… 147
　　二、官方丝路贸易 ……………………………………… 148
　　三、民间丝路贸易 ……………………………………… 154
　　四、魏晋南北朝丝路贸易规模 ………………………… 168
　第三节　魏晋南北朝丝路贸易的主要商品 ……………… 174
　　一、丝绸 ………………………………………………… 174
　　二、陶瓷与铜镜 ………………………………………… 176
　　三、马匹 ………………………………………………… 179
　　四、玻璃器、金银器等器具 …………………………… 182
　　五、香料与药材 ………………………………………… 191
　　六、矿产 ………………………………………………… 193
　　七、毛织品、吉贝与火浣布等织物 …………………… 193
　　八、观赏动物 …………………………………………… 196
　　九、蒲陶与槟榔等食物 ………………………………… 199
　　十、宗教文化用品 ……………………………………… 200

十一、奴婢 ………………………………………………… 201
第五章　魏晋南北朝丝路贸易的影响 ……………………………… 203
　第一节　魏晋南北朝时期中国对丝路沿线国家认识的深化 …… 203
　第二节　魏晋南北朝时期中国与丝路沿线国家的文化交流 …… 207
　　一、外来文化的输入 ……………………………………… 207
　　二、中华文化的外播 ……………………………………… 214
　第三节　魏晋南北朝时期中国与丝路沿线国家的技术交流 …… 221
　　一、外来物种与工艺技术的传入 ………………………… 221
　　二、中国技术的外播 ……………………………………… 224

参考文献 ……………………………………………………………… 237
　一、历史文献与出土文献 …………………………………… 237
　二、今人论著 ………………………………………………… 238

后记 …………………………………………………………………… 244

绪　论

中西交通与中西贸易虽早已存在，但直到汉代张骞"凿空"西域，才得到官方重视，丝绸之路才得以真正开通，丝路贸易才真正发展。近年来汉代以丝绸之路开拓者地位得到学术界的青睐，隋唐也以陆上丝绸之路的鼎盛而得到学术界的肯定。而界于两汉与隋唐之间的魏晋南北朝由于长期战乱，被认为是丝绸之路的低谷，代表性说法如中西交通史研究的开拓者之一方豪先生所言"魏晋南北朝时，西域交通大衰"，"北朝曾将西域交通完全隔断"①。因此，魏晋南北朝时期的丝绸之路研究未得到应有的重视，这种局面最近已有所改观。

石云涛先生撰写了研究魏晋南北朝时期中西交通演变的系列论文，并在2007年出版了专著《三至六世纪丝绸之路的变迁》，这是迄今为止研究3～6世纪魏晋南北朝时期中西交通演变最全面的学术专著，该书的核心观点是：魏晋南北朝时期的中西交通，比之两汉时期，在规模、范围和影响上，"都大大地发展了"②。荣新江先生相继出版了《中古中国与外来文明》③《中古中国与粟特文明》④《丝绸之路与东西文化交流》⑤ 三本研究汉唐时期中外关系的论文集，其中《中古中国与外来文明》和《中古中国与粟特文明》主要论述这一时期粟特人东迁入华轨迹、粟特人聚落的分布及其演变、粟特人的宗教信仰、粟特商队的构成、商队首领名称、职能等的演变等；《丝绸之路与东西文化交流》主要研究汉唐时期丝绸之路路线的演变、丝绸之路上某些城镇或地区的特殊作用、丝绸之路上的东西文化交流，其中不少内容涉及魏晋南北朝时期。张绪山先生的《中国与拜占庭帝国关系研究》⑥ 是一部系统研究4～15世纪中国与拜占庭帝国交流史的学术专著，又以6世纪初到7世纪中叶为重点，自然有不少内容涉及魏晋南北朝时期的丝路交通与丝路贸易。

---

① 方豪：《中西交通史》（上册），上海：上海人民出版社，2008年，第131页。
② 石云涛：《三至六世纪丝绸之路的变迁》，北京：文化艺术出版社，2007年，第1、2页。
③ 荣新江：《中古中国与外来文明》，北京：生活·读书·新知三联书店，2001年。
④ 荣新江：《中古中国与粟特文明》，北京：生活·读书·新知三联书店，2014年。
⑤ 荣新江：《丝绸之路与东西文化交流》，北京：北京大学出版社，2015年。
⑥ 张绪山：《中国与拜占庭帝国关系研究》，北京：中华书局，2012年。

近年来有关丝绸之路的地下考古文献资料也有了新的发现，最有价值的莫过于1997年以来，特别是2004年至2006年在新疆吐鲁番的阿斯塔那、巴达木、洋海等地出土的一批高昌公私文书，后经荣新江、李肖、孟宪实等先生整理出版①，这是继唐长孺先生主编的《吐鲁番出土文书》之后吐鲁番出土文献的又一重大发现，引起了学术界的高度关注，代表性成果有荣新江、李肖、孟宪实先生的《新获吐鲁番出土文献概说》②、荣新江先生的《吐鲁番新出〈前秦建元二十年籍〉研究》③、裴成国先生的《吐鲁番新出北凉计赀、计口出丝帐研究》④、孟宪实先生的《吐鲁番新出一组北凉文书的初步研究》⑤、王素先生的《吐鲁番新获高昌郡文书的断代与研究——以〈新获吐鲁番出土文献〉为中心》⑥ 等。

但整体而言，魏晋南北朝时期的丝绸之路研究仍然是比较薄弱的，特别是对这一时期丝绸之路的历史地位、丝路贸易的特点等研究明显不足，因此，我们认为系统研究魏晋南北朝时期的丝绸之路，特别是丝路贸易，仍有必要。

一

魏晋南北朝时期除西晋短暂统一外，长期处于分裂割据状态，战争之频繁，祸害之惨烈，堪称中国古代社会之最，其中影响最大的有三次，第一次是东汉末年，始于东汉灵帝中平六年（189）董卓之乱，持续到建安十二年（207）曹操基本统一北方；第二次是西晋末年，肇始于惠帝元康元年（291）的"八王之乱"，继之以"永嘉之乱"，中国北方进入最为混乱的"五胡十六国"时期，直到439年北魏统一北方；第三次是北魏末年，始于孝明帝正光四年（523）的北方边镇农民起义，继之以尔朱荣之乱，然后北魏分裂为东魏、西魏，东西对峙，连年交战。三

---

① 荣新江、李肖、孟宪实主编：《新获吐鲁番出土文献》（全二册），北京：中华书局，2008年。
② 荣新江、李肖、孟宪实：《新获吐鲁番出土文献概说》，《文物》2007年第2期。
③ 荣新江：《吐鲁番新出〈前秦建元二十年籍〉研究》，《中华文史论丛》2007年第4辑，上海：上海古籍出版社，2007年，第1~30页。
④ 裴成国：《吐鲁番新出北凉计赀、计口出丝帐研究》，《中华文史论丛》2007年第4辑，上海：上海古籍出版社，2007年，第65~103页。
⑤ 孟宪实：《吐鲁番新出一组北凉文书的初步研究》，《西域历史语言研究集刊》第1辑，北京：科学出版社，2007年，第1~12页。
⑥ 王素：《吐鲁番新获高昌郡文书的断代与研究——以〈新获吐鲁番出土文献〉为中心》，《故宫学刊》2009年第1期。

次战乱都严重影响了整个社会经济，对外交通与对外贸易丧失了基础，所以魏晋南北朝时期丝绸之路出现过三次衰退。三次战乱中又以第二次破坏最大，所以这次的衰退最为严重，十六国时期，西域客商一般只能以河西走廊为贸易大本营，与中原的交通基本停顿。但就整个魏晋南北朝时期来说，丝绸之路并不是衰退的，更不是停顿的，只能说是波动的，并且整体上说还是发展的。

东汉末年，战乱使对外交通与对外贸易大为衰退，但随着曹魏统一北方与三国鼎立局面的形成，局势逐渐稳定下来，经济逐渐恢复，对外交通与对外贸易随之恢复，其中曹魏与孙吴成绩显著。曹魏在西域，沿汉制设置戊己校尉与西域长史，实施对西域的实质管理，西域"大国龟兹（今新疆库车）、于阗（今新疆和田）、康居、乌孙、疏勒（含今新疆喀什）、月氏、鄯善、车师之属，无岁不奉朝贡，略如汉氏故事"①，特别是车师后部"王治于赖城，魏赐其王壹多杂守魏侍中，号大都尉，受魏王印"②，影响最大。天山以北西域诸国都是车师后部的属国，其王都于赖城在天山以北，是北新道的枢纽，车师后部接受曹魏册封，从而使东汉时期时通时绝的北新道正式开通。从此以后，直到隋唐，今新疆境内的丝绸之路就由原来的两条固定为三条，天山以北的北新道成为丝绸之路重要的一环。南方的孙吴具有较高的造船与航海技术，积极拓展海外交通：向北，开通了从我国江南到达朝鲜半岛的海上新航线，此后一直为东晋南朝政府所承袭；向南，孙吴派遣宣化从事朱应、中郎康泰出使扶南（今柬埔寨等地），并积极拓展与南亚的天竺（今印度）乃至欧洲大秦的交往。西晋代魏，特别是统一全国后，实力有所增强，丝绸之路更有所发展：向西，西域戊己校尉马循曾多次出兵大败鲜卑，确保了对西域的实质控制，从而使绿洲丝绸之路得以通畅；向东，强化了与朝鲜半岛和日本诸国的联系；向南，继承孙吴遗产，加强了与扶南、林邑等东南亚国家的联系。经过曹魏与西晋的数代经营，洛阳再次成为国际性大都市。但应该说，魏晋时期，丝绸之路特别是绿洲丝绸之路还只是一定程度上的恢复，远没有达到汉代的规模。

西晋末年到十六国时期是丝绸之路的大衰退期，当然这个时期丝绸之路也没有完全中断。当时河西走廊丝路贸易就比较发达，特别在前凉与北凉时更为明显。即便在中原，后赵与前秦都对北方有过短暂统一，

---

① ［晋］陈寿撰：《三国志》卷30《魏书·乌丸鲜卑东夷传》，北京：中华书局，1959年，第840页。
② 《三国志》卷30《魏书·乌丸鲜卑东夷传》注引《魏略·西戎传》，第862页。

他们都采取过一些稳定社会、发展经济的措施，丝绸之路也有所复苏，如后赵石勒时期，"时高句丽、肃慎致其楛矢，宇文屋孤并献名马于勒。凉州牧张骏遣长史马诜奉图送高昌（今新疆吐鲁番）、于阗、鄯善、大宛使，献其方物"①。前秦苻坚时"鄯善王、车师前部王来朝，大宛献汗血马……天竺献火浣布，康居、于阗及海东诸国，凡六十有二王，皆遣使贡其方物"②。但这种局面往往是昙花一现。

南北朝时期的丝绸之路出现了一个新的发展高潮，其规模与水平不仅远超魏晋，而且也超过了两汉。北魏统一北方后，声势如日中天，曾大败柔然，灭鄯善，破焉耆、龟兹，并一度在焉耆置镇，北魏对西域的控制一度远超前代，这大大促进了丝绸之路的发展。据石云涛先生统计，与北魏有官方来往的葱岭以西国家多达 97 个③，数量远超两汉。北魏开通了与东罗马帝国的陆上交通；与中亚强国嚈哒、西亚的波斯和南亚的天竺联系都相当紧密。北魏除了与西域各国强化联系外，也加强了与朝鲜半岛高丽等国的联系，据韩昇先生统计，高丽向北魏遣使多达 79 次④，有时甚至一年数次，北魏派遣的使者数量也是基本对等的。北魏时期丝路交通的发展，使丝路贸易达到一个新水平，邢峦在宣武帝时奏道："蕃贡继路，商贾交入，诸所献贸，倍多于常。"⑤

在南方，东晋南朝社会相对安定，北方流民大批南下，经济文化得到较快发展；南方政府又以承袭晋室王朝正统自处，具有一定的政治优势，对周边国家具有较强的吸引力，因此，丝绸之路得到较大发展，特别在刘宋与萧梁时出现两个高潮。向东，南朝强化了与朝鲜半岛各国的联系，据韩昇先生统计，高丽、百济分别向南朝政府遣使 44 次与 27 次⑥。向南，南朝政府与海上丝绸之路沿线国家交往达到了历史新高，其数量与规模都远超汉代。据我们对《宋书》卷 97《夷蛮传》与《宋书》本纪的统计，与刘宋朝廷有正式交往的南亚与东南亚国家有林邑国、扶南国、诃罗驼国、呵罗单国、婆皇国、婆达国、阇婆婆达国、师子国（今斯里兰卡）、天竺迦毗黎国、苏摩黎国、斤陀利国、盘盘国、婆利国、干陀利国，共计 14 国；而萧梁则是"自梁革运，其奉正朔，修贡职，航海岁

---

① ［唐］房玄龄等撰：《晋书》卷 105《石勒载记下》，北京：中华书局，1974 年，第 2747 页。
② 《晋书》卷 113《苻坚载记上》，第 2904 页。
③ 石云涛：《三至六世纪丝绸之路的变迁》，北京：文化艺术出版社，2007 年，第 156 页。
④ 韩昇：《"魏伐百济"与南北朝时期东亚国际关系》，《历史研究》1995 年第 3 期。
⑤ ［北齐］魏收撰：《魏书》卷 65《邢峦传》，北京：中华书局，1974 年，第 1438 页。
⑥ 韩昇：《"魏伐百济"与南北朝时期东亚国际关系》，《历史研究》1995 年第 3 期。

至，逾于前代矣"①，数量更超刘宋，丹丹国和狼牙修国都是在萧梁时期第一次到访中国。随着海上丝路交通的发展，丝路贸易规模也随之扩大，正如《宋书》卷97《夷蛮传》所说："若夫大秦、天竺……而商货所资，或出交部，泛海陵波，因风远至。……故舟舶继路，商使交属。"

南北朝时期丝路贸易规模可能已超迈汉代，最明显的标志是丝路贸易门户河西走廊与交、广地区的流通货币发生改变②，据《隋书》卷24《食货志》，北周之际，"河西诸郡，或用西域金银之钱，而官不禁"，而"梁初……交、广之域，全以金银为货"。充当货币的金银主要因贸易发展而由境外输入，自然包括具有国际货币功能的罗马金币与波斯银币③。

国家的长期分裂，使魏晋南北朝时期的丝路贸易具有自身特点。首先，从丝绸之路起点来看，魏晋南北朝时期呈现出多元化特征。两汉与隋唐，丝绸之路均以长安为起点，而魏晋南北朝时期北方的洛阳、平城（今山西大同）、邺城（今河北邯郸临漳县西、河南安阳北一带）、长安和南方的建康（今江苏南京）都曾充当过丝路起点的角色，特别是建康成为丝路贸易的起点，对江南经济发展带来重大影响。其次，从丝绸之路贸易主体来看，魏晋南北朝时期民间贸易比重有所增加。两汉与隋唐，国家强大，以国家为背景的官方贸易比重极大，而魏晋南北朝时期国家长期动荡，国力衰弱，以国家为背景的官方贸易比重有所降低，而民间贸易比重则相应上升。最后，从丝绸之路贸易路径来看，魏晋南北朝时期海上丝路贸易比重有所提升。两汉与隋唐，丝路贸易均以陆路为主，而魏晋南北朝时期因为南北长期分裂与南方经济的开发，海上丝路贸易比重显著提升。

二

为什么丝绸之路在战乱频繁的魏晋南北朝时期整体上仍然是发展的，在南北朝时期甚至还超越了汉代呢？

第一，汉代丝路贸易的发展为魏晋南北朝丝路贸易奠定了历史基础。一方面，汉代丝绸之路的全线贯通为魏晋南北朝的丝路贸易确定了基本

---

① [唐]姚思廉撰：《梁书》卷54《诸夷传》，北京：中华书局，1973年，第783页。
② 姜伯勤：《广州与海上丝绸之路上的伊兰人：论遂溪的考古新发现》，广东省人民政府外事办公室、广东省社会科学院编：《广州与海上丝绸之路》，广东省社会科学院，1991年，第21~33页；姜伯勤：《敦煌吐鲁番文书与丝绸之路》，北京：文物出版社，1994年，第198、199页。
③ 夏鼐：《咸阳底张湾隋墓出土的东罗马金币》，《考古学报》1959年第3期。

路线;另一方面,汉代丝路贸易给中国与丝绸之路沿线各国带来的巨大经济效益,特别是奢侈品贸易,对各国统治者具有巨大的诱惑力,甚至形成一种消费依赖,这是各国统治者发展丝路贸易的内在动力。

第二,魏晋南北朝的经济发展为丝路贸易奠定了物质基础。魏晋南北朝的经济有过三次大的衰退,但整体上仍在曲折中艰难发展,表现在两个方面:一是经济区域较汉代大为拓展。南方特别是江南经济得到长足发展,形成新的经济重心;北方的河北地区、河西走廊与辽西地区经济得到了一定发展①。南方新的经济重心的形成为海上丝路贸易发展提供了新的动能,这也是魏晋南北朝时期海上丝路贸易远超汉代的根本原因;河西走廊的经济发展为开拓绿洲丝绸之路提供了物质保障;辽西地区的经济开发为发展与朝鲜半岛的交往提供了战略基地。二是生产技术水平较汉代有所提升,特别是冶铁技术进步显著,冶炼基地大为增加;丝织技术有所进步,丝织中心有所拓展,南北朝时期的丝织品无论数量还是质量都较汉代有所发展;瓷器的质量、产量都有较大提高,瓷器已逐渐取代陶器,成为人们必不可少的日用品②;造纸业在原料、技术、产量都上了一个新台阶,纸张已取代简牍成为主要的书写材料。魏晋南北朝虽处于动乱之中,但制度、物质、文化仍然处于领先地位,这是丝绸之路沿线各国发展与中国贸易的外在动力。

第三,维护与开拓华夏朝贡体系是丝绸之路发展的政治因素。魏晋南北朝时期虽然政权林立,但每个政权都以华夏正统自居,以"声训所渐,戎夏同风"③"四夷来朝"④为己任,积极维护和开拓传统的华夏朝贡体系,拉拢周边各国,对入朝各国封赐甚厚。而自秦汉以来,各个朝代对周边小国都具有较强的吸引力,这些小国也愿意"奉正朔"。政权实力越强,对外吸引力就越强,政治交往就越频繁。总体上来说,曹魏西晋时期基本能维持汉代以来的朝贡体系,孙吴则开拓了东南亚地区的朝贡体系;东晋十六国时期,华夏朝贡体系处于衰退甚至停顿状态;南北朝时期朝贡体系则发展为高潮。

第四,军事上的合纵连横是丝绸之路发展的直接动因。魏晋南北朝时期国家长期分裂,每个政权为了与敌对政权相抗衡,尽可能地与周边

---

① 蒋福亚:《魏晋南北朝社会经济史》,天津:天津古籍出版社,2005年,第176~202页。
② 王仲荦:《魏晋南北朝史》,上海:上海人民出版社,2016年,第456页;蒋福亚:《魏晋南北朝社会经济史》,天津:天津古籍出版社,2005年,第98页。
③ 《梁书》卷2《武帝纪中》天监七年春正月乙酉朔武帝诏,第46页。
④ [唐]令狐德棻等撰:《周书》卷49《异域传上》序,北京:中华书局,1971年,第884页。

政权合纵连横，共组联合阵线。如鲜卑南下建立政权后，柔然汗国称雄北方草原，南朝政权一直希望联合柔然以夹击北魏；而北魏太武帝控制西域，开通丝绸之路的首要目的也是要断柔然右臂，并切断柔然与南朝政权的联系，军事上的合纵连横在一定程度上也促进了彼此交往。

第五，经济利益是丝绸之路发展的内在动力。民间的丝路贸易自然是追求经济利益，官方发展丝路交通的内在动力也是追求经济利益，特别是追求异域的奢侈品。魏晋南北朝属于典型的门阀社会，门阀大族占有巨额财富，具有特殊的政治社会地位，他们"平流进取，坐致公卿"，不思进取，彼此炫富、斗富，而奢侈品正是他们斗富的重要工具①，因此，对奢侈品的需求激增，从而促进丝路贸易发展。

第六，佛教文化传播是魏晋南北朝时期丝绸之路发展的重要推动力。佛教虽在东汉就已传入中国，但当时多被视为一种方术而存在，影响甚小。而到魏晋南北朝时期，佛教被广为传播，在南北朝时期达到顶盛。这一时期既有大批异域高僧东来布道，也有不少中土高僧西去求法，佛教的传播路线与丝绸之路几乎是重叠的，这大大促进了丝绸之路的拓展与丝路贸易的发展。

魏晋南北朝时期丝绸之路的发展与沿线各国的共同努力密不可分。

罗马（东罗马）帝国是中国丝路贸易线上最西部的国家，也是中国丝绸的最大消费者，由中国输出的丝绸无论通过哪条通道，最终大都会汇聚于此。330年，君士坦丁将首都迁到拜占庭，标志着帝国重心全面东移。395年，罗马帝国正式分裂为东、西两部分。东罗马帝国经过几代帝王的苦心经营，到阿纳斯塔修斯一世（491~518在位）、查士丁一世（518~527在位）和查士丁尼一世（527~565在位）时期，又成为兴盛一时的强大帝国。强大的东罗马帝国对东方的丝绸、香料等奢侈品更为渴望，丝织品已成为了上层社会等级与身份的象征。与此同时，随着基督教合法化，教会资产迅速膨胀，教会成为丝绸的重要消费者。因此，东罗马帝国的丝绸消费量远大于罗马帝国。罗马（东罗马）帝国的生丝基本来自中国，开

---

① 《晋书》卷33《石苞传》载有西晋权贵石崇与王恺斗富："武帝每助恺，尝以珊瑚树赐之，高二尺许，枝柯扶疏，世所罕比。恺以示崇，崇便以铁如意击之，应手而碎。恺既惋惜，又以为嫉己之宝，声色方厉。崇曰：'不足多恨，今还卿。'乃命左右悉取珊瑚树，有高三四尺者六七株，条干绝俗，光彩曜日，如恺比者甚众。恺惘然自失矣。"《洛阳伽蓝记》卷4《城西》载有北魏河间王琛炫富："琛常会宗室，陈诸宝器，金瓶银瓮百余口，瓯檠盘盒称是。自余酒器，有水晶钵、玛瑙杯、琉璃碗、赤玉卮数十枚，作工奇妙，中土所无，皆从西域而来。"章武王融见河间王琛如此富有，"见之惋叹，不觉生疾，还家卧三日不起"，还对人道："常谓高阳一人宝货多于融，谁知河间，瞻之在前。"

通与中国的直接贸易通道一直是罗马（东罗马）帝国的梦想。

西亚的萨珊波斯（224~651）与中国魏晋南北朝几乎同期，萨珊波斯与安息一样，是中国与罗马贸易之间的主要周转者，通过丝路贸易，既从中国引进养蚕缫丝等先进技术，促进自身发展，又通过垄断罗马的丝绸供应，获得巨大的经济利益。因此，萨珊波斯一方面积极发展与中国南北朝政府的关系，同时，在波斯湾沿岸建立众多港口，又积极发展与印度、锡兰的关系，着力经营与印度的海上航线。

南亚的笈多王朝（320~540）一度势力强大，经济文化发达，被称为印度历史上的"黄金时代"①。魏晋南北朝时期，中国与印度经济文化交流已全面展开，笈多王朝与中国南北朝廷都有密切交往。与此同时，印度与西亚萨珊波斯、东南亚各国关系都很密切。通过丝绸之路，印度从中国引进了炼钢、养蚕缫丝等先进技术，同时通过中转贸易，使罗马金币与波斯银币源源不断地流入印度，成为印度财政的重要来源。笈多王朝与锡兰岛的师子国成为海上丝路贸易的重要枢纽。

中亚是陆上丝路贸易的重要通道，4世纪70年代，嚈哒在中亚兴起，5世纪中叶，嚈哒基本控制整个中亚地区，结束了贵霜帝国崩溃以来中亚的混乱局面。嚈哒积极发展与中国南北朝政府的交往，与波斯、拜占庭帝国关系也很密切，并利用具有商贸传统的粟特人从事丝路贸易，从而促进了丝路贸易的发展。

东南亚是海上丝路贸易的重要通道，魏晋南北朝时期南方政权长期存在，中国与东南亚地区的交往全面展开，这一时期与中国有正式官方来往的东南亚国家多达16个。与此同时，东南亚各国与印度关系也很密切。东南亚地区在中国与印度的共同影响下，社会经济有了较大发展。东南亚位处海上丝绸之路枢纽，又与中国、印度关系密切，充当了中国与印度、锡兰贸易的中介，从而大大促进了海上丝路贸易的发展。

东亚朝鲜半岛与日本列岛的文化长期受中国影响，魏晋南北朝时期朝鲜半岛的高句丽、百济、新罗和日本的"倭"国都是在中国文化影响下发展起来的，他们的发展水平远低于中国，因而积极发展与中国的政治、经济、文化交往。

魏晋南北朝时期的丝绸之路虽多波折，但仍在汉代基础上艰难前行，从而为隋唐丝绸之路的辉煌奠定了坚实基础。

---

① 季羡林：《玄奘与〈大唐西域记〉——校注〈大唐西域记〉前言》，《中印文化关系史论文集》，北京：生活·读书·新知三联书店，1982年，第79页。

第一章　魏晋南北朝丝路贸易的背景

第一节　秦汉丝路贸易

一、先秦时期丝路贸易的萌芽

中国是世界上最早并且在很长时期内唯一掌握养蚕缫丝技术的国家，早在商周时期，丝织技术就很成熟，以丝绸为主的对外贸易已经存在。因此，从广义上说，先秦时期丝路贸易就已出现。

在东北方向，《汉书》卷28下《地理志下》道：燕地"东贾真番之利"，"殷道衰，箕子去之朝鲜，教其民以礼义，田蚕织作"，说明殷商时期，就有不少中原人民前往朝鲜，养蚕缫丝技术也随之东传；在西南方向，古蜀文明已达到很高水平，以丝绸为主的商品很早就通过云南、缅甸销往印度，公元前4世纪孔雀王朝宰辅憍底利耶所著《治国安邦术》中有"Cinapatta"的字句，意即"中国的成捆的丝"①，而据《史记》卷123《大宛列传》，张骞在大夏见到中国出产的邛竹杖、蜀布，而从当地人口中得知，这些商品来自印度；在东南方向，据《淮南子》卷18《人间训》，秦始皇出兵岭南的目的，便是"利越之犀角、象齿、翡翠、珠玑"，说明先秦时期，以番禺为中心的东南沿海地区，海外贸易已有一定的水平；在西北方向，中原通过北方少数民族与西域各国之间的贸易早已发生，西晋太康二年（281）出土于汲郡战国魏襄王墓的《穆天子传》，一般认为成书为战国时期，虽多附会传说，但也包含西周时期的史料，有学者认为它是中国最早的丝路文献②。周穆王携带大量丝绸等物品，从都城出发，一路向北，到河套地区后，折而向西，越过阿尔泰山，到达额尔齐斯河，再往西，到达当时中国人心目中的极西之地——西王母之国，后由此返回③。周穆王沿途馈赠各部落首领丝绸等物品，对方

---

① 季羡林：《中国蚕丝输入印度问题的初步研究》，《历史研究》1955年第4期。
② 余太山：《早期丝绸之路文献研究》（增订本），北京：商务印书馆，2018年，第5页。
③ 余太山主编：《西域通史》，郑州：中州古籍出版社，1996年，第46页。

则回赠特产，周穆王还在阿尔泰山采购玉石。《穆天子传》在一定程度上反映了从西周到春秋时期中原与西域之间的丝路贸易情况。

我国先秦时期的丝绸等商品多有实物出土，苏联考古学者在阿尔泰发现一些石顶巨墓，"由于墓土封冻很结实，墓中还很好地保存了中国的丝织品和其他物品"。在巴泽雷克第5号墓出土的茧绸，特别精致，根据随葬物，可判断为公元前5世纪的墓葬①。据美国《国家地理》杂志报道，联邦德国考古学者在斯图加特的霍克杜夫村，发掘一座公元前五百多年的古墓，在墓中人体残骸上发现有中国丝绸的碎片②。苏联考古工作者在克里米亚半岛的刻赤附近，也发掘出土过中国丝绸，从同时出土的其他器物上的铭文，可判断属于公元前3世纪③。

先秦时期的丝路贸易是民间偶发的，这种局面到秦汉时期才发生根本改变。正规的丝路贸易发轫于秦，到汉代全面展开。④

二、秦汉丝路贸易的物质基础

秦始皇灭六国，一统天下，后又"南取百越之地，以为桂林、象郡"，"却匈奴七百余里，胡人不敢南下而牧马"⑤，奠定了后世中国的基本轮廓。秦始皇构建了强大的中央集权政府，推行郡县制，修筑全国交通网，所谓"为驰道于天下，东穷燕、齐，南极吴、楚"⑥。始皇"三十五年，除道，道九原抵云阳，堑山堙谷，直通之"⑦，这条"直道"北起九原（今内蒙古包头附近），南至云阳（今陕西咸阳淳化县），极大地促进了中原与西北地区的道路交通。后又"一法度衡石丈尺""车同轨""书同文"，统一度量衡，统一车轨轨距，统一文字，并铸造统一货币。这些措施加大了中央对地方的控制，为大一统局面奠定了制度基础，也有利于交通与贸易。

汉承秦制，建立起更为强大且历时弥久的强大帝国，社会经济全面发展，在农业方面，铁制农具、牛耕和区田法、代田法等先进耕作技术

---

① 〔苏联〕С.И.鲁金科著，潘孟陶译：《论中国与阿尔泰部落的古代关系》，《考古学报》1957年第2期。
② 转引自杜石然、范楚玉、陈美东等：《中国科学技术史稿》上册，北京：科学出版社，1982年，第229页。
③ 张英莉、戴禾：《丝绸之路述论》，《思想战线》1984年第2期。
④ 沈光耀：《中国古代对外贸易史》，广州：广东人民出版社，1985年，第3、4页。
⑤ 〔汉〕司马迁撰：《史记》卷6《秦始皇本纪》，北京：中华书局，1959年，第280页。
⑥ 〔汉〕班固撰，〔唐〕颜师古注：《汉书》卷51《贾山传》，北京：中华书局，1962年，第2328页。
⑦ 《史记》卷6《秦始皇本纪》，第256页。

逐渐推广；在手工业方面，以丝织、铸铁、漆器三大行业成就最大。如丝织业，汉代官营丝织业作坊规模庞大，据《汉书》卷72《贡禹传》，西汉元帝时期，长安有东西织室，一年成本官费五千万，而"齐三服官作工各数千人，一岁费数巨万"。民间丝织业也很普遍，据《史记》卷30《平准书》，元封元年（前110），汉武帝用桑弘羊为治粟都尉，领大农，推行均输平准政策，又"令吏得入粟补官，及罪人赎罪"，从而"一岁之中，太仓、甘泉仓满，边余谷诸物均输帛五百万匹"，另外，一年之中，汉武帝"所过赏赐，用帛百余万匹，钱金以巨万计，皆取足大农"。这"均输帛五百万匹"与用于赏赐的"帛百余万匹"明显来自民间。汉代丝织品不仅数量巨大，而且质量也很先进，据《太平广记》卷236引《西京杂记》："汉霍光妻遗淳于衍蒲桃锦二十匹，散花绫二十五匹。绫出钜鹿陈宝光，妻传其法。霍显召入第，使作之。机用一百二十蹑，六十日成一匹，直万钱。"这种匹值万钱的绫锦当是非常高档的丝织品。而长沙马王堆汉墓出土的丝绸实物更是见证了汉代丝织技术的先进。马王堆汉墓出土了上千件保存完好的精美丝织品，其中以那件素纱襌衣最让人震惊。"素纱襌衣"衣长128cm，通袖长190cm，重量仅为49g，轻盈精湛，薄如蝉翼，可与现代技术相媲美①。汉代冶铁业也有较大发展，从汉武帝开始冶铁官营，凡是产地之处均设铁官，并出现了水力鼓风以提高炉温的技术，不仅铁器数量大为增长，而且质量也大为提升。汉代漆器业也很发达，汉代有官营漆器制造作坊，当时漆器属于"金银器"类，《汉书》卷72《贡禹传》提到"蜀广汉主金银器，岁各用五百万"，对此，颜师古注引如淳曰："《地理志》，河内怀、蜀郡成都、广汉皆有工官。工官，主作漆器物者也。"在马王堆汉墓出土了700多件保存完好、亮丽如新的漆器，其制作之美令人惊叹。虽然政府抑制商业，但在农业、手工业发展的基础上，汉代商业也发展起来，《史记》卷129《货殖列传》说道："汉兴，海内为一，开关梁，弛山泽之禁，是以富商大贾周流天下，交易之物莫不通。"以致形成了"用贫求富，农不如工，工不如商，刺绣文不如倚市门"的观念。汉代经济的发展，为丝路交通与丝路贸易奠定了坚实的物质基础，而商业的发展促使市场扩大，代表汉帝国先进制造工艺水平的丝绸、漆器、铁器等产品对周边民族与丝路

---

① 陈朝志：《我国现存最薄的织物——素纱襌衣》，《中国纺织》1995年第11期；丝绸文化与产品编写组：《丝绸历史与文化（3）：马王堆汉墓中的丝绸》，《现代丝绸科学与技术》2017年第2期。

沿线国家具有强大的吸引力，所谓"贵汉财物"①，从而跨境贸易利润巨大，这为丝路贸易的发展提供了强大的内在动力。

三、汉代丝路贸易的全面展开

汉代丝路贸易的全面展开始于汉武帝时期，因为经过汉初几十年的休养生息，到汉武帝时，西汉国力达到极盛，呈现出前所未有的对外开放局面，从东北、东南、西南、西北全方位、多角度开展对外政治、军事、经济、文化交往，其中以西北方向即西域成就最大，西域丝绸之路从此畅通，此后一直是中国对外贸易的主通道，其标志便是张骞两次出使西域。

（一）张骞出使西域与西域丝绸之路的畅通

西汉建国以来，边境一直受到强大的匈奴政权的干扰，为彻底解决匈奴问题，汉武帝一面直击匈奴，一面派张骞出使西域，意图联合西域势力较大的大月氏、乌孙等国夹击匈奴。

建元三年（前138），张骞第一次出使西域，由于匈奴的阻挠，他历经艰辛，十三年后才回到汉廷。这次出使没有达到联合大月氏的目的，但张骞"身所至者大宛、大月氏、大夏、康居，而传闻其旁大国五六"，张骞详细介绍了这些国家的情况，使汉武帝认识到："大宛及大夏、安息之属皆大国，多奇物，土著，颇与中国同业，而兵弱，贵汉财物。"他们"闻汉之饶财，欲通不得"，因此，可以利用中国社会经济发展水平远高于西域诸国的有利条件，"赂遗设利"，使之入贡，从而达到"广地万里，重九译，致殊俗，威德遍于四海"的目的②。因此，张骞第二次出使西域的目的便发生了重大变化，除了联合乌孙的军事目的外，还要与西域各国建立官方贸易关系。

元狩四年（前119），张骞第二次出使西域，这次出使与第一次相比，形势发生了重大变化，经过此前对匈奴的多次战争，"匈奴远遁，而幕（漠）南无王庭"③，河西走廊已完全被西汉控制，因此，较第一次，这次出使要顺利得多。张骞第二次出使，"将三百人，马各二匹，牛羊以万数，赍金币帛直数千巨万"④，这是丝绸之路上第一次由政府组织的

---

① 《史记》卷123《大宛列传》，第3166页。
② 同上。
③ 《史记》卷110《匈奴列传》，第2911页。
④ 《史记》卷123《大宛列传》，第3168页。

规模浩大的经贸代表团。张骞使团顺利到达乌孙都城赤谷城（今吉尔吉斯斯坦伊塞克湖东南阿克什拉克一带），虽然没有实现联合乌孙的军事目的，但密切了与乌孙的关系，元鼎二年（前115），张骞归国时，"乌孙发导译送骞还，骞与乌孙遣使数十人，马数十匹报谢，因令窥汉，知其广大"，"乌孙使既见汉人众富厚，归报其国，其国乃益重汉"。在赤谷城期间，"骞因分遣副使使大宛、康居、大月氏、大夏、安息、身毒、于寘、扜罙及诸旁国"，张骞回国不久，"其后岁余，骞所遣使通大夏之属者皆颇与其人俱来，于是西北国始通于汉矣"①。张骞第二次出使之后，汉王朝正式与西域诸国建立了友好关系，西域丝绸之路从此畅通，因此史称"张骞凿空"。

西域丝绸之路的开通，汉王朝无疑起到了主导作用，这也与沿线国家的共同努力密不可分。早在公元前6世纪，波斯帝国地跨欧亚非三洲，在其境内修建了四通八达的交通网，首次将地中海东岸与两河流域，伊朗高原，南亚次大陆，中亚锡尔河、阿姆河两河流域联结在一起；公元前4世纪，取而代之的亚历山大帝国虽然历史短暂，但在交通线重要据点修建了许多城堡，并大批移民，推行希腊化政策；公元前27年，罗马共和国演变为罗马帝国，罗马帝国修建了以罗马为中心的交通网，强化了欧亚非的联系，为丝绸之路的开通奠定了基础。

西域丝绸之路的大体走向为：从长安（东汉东延至洛阳）出发，一路向西，过陇山，渡黄河，经河西走廊，然后自玉门、阳关出西域分为南北两道：南道从阳关西行，沿昆仑山北麓与塔克拉玛干沙漠南缘，经楼兰（今若羌）、且末、于阗、疏勒，然后西逾葱岭，进入大夏或大月氏等地，从此向南可到达南亚次大陆，经印度西海岸港口可与海上丝绸之路相连，向西经克尔曼（今伊朗克尔曼）、巴比伦、大马士革（今叙利亚大马士革），到达地中海东岸西顿、推罗等地；北道出玉门关，沿天山南麓与塔克拉玛干沙漠北缘，越莫贺延碛（今甘肃噶顺戈壁），经高昌、焉耆、龟兹、乌什（今属新疆阿克苏），然后西逾葱岭，到达大宛（今中亚费尔干纳盆地），从大宛有向西与西北两条道，向西经马拉坎达（今乌兹别克斯坦撒马尔罕）、里海南番兜城（今伊朗达姆甘）、埃克巴塔纳（今伊朗哈马丹）、泰西封（今伊拉克巴格达附近）到达地中海沿岸的安条克（今土耳其安塔基亚），从大宛向西北经坦罗斯（今哈萨克斯坦江布尔），再沿咸海北一路向西，先后过亦可河（今厄姆巴河）、乌

---

① 《史记》卷123《大宛列传》，第3169页。

拉尔河、阿得拉河（今伏尔加河），到达里海，然后从里海南下到达拜占庭①。

西域丝绸之路开通后，汉王朝非常重视其维护与管理。汉武帝元狩二年（前121），西汉控制河西后，相继设置武威、酒泉、张掖、敦煌四郡，募民实边，发展经济，使河西成为经营西域的基地。汉武帝太初四年（前101），李广利伐大宛取得胜利，"西域震惧"，汉王朝开始强化对西域的控制，"于是自敦煌西至盐泽，往往起亭，而轮台、渠犁皆有田卒数百人，置使者校尉领护，以给使外国者"②。一方面将长城由敦煌向西延伸到盐泽，即罗布泊，这样东西绵延数千公里的长城防御体系全面建成③，有利地保护着丝绸之路的安全。另一方面在西域设置军政机构"使者校尉"，负责屯田，供给与保护过往使者。后又设置"护鄯善以西使者"校尉，负责丝绸之路南道的安全。宣帝神爵二年（前60），匈奴日逐王将众来降，护鄯善以西使者郑吉迎之，"因使吉并护北道，故号曰都护"④。此后，西域都护成为西域最高行政长官，负责政令的推行、屯田管理与丝路交通的通畅，也标志着西域地区从此归属中央政府管辖。

东汉时期，经过班超、班勇父子的经营，进一步扩大了汉政府在西域的影响，《后汉书》卷88《西域传》"序论"道：和帝永元"六年（94），班超复击破焉耆，于是五十余国悉纳质内属。其条支、安息诸国至于海濒四万里外，皆重译贡献。……于是远国蒙奇、兜勒皆来归服，遣使贡献"。关于"蒙奇、兜勒"，有学者认为是马其顿巨商梅斯组织的，冒充使者的罗马商团⑤，如果此说成立，这将是有史以来第一个到达中国的欧洲商贸代表团。《后汉书》卷88《西域传》"安息国"条云："和帝永元九年，都护班超遣甘英使大秦，抵条支。临大海欲度。"后因安息人的阻挠而止。条支当为叙利亚，甘英欲度之海当为地中海。东汉时期，通过丝绸之路将亚欧大陆的四大帝国，即东汉、贵霜、安息、罗马联结在一起，促进了彼此的经济、文化交流。

张骞之后，西域丝绸之路一片繁忙，"因益发使抵安息、奄蔡、黎轩、条枝、身毒国。而天子好宛马，使者相望于道。诸使外国一辈大者

---

① 杨建新：《从古代丝绸之路的产生到当代丝绸之路经济带的构建——亚欧大陆共同发展繁荣和复兴之路》，《烟台大学学报（哲学社会科学版）》2016年第5期。

② 《汉书》卷96上《西域传上》，第3873页。

③ 杨建新、卢苇：《历史上的欧亚大陆桥——丝绸之路》，兰州：甘肃人民出版社，1992年，第26、27页。

④ 《汉书》卷96上《西域传上》，第3874页。

⑤ 林梅村：《公元100年罗马商团的中国之行》，《中国社会科学》1991年第4期。

数百，少者百余人，人所赍操大放博望侯时。其后益习而衰少焉。汉率一岁中使多者十余，少者五六辈，远者八九岁，近者数岁而反"。这些人中有真正的汉使，但更多的应该是打着汉使旗号的商人，所谓"其使皆贫人子，私县官赍物，欲贱市以私其利外国"①。西域诸国派往汉王朝的使团也很多，史称"西北外国使，更来更去"②，这些使团当中亦当以商人为主，所谓"奉献者皆行贾贱人，欲通货市买，以献为名"③，因此《后汉书》卷88《西域传》总论道："商胡贩客，日款于塞下。"

（二）西南丝路贸易

张骞第一次出使西域时，在大夏见到邛竹杖、蜀布，得知其来自身毒国（今印度），由此推断身毒离中国西南蜀地近，因此建议汉武帝打开蜀—身毒道，从而找到一条更为安全的通向西域之道，后因受到夷人部落阻挠，未能成功。汉武帝灭越之后，"而蜀、西南夷皆震，请吏入朝。于是置益州、越巂、牂柯、沈黎、汶山郡，欲地接以前通大夏"，于是"遣使柏始昌、吕越人等岁十余辈，出此初郡抵大夏"，但均为昆明夷所阻，为此甚至出动数万军队进攻昆明等地，亦未成功④。直到东汉明帝永平十二年（69），"哀牢王柳貌遣子率种人内属……以其地置哀牢、博南二县，割益州郡西部都尉所领六县，合为永昌郡"⑤。辖境包括今云南腾冲及缅甸北部八莫一带，由八莫有水陆两路通印度，陆路经密支那，渡钦敦江，越那加山至阿萨姆地区，沿布拉马普特拉河西行抵达恒河平原；水路顺伊洛瓦底江出海，由海路西北行至于印度⑥。从此，中国西南经过缅甸到达印度的西南丝绸之路贯通。东汉和帝永元九年（97），"永昌徼外蛮夷及掸国重译奉贡"⑦，这是今缅甸与中国官方的第一次正式交往；安帝永宁元年（120）"永昌徼外掸国遣使贡献"⑧，对此，《后汉书》卷86《西南夷传》有较详细的记载："永宁元年……掸国

---

① 《史记》卷123《大宛列传》，第3170、3171页。
② 同上书，第3173页。
③ 《汉书》卷96上《西域传上》，第3886页。
④ 《史记》卷123《大宛列传》，第3170、3171页。
⑤ [南朝宋]范晔撰，[唐]李贤等注：《后汉书》卷86《西南夷传》，北京：中华书局，1965年，第2849页。
⑥ 王子今：《秦汉交通史稿》（增订版），北京：中国人民大学出版社，2013年，第493页；江玉祥：《古代中国西南"丝绸之路"简论》，《古代西南丝绸之路研究》，成都：四川大学出版社，1990年，第33页。
⑦ 《后汉书》卷4《和帝纪》，第183页。
⑧ 《后汉书》卷5《安帝纪》，第231页。

王雍由调复遣使者诣阙朝贺,献乐及幻人,能变化吐火,自支解,易牛马头。又善跳丸,数乃至千。自言我海西人。海西即大秦也,掸国西南通大秦。"《三国志》卷30《魏书·乌丸鲜卑东夷传》注引《魏略·西戎传》提到,大秦"有水道通益州、永昌,故永昌出异物。……俗多奇幻,口中出火,自缚自解,跳十二丸巧妙",掸国所献"幻人"确当来自大秦,说明西南丝绸之路通过印度可通罗马帝国。

(三)东海丝路贸易

据《史记》卷6《秦始皇本纪》,秦"地东至海暨朝鲜",面对大海,秦始皇充满了好奇,"齐人徐市等上书,言海中有三神山,名曰蓬莱、方丈、瀛洲,仙人居之。请得斋戒,与童男女求之。于是遣徐市发童男女数千人,入海求仙人"。《后汉书》卷85《东夷列传》"倭"条对此载道:

> 会稽海外有东鳀人,分为二十余国。又有夷洲及澶洲。传言秦始皇遣方士徐福将童男女数千人入海,求蓬莱神仙不得,徐福畏诛不敢还,遂止此洲,世世相承,有数万家。人民时至会稽市。会稽东冶县人有入海行遭风,流移至澶洲者。所在绝远,不可往来。

秦始皇派遣方士航海求神,反映了秦帝国希望与外部世界联系的愿望[①],有学者认为,徐福东渡传说标志着中国与朝鲜、日本间的海上交通路线——东海丝绸之路已经出现[②]。

两汉时期东海丝绸之路有了进一步发展。秦汉之际,中原大乱,大批中原人民逃往朝鲜半岛,"燕、齐、赵人往避地者数万口","而燕人卫满……自王朝鲜",元封三年(前108),汉武帝派兵灭卫氏朝鲜,分置乐浪、临屯、玄菟、真番四郡[③],从而强化了汉王朝与朝鲜半岛的联系,并通过朝鲜深化了与日本的交往,所以在汉武帝以后,日本与中国有了正式的官方往来。《后汉书》卷85《东夷列传》"倭"条道:"倭在韩东南大海中,依山岛为居,凡百余国。自武帝灭朝鲜,使驿通于汉者

[①] 沈光耀:《中国古代对外贸易史》,广州:广东人民出版社,1985年,第3页。
[②] 王子今:《秦汉交通史稿》(增订版),北京:中国人民大学出版社,2013年,第203页;孙玉琴、常旭:《中国对外贸易通史》第1卷,北京:对外经济贸易大学出版社,2018年,第16页。
[③] 《后汉书》卷85《东夷列传》,第2817页。

三十许国。"在朝鲜半岛与日本还出土了不少的汉代铜镜、漆器等实物，说明汉代与朝鲜、日本的经贸关系十分密切。

（四）南海丝路贸易

岭南地区长期是越人之地，秦始皇"三十三年（前214），发诸尝逋亡人、赘婿、贾人略取陆梁地，为桂林、象郡、南海，以谪遣戍"。秦占岭南后，来到岭南的中原移民人数达到20万左右[1]，他们带来了先进的生产技术与制度文化，大大促进了岭南地区的开发。秦末真定（今河北石家庄）人尉佗利用中原混乱之机，自立为南越王。南越政权以中原移民为主体，对内"和揖百越"，对外承认西汉政权的宗主国地位，接受其封号，引进铁器等先进工具，岭南社会经济出现了历史上的第一个发展高潮。元鼎五年（前112），汉武帝分兵五路会攻南越，次年灭之，分置九郡，岭南地区被纳入中央政权统一体系之中，这加强了岭南与中原地区的联系，有利于社会经济的发展。岭南经济的发展和与中原联系的加强，为发展海外贸易奠定了坚实的物质基础。与此同时，秦汉时期的造船业也有了明显的进步，《史记》卷30《平准书》说道："是时越欲与汉用船战逐，乃大修昆明池，列观环之。治楼船，高十余丈，旗帜加其上，甚壮。……其明年，南越反……因南方楼船卒二十余万人击南越。"这种高达十余丈的楼船没有一定的造船技术是无法完成的，而这种"楼船"已经大批出现，"楼船"部队已成为汉代军队基本兵种之一[2]。并且，从汉代开始，锚与舵等先进设备已普遍装备于船舶之上[3]。造船业的发展为海外贸易提供了必要的交通条件。

东南沿海地区的民间海外贸易早已存在，但官方贸易则始于汉武帝时期，《汉书》卷28下《地理志下》道：

> 自日南障塞、徐闻、合浦船行可五月，有都元国，又船行可四月，有邑卢没国；又船行可二十余日，有谌离国；步行可十余日，有夫甘都卢国。自夫甘都卢国船行可二月余，有黄支国，民俗略与珠厓相类。其州广大，户口多，多异物，自武帝以来皆献见。……自黄支船行可八月，到皮宗；船行可二月，到日南、象林界云。黄

---

[1] 葛剑雄、曹树基、吴松弟：《简明中国移民史》，福州：福建人民出版社，1993年，第100页。

[2] 王子今：《秦汉交通史稿》（增订版），北京：中国人民大学出版社，2013年，第224页。

[3] 同上书，第231页。

支之南，有已程不国，汉之译使自此还矣。

有关都元国、邑卢没国、谌离国、夫甘都卢国、皮宗等国的具体方位，学术界仍有较大分歧，但一般认为，黄支国在今印度东南部马德拉斯西南的康契普腊姆附近，已程不国为今斯里兰卡①，说明西汉时期，中国的官方商队已经到达印度与斯里兰卡，这标志着南海丝绸之路正式开通。这条航线从日南障塞、徐闻、合浦启航，先沿印度支那半岛海岸线南下，后进暹罗湾，再南下至马来半岛东岸某港登陆，"步行可十余日"，过克拉地峡，到达西岸今缅甸境内的某个港口再乘船向西航行，沿孟加拉湾海岸，直抵印度半岛东南海岸，后再南下斯里兰卡返航②。汉武帝以后，这条航线相当繁忙，当时中国商队"有译长，属黄门，与应募者俱入海市明珠、璧流离、奇石异物，赍黄金，杂缯而往"。受到了沿线国家的欢迎，所谓"所至国皆禀食为耦，蛮夷贾船，转送致之"③，当然"蛮夷贾船，转送致之"，也说明汉代南海丝路贸易还处于草创阶段，中国商船还不能直达印度，沿途需要各国转送。

中国丝绸等商品辗转流入罗马后，引起了罗马社会的极大兴趣，他们一直希望打开通向中国的道路，但安息为了垄断丝绸贸易，极力阻挠，陆路无法通行，便竭力打通海路。1世纪时，罗马商船来到印度，此后，印度、斯里兰卡长期成为中国与罗马海上贸易的中转站，所谓"与安息、天竺交市于海中，利有十倍"④。也有学者指出："在一世纪末以前，地中海地区所进口的大部分丝绸似乎都是通过海路而运输的，并不经由穿过波斯的陆路。"以致普林尼慨叹："印度没有一年不从罗马帝国掠去五千万个古罗马小金币（折算为1870年的一亿零五百万个金法郎）。作为回报，印度给我们运来的商品在罗马则要贵之百倍。"⑤并且"至桓帝延熹九年，大秦王安敦遣使自日南徼外献象牙、犀角、玳瑁，始乃一通焉"⑥，说明东汉时期罗马船队已到达中国。

汉代丝路贸易的发展，促进了中国与丝绸之路沿线国家的经济、文

---

① 王子今：《秦汉交通史稿》（增订版），北京：中国人民大学出版社，2013年，第208页。
② 白寿彝总主编，白寿彝、高敏、安作璋主编：《中国通史（第二版）》第4卷《中古时代·秦汉时期》（上），上海：上海人民出版社，2015年，第405页。
③ 《汉书》卷28下《地理志》下，第1671页。
④ 《后汉书》卷88《西域传》，第2919页。
⑤ 〔法〕L. 布尔努瓦著，耿昇译：《丝绸之路》，乌鲁木齐：新疆人民出版社，1982年，第51页。
⑥ 《后汉书》卷88《西域传》，第2920页。

化交流，为魏晋南北朝丝路贸易的发展奠定了坚实基础。首先，汉代确定了丝绸之路的基本走向，魏晋南北朝时期的丝绸之路基本沿袭汉代；其次，汉代丝路贸易为中国与丝绸之路沿线国家带来了实实在在的经济效益。对中国而言，《汉书》卷96下《西域传》"总论"道："自是之后，明珠、文甲、通犀、翠羽之珍盈于后宫，蒲梢、龙文、鱼目、汗血之马充于黄门，钜象、师子、猛犬、大雀之群食于外囿。殊方异物，四面而至。"《史记》卷123《大宛列传》也说道："宛左右以蒲陶为酒……马嗜苜蓿。汉使取其实来，于是天子始种苜蓿、蒲陶肥饶地。及天马多，外国使来众，则离宫别观旁尽种蒲萄、苜蓿极望。"如此众多的商品流入中国，丰富了中国人民的生活，促进中国社会经济的发展，特别是良种马的输入，对改良中国的马种，提升中国军队的战斗力意义重大，同时也能为农业生产与交通运输提供重要畜力。对丝绸之路沿线国家而言，中国出口的商品主要是丝织品、漆器与铁器，《史记》卷123《大宛列传》道："自大宛以西至安息……其地皆无丝漆，不知铸铁器。及汉使亡卒降，教铸作他兵器。""丝漆"，特别是丝织品更是受到各国人民的追捧，而铁器与冶炼技术通过"汉使亡卒"传播到各国，必将促进各国经济发展。丝路贸易给中国与丝路沿线各国带来巨大社会经济效益，特别是奢侈品对中国与丝路沿线各国统治者具有巨大的诱惑力，甚至形成一种消费依赖，这为魏晋南北朝丝路贸易发展提供了内在的动力。

第二节　魏晋南北朝的经济

一、魏晋南北朝时期北方经济的缓慢恢复与发展

（一）中原经济区的大起大落与河西、辽西等沿边地区的经济发展

1. 中原经济区的残破与逐步恢复发展

魏晋南北朝时期北方战乱频仍，其中最严重的有三次：第一次是东汉末年到曹魏统一北方；第二次是西晋末年的"八王之乱"及随之而来的"永嘉之乱"到北魏统一北方；第三次是北魏末年的尔朱荣之乱到北周统一北方，特别是前两次对社会经济破坏十分惨重。

东汉末年的战乱始于中平六年（189）董卓之乱，到建安十二年（207）曹操击杀乌丸蹋顿单于，基本统一北方，长达十九年。黄河流域遭遇多次战火蹂躏，损失惨重，两大政治、经济中心洛阳与长安几成废

墟。曹操统一北方后，在政治上抑制豪强，整顿吏治；在经济上，大行屯田，大修水利，北方经济开始缓慢复苏。西晋灭吴，统一全国后，战事暂得停息，社会相对安定；同时，西晋推行占田课田制，鼓励垦荒，将劳动力与土地重新结合起来。西晋经济在曹魏时期的基础上有所发展，人口有所增长。280 年，平吴之时，全国户数二百四十五万，到 282 年，"晋户有三百七十七万"①，增长一百多万户。

可惜好景不长，290 年，晋武帝去世，291 年，为争夺皇权，皇室展开了长达十六年的大混战，史称"八王之乱"。"八王之乱"严重动摇西晋的统治根基，内徙少数民族趁机纷纷起兵，北方进入"五胡十六国"时期，直到 439 年北魏统一北方。"五胡十六国"从西晋末期到北魏统一北方，持续一百三十五年，对北方的破坏是空前的，《晋书》卷 26《食货志》对此总括道：

> 及惠帝之后，政教陵夷，至于永嘉，丧乱弥甚。雍州以东，人多饥乏，更相鬻卖，奔进流移，不可胜数。幽、并、司、冀、秦、雍六州大蝗，草木及牛马毛皆尽。又大疾疫，兼以饥馑，百姓又为寇贼所杀，流尸满河，白骨蔽野。

北魏统一北方后，社会环境相对安定；北魏政府又采取了发展经济的系列措施，如创立三长制，清查户口，特别是均田制，将政府控制的荒地授予农民，将流民与隐户争取到政府控制之下，逐渐固定在小块土地上，社会经济得到较快恢复发展。孝文帝时已是"四方无事，国富民康"②，到北魏鼎盛时期，"百姓殷阜，年登俗乐，鳏寡不闻犬豕之食，茕独不见牛马之衣。……于时国家殷富，库藏盈溢，钱绢露积于廊者，不可较数"③，人口也有了较大增长，"正光（520～525）已前，时惟全盛，户口之数，比夫晋之太康，倍而已矣"④，洛阳一度又成为了繁华的国际性大都市。

北魏末年，社会矛盾激发，523 年，北方边镇爆发农民起义，然后迅速蔓延，起义虽最终被镇压，但北魏政权也分崩离析。534 年，北魏

---

① 《三国志》卷 22《魏书·陈群传》注引《晋太康三年地记》，第 637 页。
② 《魏书》卷 19 中《任城王传》，第 481 页。
③ [北魏] 杨衒之撰，范祥雍校注：《洛阳伽蓝记校注》卷四，上海：上海古籍出版社，1978 年新 1 版，第 207、208 页。
④ 《魏书》卷 106 上《地形志上》，第 2455 页。

分裂为东魏、西魏，后相继被北齐、北周取代，东西对峙，连年交战，黄河流域又遭受一次浩劫。昔日繁华的都城洛阳，"城郭崩毁，宫室倾覆，寺观灰烬，庙塔丘墟，墙被蒿艾，巷罗荆棘。野兽穴于荒阶，山鸟巢于庭树。游儿牧竖，踯躅于九逵；农夫耕稼，艺黍于双阙"①。但整体上，北魏末期开始的这场动乱较前两次破坏要小得多，并且东、西双方政权各自在自己境内整顿秩序，恢复了北魏末年破坏殆尽的均田制，社会经济都有一定恢复发展。特别是西魏及北周宇文泰、宇文邕推行的社会经济改革，抑制豪强，严格实施均田制；境内奴婢、杂户悉数释放为平民，解放了劳动力。北周经济得到较快发展，实力超过北齐，为周灭齐及隋灭陈，最终统一全国奠定了物质基础。

2. 河西走廊的经济开发

河西走廊的开发始于汉武帝设河西四郡，但两汉时期，河西走廊的开发仍是初步的，社会经济中畜牧业比重较大，农业比重较小，至少是农牧参半②。东汉末年，河西走廊也陷入战乱之中，人口损耗，经济残破，社会秩序混乱，以致敦煌郡二十多年没有太守。这种局面在曹魏平韩遂、马腾之乱，掌控河西走廊后发生了根本改变。对曹魏而言，河西走廊地理位置十分重要，既是西通西域的主要通道，更是"南接蜀寇"③，对抗蜀汉的前沿阵地，曹魏任命了一批如仓慈、苏则、张既、徐邈等能臣良吏，加大了对河西走廊的控制与经营。

五凉政权时期是河西走廊的大开发阶段，其中又以前凉贡献最大。前凉自301年张轨出任凉州刺史、护羌校尉算起，到376年为前秦所灭，存在76年，是十六国中存续时间最长的。西晋末年，中原长期战乱，而河西走廊自张轨到任后，经过一番治理，已是秩序井然。特别是前凉虽然是事实上的割据政权，但自张轨以下前凉历任统治者皆以晋臣自居，不建年号，长期以西晋愍帝"建兴"年号纪年，直到西晋灭亡多年后才由最后一代凉主张天赐改用东晋升平年号。河西安定，加上前凉政权以晋臣自居，这自然会吸引大批不堪战乱的中原汉族民众前往。"天下方乱，避难之国唯凉土耳"④，"中州避难来者，日月相继"⑤。西晋末年，迁往河西的中原移民人数无从考证，但从五凉时期的几个相关数据可知

---

① [北魏] 杨衒之撰，范祥雍校注：《洛阳伽蓝记校注》序，上海：上海古籍出版社，1978年新1版，第1、2页。
② 蒋福亚：《魏晋南北朝社会经济史》，天津：天津古籍出版社，2005年，第189页。
③ 《三国志》卷27《魏书·徐邈传》，第739页。
④ 《晋书》卷86《张轨传》，第2222页。
⑤ 同上书，第2225页。

大概。一是五凉时期的军队人数，前凉军队人数超过十万以上，后凉军队人数至少也在七万以上，要供养十万人以上的军队，没有二十万户以上是不可能的；二是439年北魏太武帝拓跋焘破姑臧（今甘肃武威），灭北凉，"收其城内户口二十余万"，"杂人降者亦数十万"①。很多学者据此认为五凉时期河西走廊的人口数超过百万②。

河西走廊如此众多的人口，这在历史上是空前的，其中大部分当来自于中原地区的移民，因为据《晋书》卷14《地理志上》，凉州仅"户三万七百"。这么多中原移民来到河西走廊，既增加了劳动力，又带来了先进的农业技术，从而促进了河西社会经济发展。

376年前凉亡于前秦，但383年苻坚淝水溃败，前秦瓦解，河西各路英豪趁机蜂拥云起，纷纷建立自己的割据政权，先有苻坚部将吕光建立的后凉，后有西凉、南凉与北凉的鼎立，直到421年，北凉统一河西。这些割据政权中对河西开发贡献较大的是北凉。

经过魏晋特别是五凉时期的开发，河西社会经济文化发生了重大变化。在经济上，经济结构发生了根本变化，两汉时期，河西地区畜牧业比重较大，甚至超过了农业，而到五凉时期，农业经济已占绝对统治地位。文化上，河西地区一度成为北方文化的中心，对中原影响甚巨，北魏孝文帝改制时，许多典章制度的拟定，均由河西士人担纲；中原经学的复苏，更仰仗于此，河西文化成为隋唐文化渊源之一③。即便对江南文化，河西文化也有一定影响。据《宋书》卷98《氐胡传》，元嘉十四年（437），北凉主沮渠茂虔向刘宋贡献大批图书：

> 《周生子》十三卷，《时务论》十二卷，《三国总略》二十卷，《俗问》十一卷，《十三州志》十卷，《文检》六卷，《四科传》四卷，《敦煌实录》十卷，《凉书》十卷，《汉皇德传》二十五卷，《亡典》七卷，《魏驳》九卷，《谢艾集》八卷，《古今字》二卷，《乘丘先生》三卷，《周髀》一卷，《皇帝王历三合纪》一卷，《赵𰀀传》并《甲寅元历》一卷，《孔子赞》一卷，合一百五十四卷。

---

① 《魏书》卷4上《世祖纪上》，第90页。
② 刘汉东：《从西凉户籍残卷谈五凉时期的人口》，《史学月刊》1988年第4期；蒋福亚：《魏晋南北朝社会经济史》，天津：天津古籍出版社，2005年，第191、192页。
③ 蒋福亚：《魏晋南北朝社会经济史》，天津：天津古籍出版社，2005年，第188~196页；陈寅恪：《隋唐制度渊源略论稿》，北京：中华书局，1963年。

这些图书包括经学、诸子、历史、文学、数学、历法等,均为凉州学者撰著,如此众多的图书传到江南,必将对江南文化产生不小影响。

河西走廊作为丝绸之路通往西域的主要通道,其社会经济文化发展对丝路贸易自然会产生较大影响。

3. 辽西经济的初步发展

辽西经济的初步发展与前燕政权密不可分。前燕为鲜卑慕容氏所建,慕容涉归时,"迁邑于辽东北,于是渐慕诸夏之风矣"①,开始了汉化过程。太康十年(289),涉归子慕容廆率部从辽东迁到辽西徒河之青山,元康四年(294),迁到大棘城(今辽宁朝阳东),"教以农桑,法制同于上国"②,开始了定居的农业生活,并迅速实现汉化。为了自身发展,慕容廆、慕容皝父子采取了系列措施。

第一,表晋为主。

太康十年,慕容廆遣使请降,接受西晋授予的鲜卑都督封号,后助平鲜卑素喜连、木丸津二部叛乱,被封昌黎、辽东二国公。司马睿继位江东之初,遣王济浮海劝进。后赵石勒遣使辽西,慕容廆将其拘押到建康。慕容皝于成帝咸康三年(337)称燕王,因"未有朝命",乃遣使刘祥上表东晋,请求授与燕王封号。在民族矛盾尖锐的十六国时期,表晋为主,这对吸引汉族流民无疑作用巨大。

第二,招抚流民。

彼时中原板荡,人民四处流散,河北、山东一带部分流民流落到辽河下游,"时二京倾覆,幽、冀沦陷,廆刑政修明,虚怀引纳,流亡士庶多襁负归之"③。为了安置流民,并吸引更多流民,慕容廆在永嘉五年(311)就规定流民来去自由,留者安置,去者资遣,史称"民失业,归慕容廆者甚众,廆禀给遣还,愿留者即抚存之"④。建兴二年(314)开创侨郡县制度,"廆乃立郡以统流人,冀州人为冀阳郡,豫州人为成周郡,青州人为营丘郡,并州人为唐国郡"⑤,这比东晋侨州郡制度都要早⑥。慕容氏给予流民各种优惠,免除流民徭役、兵役,免除三年租税,并赐给流民以耕牛和种子,因此,"九州之人,塞表殊类,襁负万

---

① 《晋书》卷108《慕容廆载记》,第2803页。
② 同上书,第2804页。
③ 同上书,第2806页。
④ [北宋]司马光编著,[元]胡三省音注:《资治通鉴》卷87《晋纪九》"永嘉五年"条,北京:中华书局,1956年,第2773页。
⑤ 《晋书》卷108《慕容廆载记》,第2806页。
⑥ 蒋福亚:《魏晋南北朝社会经济史》,天津:天津古籍出版社,2005年,第201页。

里，若赤子之归慈父，流人之多旧土十倍有余"，以致辽西地区"人殷地狭，故无田者十有四焉"①。这么多中原流民来到辽河下游，不仅增加了劳动人手，而且带来了先进文化，这是辽西地区经济文化发展的根本原因。

第三，劝课农桑，发展农业。

慕容廆认识到，"稼穑者，国之本也，不可以不急"②，辽河地区本无蚕桑，从慕容廆开始引种，《晋书》卷124《慕容宝载记》云："先是，辽川无桑，及廆通于晋，求种江南，平州桑悉由吴来。"

慕容皝比其父更重农业，他"躬巡郡县，劝课农桑"，重视兴修水利，"沟洫溉灌，有益官私，主者量造，务尽水陆之势"③。慕容皝时期，辽西农业达到了很高的水平，他过世时，前燕军队达到二十万，要养活这么庞大的军队，没有足够的物质基础是不可能的。

第四，兴儒重教。

慕容廆立政之初，重用汉族知识分子，以硕儒平原刘赞为东庠祭酒，开办学校，命世子慕容皝率宗室子弟"束脩受业"，慕容廆本人"览政之暇，亲临听之"④。慕容皝本人"尚经学，善天文"，儒学功底深厚。慕容皝比其父更重视教育，"雅好文籍，勤于讲授，学徒甚盛，至千余人。亲造《太上章》以代《急就》，又著《典诫》十五篇，以教胄子"⑤。听过慕容皝讲授的学徒达到千余人，可见官学规模之大。

经过慕容廆、慕容皝父子的苦心经营，辽西地区得到初步开发，农业上了个新台阶，文化也有所发展，这对丝绸之路向东北延伸必将产生一定影响。

(二) 魏晋南北朝时期北方经济发展的主要成就

魏晋南北朝时期北方经济虽因战乱屡遭重创，但仍在艰难发展，也取得了一定成就。

1. 冶铁业的发展与农业生产工具的进步

(1) 冶铁业的发展

秦汉时期，北方的冶炼业就很发达，魏晋时期继承了秦汉时期的冶

---

① 《晋书》卷109《慕容皝载记》，第2823页。
② 《晋书》卷108《慕容廆载记》，第2808页。
③ 《晋书》卷109《慕容皝载记》，第2825页。
④ 《晋书》卷108《慕容廆载记》，第2806页。
⑤ 《晋书》卷109《慕容皝载记》，第2826页。

炼地。在十六国北朝时期，又增添了许多新的冶炼场所，《晋书》卷106《石季龙载记上》有云："前以丰国、渑池二冶初建。"北魏在产铁之处例置铁官，《魏书》卷2《太祖纪》载天赐元年（404），拓跋珪"置山东诸冶"；孝文帝迁都洛阳后，冶炼中心更多，《魏书》卷24《崔玄伯附崔僧渊传》云："国家西至长安，东尽即墨，营造器甲，必尽坚精，昼夜不息者，于兹数载。"不仅官府冶铁业发达，民间冶铁业也不逊色，《魏书》卷45《辛绍先传》记载，辛子馥在东魏孝静帝天平年间（534～537）到长白山"检覆"，发现"诸州豪右，在山鼓铸，奸党多依之，又得密造兵仗，亦请破罢诸冶"。

魏晋南北朝时期，北方冶炼技术也有了一定的提升，代表性成就有水排的改进与灌钢法的发展。水排技术由曹魏时期韩暨改进，《三国志》卷24《魏书·韩暨传》云："徙监冶谒者。旧时冶，作马排，每一熟石用马百匹；更作人排，又费功力；暨乃因长流为水排，计其利益，三倍于前。"后被广泛运用于冶炼行业①。《水经注》卷16《谷水》曰："谷水又迳白超垒南。……垒侧旧有坞，故冶官所在。魏、晋之日，引谷水为水冶，以经国用，遗迹尚存。"这便是水排运用的实例。作为一种先进的炼钢技术，"灌钢"法萌芽于东汉，魏晋南北朝时期得到完善与发展，东魏、北齐时人綦母怀文"造宿铁刀，其法烧生铁精以重柔铤，数宿则成刚，以柔铁为刀脊，浴以五牲之溺，淬以五牲之脂，斩甲过三十札。今襄国冶家所铸宿柔铤，乃其遗法，作刀犹甚快利，不能截三十札也"②。"灌钢"法的具体操作流程：第一步，冶炼出优质生铁；第二步，把生铁液态化，浇灌到熟铁之中，以高温的生铁作为一种渗碳剂，加速向熟铁渗碳，从而快速成钢。因为这种方法是让生铁和熟铁"宿"在一起，故而称这种钢为"宿铁"。"灌钢"法操作简单，易于掌握，从而大大提升了钢的产量和质量③。钢铁质量和产量的提升，必定会促进铁制农具的发展。

（2）农具的改良和新式农具的出现

魏晋南北朝时期农具进步的代表性成果还有翻车的发明和犁具的改进。翻车在古代是一种先进的灌溉工具，三国时期由曹魏工匠马钧发明，《三国志》卷29《魏书·杜夔传》注引《傅子》：

---

① 高敏主编：《魏晋南北朝经济史》（下册），上海：上海人民出版社，1996年，第819、820页。
② ［唐］李百药撰：《北齐书》卷49《方伎传》，北京：中华书局，1972年，第679页。
③ 庚晋、白杉：《中国古代灌钢法冶炼技术》，《铸造技术》2003年第4期。

> 时有扶风马钧，巧思绝世。……居京都，城内有地，可以为园，患无水以灌之，乃作翻车，令童儿转之，而灌水自覆，更入更出，其巧百倍于常。

魏晋南北朝时期犁具的改进主要表现在犁辕缩短，犁的重量减轻，如《齐民要术》卷1《耕田》提道：

> 今自济州以西，犹用长辕犁、两脚耧。长辕，耕平地尚可；于山涧之间则不任用。且回转至难，费力，未若齐人蔚犁之柔便也。

这种"齐人蔚犁""柔便"，可任用于"山涧之间"，一定是短辕并且轻便的，从而可以减少犁牛数量和配套的劳动力人数，甚至可以采用一牛一人模式，甘肃省嘉峪关魏晋墓耕牛图正是这种一牛一人模式，"齐人蔚犁"或亦如此。这种一牛一人模式适合人单力薄的小农家庭，为牛耕的推广提供了便利。

2. 农业生产技术的进步

从农学家贾思勰所撰《齐民要术》可以反映魏晋南北朝时期北方农业技术的进步。

（1）农作物品种增加与选种育种

魏晋南北朝时期农作物品种大为增加。例如粟，据《齐民要术》卷1《种谷》记载的品种多达86类，很多品种是魏晋南北朝时期新增的，有些明显来自少数民族地区，如"竹叶青，一名胡谷"；又如卷2《大豆》提到的品种有黄高丽豆、黑高丽豆，很可能来自高丽国。

魏晋南北朝时期重视农作物种子的培育，《齐民要术》卷1《收种》强调选种，"选好穗纯色者"，"劁刈高悬之"，来年，单独种植，精心护理，收获时，先治理好场地，"场净不杂"，收藏时，要"窖埋"，还要"以所治蘘草蔽窖"，播种前，要"水淘"，去浮秕等。

（2）土壤保墒与施肥

魏晋南北朝时期注意土壤保墒。《齐民要术》卷1《耕田》提出："劳欲再"，"再劳地熟，旱亦保泽也"，"凡秋收之后，牛力弱，未及即秋耕者，谷、黍、穄、粱、秋、荗之下，即移羸。速锋之，地恒润泽而不坚硬。乃至冬初，常得耕劳，不患枯旱。若牛力少者，但九月十月一劳之，至春稠种亦得"。土壤锋过后，就能保墒而不坚硬，这对我国北方半干旱地区农业意义特别重大①。

魏晋南北朝时期讲究土壤施肥。《齐民要术》中提到的肥料有畜粪、厩肥、蚕屎、草木灰、旧墙土等，强调使用熟粪，重视绿肥，特别提倡种植豆科植物作为绿肥②。《齐民要术》卷 1《耕田》提到："秋耕，掩青者为上"，"比至冬月，青草复生者，其美与小豆同也"，"凡美田之法，绿豆为上，小豆、胡麻次之。悉皆五六月中穊种，七月八月，犁掩杀之，为春谷田，则亩收十石；其美与蚕矢熟粪同"。

(3) 中耕与轮作

魏晋南北朝时期强调作物中耕。《齐民要术》卷 1《种谷》提到"苗生如马耳，则镞锄"，"苗出垄，则深锄。锄不厌数，周而复始，勿以无草而暂停"。解释说："锄者，非止除草，乃地熟而实多，糠薄，米息。锄得十遍，便得'八米'也。""锄得五遍以上，不烦耩。"卷 2《种麻》"耕不厌熟"，解释道："纵横七遍以上，则麻无叶也。"卷 2《大小麦》提到："正月、二月，劳而锄之。三月、四月，锋而更锄。"解释云："锄，麦倍收；皮薄面多。而锋、劳、锄各得再遍，为良也。"

魏晋南北朝时期强调作物轮栽。《齐民要术》卷 1《种谷》"谷田必须岁易"，否则"子则莠多而收薄矣"；卷 2《种麻》"麻欲得良田，不用故墟"，否则"有点叶夭折之患，不任作布也"；卷 2《水稻》"稻，无所缘，唯岁易为良"。

3. 蚕桑业的拓展与丝织业的发展

(1) 蚕桑业的拓展

魏晋南北朝时期，北方各政权为了自身的生存与发展，大都重视蚕桑业，后赵石虎甚至每年"三月三日及始蚕之月"，"帅皇后及夫人采桑于此"③；北魏太和九年（485）均田制明确规定："诸初受田者，男夫一人给田二十亩，课莳馀，种桑五十树，枣五株，榆三根。"④ 是为桑田。东魏、北齐与西魏、北周虽改桑田为永业田，但同样硬性要求种桑 50 株。

魏晋南北朝时期北方的蚕桑技术较两汉时期也有不小的进步，农学家贾思勰所著《齐民要术》卷 5 专门有一篇名叫"种桑柘"，下有注文

---

① 万国鼎：《齐民要术所记农业技术及其在中国农业技术史上的地位》，《南京农学院学报》1956 年第 1 期。
② 同上。
③ [北魏] 郦道元著，陈桥驿校证：《水经注校证》卷 10《浊漳水》，北京：中华书局，2007 年，第 260 页。
④ 《魏书》卷 110《食货志六》，第 2853 页。

"养蚕附"，讲如何种桑养蚕，内容十分详尽。该篇提到当时的桑树名称有女桑、压桑、荆桑、地桑、黑鲁桑、黄鲁桑等，特别提到黄鲁桑是一种优良品种。当时桑树种植数量极大，贾思勰在该篇提到每年收获的干桑葚甚多，"今自河以北，大家收百石，少者尚数十斛"，能收如此多的干桑葚，可见桑树种植规模之大。该篇提到当时的蚕种有：

> 三卧一生蚕，四卧再生蚕。白头蚕，颉石蚕，楚蚕，黑蚕，儿蚕（有一生、再生之异），灰儿蚕，秋母蚕，秋中蚕，老秋儿蚕，秋末老獬儿蚕，绵儿蚕。同茧蚕，或二蚕三蚕，共为一茧。凡三卧四卧，皆有丝绵之别。

该篇还详细记载了当时的养蚕技术，已经认识到蚕的体色、斑纹不同的种类，出丝量也有不同，涉及如何营造蚕室、如何上蔟和制种、如何加工茧丝等，很多技术都是前代所没有的①。

魏晋南北朝时期植桑养蚕技术向西北河西地区和东北辽河下游不断推进，河西地区在曹魏时期蚕桑业便开始推广，嘉峪关魏晋墓葬出土的彩绘砖壁画中，多有采桑、养蚕场景，这是河西发展蚕桑业的真实写照②。据《太平御览》卷955《木部四·桑》引崔鸿《前凉录》：苻坚灭前凉后，前凉主张天赐出奔东晋，孝武帝问之曰："北方何物为美？"张天赐对答："桑葚甘香。"说明河西地区的蚕桑业已相当发达。东北辽河下游是魏晋南北朝时期新开发的地区，西晋末年，鲜卑慕容部首领慕容廆从江浙在此引种桑树品种成功，北燕主冯跋也在辽河下游推广蚕桑业，《晋书》卷125《冯跋载记》载冯跋下书曰："此土少桑，人未见其利，可令百姓人殖桑一百根，柘二十根。"

（2）丝织业的发展

北方丝织业在两汉时期就已有很高的成就，魏晋南北朝时期仍有一定发展。曹魏时期，马钧对绫机加以改进，"旧绫机五十综者五十蹑，六十综者六十蹑。先生患其丧功费日，仍皆易以十二蹑"③，这不仅大大提升了工作效率，而且可以织出更为精彩多变的丝织品④。魏晋南北朝时期北方仍是全国的丝织业中心，无论产量还是质量都远非南方可比。据

---

① 蒋猷龙：《三国、两晋、南北朝时期的蚕业（下）》，《蚕桑通报》2018年第4期。
② 蒋猷龙：《三国、两晋、南北朝时期的蚕业（上）》，《蚕桑通报》2018年第3期。
③ 《三国志》卷29《魏书·杜夔传》注引《傅子》"马钧传"，第807页。
④ 蒋猷龙：《三国、两晋、南北朝时期的蚕业（上）》，《蚕桑通报》2018年第3期。

《三国志》卷1《魏书·武帝纪》，建安九年（204）九月，曹魏颁布田租户调令，裴松之注引晋王沉《魏书》云："其收田租亩四升，户出绢二匹、绵二斤而已。"此后，户调征收丝织品成为北方政府的惯例，如西晋，《初学记》卷27《绢第九》引晋故事道："凡民丁课田，夫五十亩，收租四斛，绢三匹，绵三斤。"北魏，《魏书》卷110《食货志六》道："其民调，一夫一妇帛一匹，粟二石。"北齐，《隋书》卷24《食货志》道："率人一床，调绢一匹，绵八两，凡十斤绵中，折一斤作丝。"北周，《隋书》卷24《食货志》云："有室者，岁不过绢一匹，绵八两。"户调征收丝织实物，既有商品经济衰退的因素，但同时也是以民间丝织业发展为前提的。三国时期，曹魏的丝织品产量惊人，《三国志》卷9《魏书·夏侯尚传》云：曹魏末年，"今科制自公、列侯以下，位从大将军以上，皆得服绫锦、罗绮、纨素、金银饰镂之物，自是以下，杂彩之服，通于贱人"，随着丝织品的增加，连"贱人"都能穿上丝织服装。西晋时期，政府库存丝织品众多，《晋书》卷26《食货志》云："永宁（301~302）之初，洛中尚有锦帛四百万。"北魏丝织品产量更多，赏赐给部属的丝织品动辄上百万匹，据《魏书》卷7上《高祖纪上》，孝文帝太和四年六月一次"以紬绫绢布百万匹……赐王公已下"。

魏晋南北朝时期北方丝织品不仅数量巨大，而且质地精美，三国曹魏时期，左思《魏都赋》描绘道："锦绣襄邑，罗绮朝歌。绵纩房子，缣总清河。若此之属，繁富夥够。"说明当时襄邑的锦绣、朝歌的罗绮、房子的绵纩、清河的缣总都很有名，并且"若此之属，繁富夥够"，说明高端丝织品产地远不止以上数处。当时南方的蜀锦很有名，但在北方看来，比北方丝织品要逊色得多，《太平御览》卷815引《魏文帝诏》曰：

前后每得蜀锦，殊不相比，适可訏，而鲜卑尚复不爱也。自吾所织如意虎头连璧锦，亦有金薄、蜀薄来至洛邑，皆下恶。是为下土之物，皆有虚名。

十六国时期，石虎邺城织锦花式品种极多，《初学记》卷27《锦》引《邺中记》曰：

锦有大登高、小登高、大明光、小明光、大博山、小博山、大茱萸、小茱萸、大交龙、小交龙，蒲桃文锦、斑文锦、凤皇朱雀锦、韬文锦、桃核文锦，或青绨，或白绨，或黄绨，或绿绨，或紫绨，或蜀绨，工巧百数，不可尽名也。

南北朝末期颜之推在《颜氏家训》卷1《治家篇》说道："河北妇人，织纴组紃之事，黼黻锦绣罗绮之工，大优于江东也。"可见北方丝织业远优于南方，一直是中国丝织业中心。

4. 商业在曲折中发展

魏晋南北朝时期北方战乱频繁，商业几遭重创，曾大幅衰退，但魏晋南北朝时期的北方也并非回到完全的自给自足时代，并在魏晋时期和北魏中后期北方商业有所恢复与发展，如西晋时期，弃农经商之风日炽，齐王司马攸就忧心忡忡地说道："都邑之内，游食滋多，巧伎末业，服饰奢丽，富人兼美，犹有魏之遗弊，染化日浅，靡财害谷，动复万计。"①而北魏孝文帝改革，为社会经济发展奠定了制度基础，特别是均田制的推行，自耕农数量大为增加，而自耕农与市场有着天然联系，自耕农规模小，部分生活必需品与生产资料不得不向市场购买，为此又不得不把自己生产的部分农产品投向市场，所以自耕农经济的壮大是商业发展的基础。孝文帝汉化措施之一便是对鲜卑贵族颁定姓、族，实现门阀化，从而与汉族门阀地主结合。鲜卑、汉地主也必须出售剩余产品而换取奢侈品。所以孝文帝改革之后，北方商业大为发展，其发展水平在一定程度上超过汉代②。可以说，魏晋南北朝时期北方商业既有过衰退，也有过发展，是在曲折中的发展③。

二、魏晋南北朝时期南方经济发展与经济重心的初步形成

魏晋南北朝时期，除西晋的短暂统一，南北长期分裂，南方相对安定，吸引了大批北方流民南下，南方割据政权为了自身生存，也不得不尽力发展经济，魏晋南北朝时期成为南方经济发展的黄金期，为隋唐经济重心南移奠定了基础。

---

① 《晋书》卷38《齐献王攸传》，第1132页。
② 蒋福亚：《魏晋南北朝时期的商品经济和传统市场》，《中国经济史研究》2001年第3期。
③ 高敏主编：《魏晋南北朝经济史》（下册），上海：上海人民出版社，1996年，第906~948页。

(一) 魏晋南北朝时期南方农业的发展

1. 农具的改进

生产力是人们利用自然、改造自然的能力，生产工具则是生产力发展的标志。魏晋南北朝时期南方的生产工具有比较明显的进步，这主要表现在冶铁中心的广布与铁器的增加，灌钢法的发明与成套犁耙工具的出现。

（1）冶铁业的发展与灌钢法的发明与推广

魏晋南北朝时期南方的冶铁中心遍布各地，《宋书》卷39《百官志上》云："江南诸郡县有铁者或署冶令，或署丞，多是吴所置。"说明从孙吴开始，凡是出铁之郡县都设有铁官，这种制度一直为东晋南朝所遵循。

东晋南朝时期铁器产量十分惊人，《梁书》卷18《康绚传》云：梁武帝时期，为"求堰淮水以灌寿阳"，"引东西二冶铁器，大则釜鬵，小则鋘锄，数千万斤，沉于堰所"。仅东西二冶铁器就达数千万斤。

灌钢法的发明，把我国古代炼钢技术推进到新的水平，这种技术在南朝已普遍推广，《政和新修经史证类备用本草》"玉石部"引有陶弘景语："钢铁是杂炼生鍒，作刀镰者。"这里的"生"即生铁，"鍒"即熟铁，"杂炼生鍒"就是生、熟铁混合冶炼，利用生铁含碳量高，比熟铁熔点低的特点，让先熔化的生铁液体作为渗碳剂，灌注到疏松的熟铁空隙之中，从而使熟铁含碳量上升而成为钢。采用这种方法炼钢，成本低廉、工艺简便、质量可靠，从而大幅度提高钢铁生产能力，因此广泛用以生产刀、镰等农具①。灌钢法是当时世界上最先进的钢铁冶炼技术，大量坚利耐磨的灌钢工具的出现，是生产工具的一大革新，为南方特别是长江中下游广大地区丘陵岗阜、沼泽、滩涂的垦辟创造了有利条件。

（2）犁耕技术的逐渐推广

两汉特别是东汉时期，牛耕技术开始向南方推广，但整个秦汉时期南方还是以锄耕农业为主，牛耕仍为罕见。而魏晋南北朝时期，牛耕在南方逐渐推广。

《三国志》卷47《吴书·孙权传》载：黄武五年（226），陆逊"以所在少谷，表令诸将增广农亩"时，孙权报曰："甚善。今孤父子亲自受田，车中八牛以为四耦。"这是孙吴实行牛耕的明确记载。据《梁书》

---

① 许辉、蒋福亚主编：《六朝经济史》，南京：江苏古籍出版社，1993年，第321页。

卷12《韦叡传》,他在任雍州(治襄阳)刺史时饷故客阴僧光"耕牛十头"。《南齐书》卷44《徐孝嗣传》云:齐明帝建武四年(497),徐孝嗣"表立屯田":"请即使至徐、兖、司、豫,爰及荆、雍,各当境规度,勿有所遗……田器耕牛,台详所给。"

梁人宗懔《荆楚岁时记》云:"春分日……有鸟如乌,先鸡而鸣……民候此鸟,则入田以为候。""四月,有鸟名获谷……农人候此鸟则犁耙上岸。"《荆楚岁时记》是记载长江中游地区时令习俗的,可知自春分至四月,荆楚正是农耕大忙,犁耕地,耙碎土,以利下种。从这里我们可以明确知道,荆楚一带牛耕已成为一种普遍行为,犁耙等成套农具已经产生。

以牛作为牵引力,有助于深耕、细耙等农事活动的精细化,牛耕的逐渐普及与犁耙等成套犁耕农具的出现,这是农业生产力发展的重要表现。

2. 精耕细作的逐渐出现

农田管理方式是随农业生产技术的进步而发展的,魏晋南北朝时期,南方农田管理呈现细密化趋势。

(1) 施肥的普及化

魏晋南北朝时期南方地区盛行以家禽家畜模型随葬,出土动物模型以猪、狗、羊、牛数量最多。有学者指出,六朝以前,江西地区的墓葬中极少出土与畜牧业有关的文物,而据已发掘的七十余座六朝墓,其中有近三分之一的墓葬出土文物与畜牧业有关,主要器物有陶塑马、牛、羊、猪、狗、鸭、鸡、鹅及家畜家禽笼圈等,其中尤以滑石猪为多,反映了当时养猪业的突出发展[①]。在湖北鄂城西山铁矿M105(M1002)一墓中,出土不同种类的家畜模型有十件之多。郭家塆M16(M2215)出土的猪和圈栏模型,圈栏呈长方形,上附一长方形厕所,栏内一只大母猪的腹下有两只小猪仔。这种把畜圈与厕所连在一起的做法,明确告诉我们,在六朝时期人们已经在利用猪和圈栏来积肥沤肥了[②]。

《荆楚岁时记》载,正月一日,"以钱贯系杖脚,回以投粪扫上,云令如愿"。说明那时粪肥使用已较普遍,人们懂得将粪肥与灰土堆放一起,令其沤化后,以熟粪肥田,提高农作物产量。

据《南史》卷25《到彦之传》,他曾"以担粪自给",能以贩运粪

---

① 袁进:《江西六朝畜牧业经济的发展及背景》,《农业考古》1990年第1期。
② 贺忠香:《湖北三世纪考古与社会经济试探》,黄惠贤、李文澜主编:《古代长江中游的经济开发》,武汉:武汉出版社,1988年,第216页。

肥谋生，可见粪肥使用之普遍①。

(2) 育秧移栽技术的逐渐推广

中国南方何时出现育秧移栽技术，学术界是有争论的。中国农史专家梁家勉与陈文华等先生提出，我国至迟在东汉已掌握育秧移栽技术②，这得到了越来越多的出土文物证实。如广东佛山澜石汉墓出土的陶水田模型上有明确的插秧形象，"第五方地上有表示秧苗的篦点纹和一个直腰休息的插秧俑"③；四川新津县出土的一件汉代陶水田模型，稻田中有整齐的篦点纹，显然也是表示秧窝④。随着插秧技术的出现，稻田的中耕除草也随之产生，四川峨眉县出土的东汉水塘水田石刻模型，右下角刻有两个农夫伏在田中用手耘禾；四川新都县出土的薅秧画像砖，左半部刻有农夫扶杖、用脚耘田的形象，这种耘田方式今天在南方许多农村中还很常见⑤，耘田现象的出现，从另一个方面证明插秧的推广，因为，撒播的稻田是无法耘禾的⑥。

魏晋南北朝时期育秧移栽技术在南方逐渐推广。《全梁诗》卷6范云《治西湖》云："已集故池鹜，行莳新田苗。"一般认为，"行莳新田苗"当指插秧，现在苏南一带仍然俗称插秧为"莳秧"⑦。《荆楚岁时记》有"六月必有三时雨，田家以为甘泽"的记载，"时雨"有学者认为又称"莳雨"，即插秧雨⑧。陶渊明《归去来兮辞》有"怀良晨以孤往，或植杖而芸耔"的诗句，"植杖而芸"应该正是扶杖用脚耘田的形象，而耘田是以插秧为前提的⑨。

育秧移栽可以促进稻株分蘖，同时也是水稻中耕的前提，这是水稻精耕细作的重要组成部分。

当然，魏晋南北朝时期南方各地发展水平不一，很多地方仍采用原始的火耕水耨，一是南方耕牛数量不足，牛还是南方陆路交通的主要牵

---

① 蒋福亚：《魏晋南北朝社会经济史》，天津：天津古籍出版社，2005年，第87页。
② 陈文华：《论农业考古》，南昌：江西教育出版社，1990年，第4页；梁家勉主编：《中国农业科学技术史稿》，北京：农业出版社，1989年，第205、206页。
③ 广东省文管会：《广东佛山市郊澜石东汉墓发掘报告》，《考古》1964年第9期。
④ 刘志远：《考古材料所见汉代的四川农业》，《文物》1979年第12期。
⑤ 陈文华：《论农业考古》，南昌：江西教育出版社，1990年，第116页。
⑥ 同上书，第6页。
⑦ 蒋福亚：《魏晋南北朝社会经济史》，天津：天津古籍出版社，2005年，第87、88页。
⑧ 李文澜：《江汉平原开发的历史考察》，黄惠贤、李文澜主编：《古代长江中游的经济开发》，武汉：武汉出版社，1988年，第63页；据《梁书》卷13《范云传》第230页云：梁时范云曾在长江中游零陵等地为官。
⑨ 陈文华：《论农业考古》，南昌：江西教育出版社，1990年，第6页。

引力，耕牛价格很高，据《晋书》卷 26《食货志》，当时一头耕牛价值三百斛谷，非一般百姓所能承受；二是南方多处仍是地广人稀，不费人力、广种薄收的原始火耕水耨法仍有用武之地。

3. 农田水利的兴建

南方地处亚热带季风气候区，水田农业是这里的主要农作方式，因此，农业的发展首先取决于水利的兴修。

南方复杂的地形地貌，使它难以像北方那样，有计划地组织大型水利工程；同时，雨量丰沛及降水集中，也使这里的水利工程与北方存在差异。在平原地区，河湖密布，沼泽丛生，土地卑湿，自古被称为"涂泥之地"，其土地资源的开发利用，首先必须解决防洪排涝问题，因此水利工程以防护、疏导设施为主体；而丘陵山地地势起伏较大，径流丰富，但溪河源短流急，一遇暴雨，山洪怒发，冲毁田园，久晴无雨，则溪涧绝流，农田龟裂，但由于长期的侵蚀切割，支冲沟谷广泛发育，为兴建塘堰，滞洪蓄水，发展自流灌溉创造了有利条件①，因此丘陵山地水利工程以修堰筑坝为主体。魏晋南北朝时期长江中下游的水利工程较前代有较大规模的增加，特别是陂塘灌溉工程随着浅山丘陵的开发而开始大规模兴修，所谓"民丁无士庶皆保塘役"②，"承陂之家，处处而是"③。陂塘灌溉工程类似于今天的水库，既能防洪，又可蓄水，启闭由人，大小任意，视农田需要而定，大大提高了对自然水源的利用和人工控制水利的能力④。陂塘灌溉工程的出现，陆田转变为水田，《太平御览》卷 56《地部》引《傅子》云："陆田者命悬于天也，人力虽修，水旱不时，则一年之功弃矣。水田制之由人，人力苟修，则地利可尽。"土地效率大大提高。

（二）魏晋南北朝时期南方工商业的发展

魏晋南北朝时期，南方相对安定，加之水上交通便利，特别是农业经济有了长足发展，从而工商业也有一定发展。

1. 蚕桑业与丝织业发展

两汉特别是东汉时期，南方已有植桑养蚕并织造丝织物的记载，如《太平御览》卷 825《资产部五·蚕》载："范充为吴桂阳太守，教民植

---

① 汪家伦、张芳编著：《中国农田水利史》，北京：农业出版社，1990 年，第 198 页。
② ［梁］萧子显撰：《南齐书》卷 26《王敬则传》，北京：中华书局，1972 年，第 482 页。
③ ［梁］沈约撰：《宋书》卷 91《孝义传》，北京：中华书局，1974 年，第 2251、2252 页。
④ 高敏主编：《魏晋南北朝经济史》（上册），上海：上海人民出版社，1996 年，第 35 页。

桑、绨纻之属，养蚕织履，民得利益。"魏晋南北朝时期，栽桑养蚕进一步推广，陶渊明诗中就经常把桑、麻等当作诗文的素材，如《归园田居》写道："狗吠深巷中，鸡鸣桑树颠。""桑麻日已长，我土日已广；常恐霜霰至，零落同草莽。""但愿桑麻成，蚕月得纺绩。"他与邻居们"相见无杂言，但道桑麻长"，等等。南齐时期，浙东山区也开始植桑养蚕，《梁书》卷53《沈瑀传》云：南齐明帝永泰元年（498），沈瑀为建德令，"教民一丁种十五株桑……女丁半之"。与此有关的民俗也已形成，《荆楚岁时记》记载，荆楚人在正月十五夜晚，"迎紫姑（蚕神），以卜将来蚕桑，并占众事"。郑重其事地卜求蚕桑，并列入时俗，说明蚕桑业在人们生活中的重要性。

魏晋南北朝时期，南方养蚕已达到一年多熟的水平，如《太平御览》卷825《资产部五·蚕》引《林邑记》："九真郡，蚕年八熟，茧小轻薄，丝弱绵细。"引《永嘉郡记》："永嘉有八辈。"蚕一年多熟在南方已成为一种普遍存在，说明南方已掌握蚕种低温催青化，即用低温控制蚕种的孵化，以便错开蚕种孵化日期，增加一年中的养蚕次数，这是养蚕史上的重大技术进步[1]。蚕桑业的发展为丝织业准备了条件。

两汉时期南方丝织业只有巴蜀比较发达，当地的蜀锦很有名，其他地区则默默无闻，而魏晋南北朝时期，南方其它地区的丝织业有了较大发展。

首先，丝织品产量增加。

孙吴立国之初便设置官营丝织机构"织室"，《三国志》卷50《吴书·妃嫔传》载孙权潘夫人因父亲有罪，"夫人与姊俱输织室"；据《三国志》卷61《吴书·陆凯传》，孙权时织室规模"数不满百"，而到孙休时，"乃有千数"。西晋永嘉四年（310），扬州刺史周馥建议迁都寿春，并令"荆、湘、江、扬各先运四年米租十五万斛，布、绢各十四万匹，以供大驾"[2]；东晋时期，苏峻叛军攻克建康时，官库有"绢数万匹"[3]；《宋书》卷3《武帝本纪下》，永初三年（422）三月，"时秦、雍流户悉南入梁州。庚申，送绔绢万匹，荆、雍州运米，委州刺史随宜赋给"。可见丝织品数量巨大。

其次，丝织技术有所进步。

孙吴时孙权赵夫人丝织技术就很高超，《太平御览》卷699《服用部

---

[1] 李伯重：《唐代江南农业的发展》，北京：农业出版社，1990年，第52页。
[2] 《晋书》卷61《周馥传》，第1664页。
[3] 《晋书》卷100《苏峻传》，第2630页。

一・幔》引《拾遗录》曰：

> 吴主赵夫人巧妙无双……乃织为罗縠，累月而成，裁之为幔。内外视之，飘飘如烟气，轻动而房内自凉。……舒之则广纵一丈，卷之内文漆枕中，谓之"丝绝"。

南方丝织技术的提升，晋宋之际是个关键，《太平御览》卷815《布帛部二・锦》引《丹阳记》曰：

> 斗场锦署平，关右迁其百工也。江东历代尚未有锦，而成都独称妙。故三国时，魏则布于蜀，而吴亦资西道。

东晋末年，刘裕率兵灭后秦，从关中将大批工匠迁到江东，其中就有一批丝织工匠，因而在丹阳设置锦署，此后南朝历代锦署成为常设机构，负责宫廷服饰①。南齐时，织锦已名播塞外，以致柔然首领请求齐武帝赠送锦工②。萧梁时，锦的产量已很可观，侯景之乱时，侯景要求梁武帝一次性拿出"锦万匹，为军人袍"③。据宗懔所著《荆楚岁时记》，当地妇女能织成"日、月、星辰、鸟兽之状，文绣金镂"，并能织"五色丝"，"赤青白黑，以为四方，黄居中央"。

魏晋南北朝时期南方丝织业的发展还可从户调内容的变化得以体现。从孙吴到东晋南朝前期，因丝织业不发达，户调征布，与田租合称租布，而到南朝后期梁、陈之际，户调改为按丁征收丝织品④，《隋书》卷24《食货志》道："丁男调布绢各二丈，丝三两，绵八两，禄绢八尺，禄绵三两二分。"可见，南朝后期已无"租布"之说了。

当然，魏晋南北朝时期，南方丝织业还处于起步阶段，仅集中在少数地区，其中以益州水平最高，《隋书》卷29《地理志》云：益州"人多工巧，绫锦雕镂之妙，殆侔于上国"。荆、扬二州发展显著，《宋书》卷54《沈昙庆传》史臣曰："荆城跨南楚之富，扬部有全吴之沃……丝绵布帛之饶，覆衣天下。"而其他地区则几无可闻。

---

① 许辉、蒋福亚主编：《六朝经济史》，南京：江苏古籍出版社，1993年，第311页。
② 《南齐书》卷59《芮芮虏传》，第1025页；高敏主编：《魏晋南北朝经济史》（下册），上海：上海人民出版社，1996年，第849页。
③ 《梁书》卷56《侯景传》，第841页。
④ 王仲荦：《魏晋南北朝史》，上海：上海人民出版社，2016年，第398～400页。

2. 瓷器业

魏晋南北朝时期，瓷器的质量、产量都有很大提升，瓷器已逐渐取代陶器，成为人们必不可少的日用品①。瓷器业遍布南方各地，其中以长江中下游最为集中，尤以浙江水平最高，早期越窑、瓯窑、婺州窑、德清窑都是各有特色的瓷器制造中心。越窑分布在今浙江上虞、余姚、绍兴一带，瓯窑集中在今浙江温州地区，婺州窑位于今浙江金华地区，德清窑集中在杭嘉湖平原。仅浙江上虞县，已发现孙吴瓷窑30多处，两晋更多达60多处，各地都出土了大量精美瓷器，如上虞帐子山出土的蛙形水盂便是典型的艺术精品②。

魏晋南北朝时期长江中游的瓷器制造业也很发达，出土了大量的瓷器日用品，特别是瓷器成套茶具。1957年，湖南省考古工作者在长沙发掘的晋代墓葬中，首次发现了青瓷茶托③。茶托是一种以承托茶碗，又称"茶船"的茶具。此后，考古工作者在江西南昌、吉安、丰城等六朝墓葬中均发现了包括茶托在内的成套茶具实物。如1978年，在江西丰城同田乡龙雾洲窑址出土了青瓷莲瓣纹碗、莲瓣纹茶盏、盏托、莲瓣纹盘等成套茶具④。特别是1994年，在江西吉水富滩东吴墓出土了青瓷擂钵、青瓷带盖钵、青瓷盏托等成套茶具⑤。在长江中游也出土了不少瓷器精品，如在湖北武昌齐永明三年（485）刘凯墓出土的莲花尊便是典型代表⑥。

3. 造纸业

造纸术在两汉时期已经发明并有一定发展，但因技术与产量都不过关，所以书写材料仍以简牍为主，而到魏晋南北朝时期，南方造纸业在原料、技术、产量方面都上了一个新台阶，纸张已成为主要的书写材料，《太平御览》卷605《纸》引《桓玄伪事》曰："古无纸，故用简，非主于敬也。今诸用简者，皆以黄纸代之。"这对文化事业的发展产生了重大影响。

东晋南朝时期，纸张产量巨大，《初学记》卷21《纸》引虞预《请

---

① 王仲荦：《魏晋南北朝史》，上海：上海人民出版社，2016年，第456页；蒋福亚：《魏晋南北朝社会经济史》，天津：天津古籍出版社，2005年，第98页。
② 许辉、蒋福亚主编：《六朝经济史》，南京：江苏古籍出版社，1993年，第328、329页。
③ 湖南省博物馆：《长沙两晋南朝隋墓发掘报告》，《考古学报》1959年第3期。
④ 万良田、万德强：《江西丰城东晋、南朝窑址及匣钵装烧工艺》，《江西文物》1989年第3期。
⑤ 李希朗：《江西吉水富滩东吴墓》，《南方文物》1996年第3期。
⑥ 湖北省博物馆：《武汉地区四座南朝纪年墓》，《考古》1965年第4期。

秘府纸表》:"秘府中有布纸三万余枚,不任写御书,而无所给。愚欲请四百枚,付著作吏,书写《起居注》。"引裴启《论林》曰:"王右军为会稽令,谢公就乞笺纸。库中唯有九万枚,悉与之。"甚至偏远的岭南地区纸张产量都不小,《太平御览》卷605《纸》引《拾遗记》曰:"张华献《博物志》,赐侧理纸万番,南越所献也。汉人言陟狸与侧理相乱,南人以海苔为纸,其理纵横褒侧,因以为名。"

纸张质量精美,《初学记》卷21《纸》引桓玄《伪事》曰:"诏命平准作青赤缥绿桃花纸,使极精,令速作之。"引后梁宣帝《咏纸诗》:"皎白犹霜雪,方正若布棋;宣情且记事,宁同鱼网时。"

除官府外,民间造纸也很普遍,《宋书》卷53《张茂度传》云:"永涉猎书史,能为文章,善隶书……纸及墨皆自营造,上每得永表启,辄执玩咨嗟,自叹供御者了不及也。"可见张永所造纸张质量之精美。

4. 商业的发展

魏晋南北朝时期南方商业也有较大发展,日本著名的中国魏晋南北朝史专家川胜义雄指出:"梁代货币经济发展程度远远地高于唐代天宝以前。"①

魏晋南北朝时期南方经商之风甚炽,《隋书》卷24《食货志》道:

> 晋自过江,凡货卖奴婢马牛田宅,有文券,率钱一万,输估四百入官,卖者三百,买者一百。无文券者,随物所堪,亦百分收四,名为散估。历宋齐梁陈,如此以为常。以此人竞商贩,不为田业,故使均输,欲为惩励。

魏晋南北朝时期南方大土地所有制发展迅速,主要途径是占山护泽,在开发过程中,往往设置"传、屯、邸、冶",这些多与商业相关②。如刘宋权臣沈庆之"广开田园之业,每指地示人曰'钱尽在此中'"③。长江是最重要的商道,东晋时,桓"玄断江路,商旅遂绝。于是公私匮乏,士卒唯给枰橡"④,长江商道已关系到京城粮食安危。

---

① 〔日〕川胜义雄:《侯景之乱与南朝的货币经济》,刘俊文主编,夏日新、韩昇、黄正建等译:《日本学者研究中国史论著选译》第四卷《六朝隋唐》,北京:中华书局,1992年,第262、263页。
② 王大建:《东晋南朝的传、屯、邸、冶》,《烟台大学学报(哲学社会科学版)》,1991年第3期。
③ 《宋书》卷77《沈庆之传》,第2003页。
④ 《晋书》卷64《简文三子传》,第1739页。

随着商业的发展，魏晋南北朝时期南方兴起了一批商业性中心城市。长江下游以建康为中心，周边还有系列次级城市，长江中游城市以江陵为中心，另外襄阳、夏口等也很有名，长江上游以成都为经济中心，岭南的广州作为港口城市迅速崛起。

（三）魏晋南北朝时期南方经济重心的初步形成

魏晋南北朝时期南方经济发展是不平衡的，岭南地区得到初步开发，巴蜀地区在原有基础上稍有发展，长沙中下游地区发展最为显著①。

岭南地区远离政治中心，从孙吴到东晋南朝，对岭南采取羁縻政策，所谓"县官羁縻，示令威服，田户之租赋，裁取供办……不必仰其赋入，以益中国也"②。直到南齐，仍是"虽民户不多，而俚僚猥杂"③。梁武帝加大对岭南的开发，梁、陈之际岭南地区出现"工贾竞臻，鬻米商盐，盈衢满肆。新垣既筑，外户无扃，脂脯豪家，锺鼎为乐。扬袪洒汗，振雨流风，市有千金之租，田多万箱之咏"的繁华局面④。正是梁武帝时期岭南地区的经济开发，陈霸先才得以西江督护、高要太守之职，从岭南率兵平定侯景之乱，并最终建立陈王朝。但岭南充其量只是初步开发而已，《隋书》卷31《地理志下》说道："自岭已南二十余郡，大率土地下湿，皆多瘴厉，人尤夭折。"

巴蜀长期作为关中后院，基础最好，但魏晋南北朝时期命途多舛。三国时为蜀汉所占，西晋末期，巴氏流民起义，进而建立成汉割据政权，东晋永和三年（347）为权臣桓温所灭；东晋前期淝水战前一度为前秦所取，东晋末又为谯纵割据占领，建立西蜀政权，东晋义熙九年（413）为刘裕所灭；此后宋、齐、梁三朝为南方政权控制，萧梁末期又落入西魏之手。诸葛亮治蜀和成汉李雄时期，巴蜀经济有所发展，东晋南朝时期，巴蜀地区远离政治中心，政府控制乏力，这一带的发展与地方官员密切相关。梁武帝加强了对巴蜀地区的控制，有大批皇室成员出任益州刺史，萧梁时期益州经济有所发展，武陵王萧纪在蜀十七年，"开建宁、越巂，贡献方物，十倍前人"⑤。

长江中下游地区是立都建康的孙吴、东晋、宋、齐、梁、陈六朝政

---

① 蒋福亚：《魏晋南北朝社会经济史》，天津：天津古籍出版社，2005年，第93页。
② 《三国志》卷53《吴书·薛综传》，第1252页。
③ 《南齐书》卷14《州郡志上》，第262页。
④ [陈] 徐陵撰，许逸民校笺：《徐陵集校笺》卷9《广州刺史欧阳頠德政碑》，北京：中华书局，2008年，第1084页。
⑤ [唐] 李延寿撰：《南史》卷53《梁武帝诸子传》，北京：中华书局，1975年，第1328页。

府的核心地区，萧梁时人盛弘之评论道："自晋室南迁，王居建业，则以荆、扬为京师根本之所寄。荆楚为重镇，上流之所总，拟周之分陕，故有西陕之号焉。"① 同时代的沈约也说道："江左以来，树根本于扬越，任推毂于荆楚。""荆、扬司牧，事同二陕。"② 因此长江中下游地区一直是南方政府的开发重点，经济发展成就显赫。沈约总论南方经济时评论道：

> 江南之为国，盛矣。虽南包象浦，西括邛山，至于外奉贡赋，内充府实，止于荆、扬二州。……（扬州）地广野丰，民勤本业，一岁或稔，则数郡忘饥。会土带海傍湖，良畴亦数十万顷，膏腴上地，亩直一金，鄠、杜之间，不能比也。荆城跨南楚之富，扬部有全吴之沃，鱼盐杞梓之利，充牣八方；丝绵布帛之饶，覆衣天下。③

魏晋南北朝时期南方经济特别是长江中下游经济的发展，使南方逐渐形成一个新的经济重心，这为中国经济重心的南移奠定了基础。南北的长期分裂与南方经济的发展，为海上丝路贸易与陆上丝绸之路的向南延伸提供了坚实的物质基础。

第三节 魏晋南北朝时期丝绸之路沿线各国

丝绸之路西到罗马，东到朝鲜半岛和日本，南到东南亚诸国，魏晋南北朝时期丝绸之路沿线各国发生了剧烈变动。

一、西部各国

公元2、3世纪，欧亚大陆的四大帝国，最东部的东汉、最西部的罗马、中亚的贵霜、西亚的安息几乎同时爆发了危机，出现了剧烈动荡。

（一）中亚诸国兴替

中亚是陆上丝路贸易的重要通道，魏晋南北朝时期中亚强国贵霜、嚈哒、突厥先后更替，还有大量小国依附其间，其中粟特人的昭武九姓

---

① 《太平寰宇记》卷146《山南东道五·荆州》引盛弘之《荆州记》，《四库全书》第470册，上海：上海古籍出版社，1987年，第383页。
② 《宋书》卷66《何尚之传》，第1739页。
③ 《宋书》卷54《沈昙庆传》，第1540页。

对丝路贸易贡献最大。

1. 贵霜帝国

贵霜帝国是由原居我国河西走廊祁连山与敦煌一带的大月氏人,为避匈奴逼迫,西迁中亚后建立的。两汉之际,贵霜翕侯丘就却打败其他四个翕侯,统一大月氏各部,建立贵霜国。经过丘就却及阎膏珍连年征战,到迦腻色迦王一世时期贵霜帝国达到极盛,控制整个中亚细亚到印度次大陆北部地区,成为一个有影响力的国际性帝国。都城也一路南迁,丘就却从阿姆河以北迁到了阿姆河以南的蓝氏城(今阿富汗北部巴克尔),迦腻色迦再从蓝氏城迁到了富楼沙(今巴基斯坦白沙瓦),政治中心南移到印度次大陆。迦腻色迦晚年皈依佛教,并在国内大兴佛法,贵霜王朝实际成为了天竺化的佛教国家①,后佛教之东传中国,贵霜帝国起到了重要作用。

贵霜帝国地处丝绸之路的交通枢纽,向西可到安息,并通过安息可到罗马;向东可到中国;向南可到印度;向西北经咸海、里海可到东欧,因而过境贸易十分发达。贵霜帝国在丝路贸易中获得巨大利益,因而积极发展与中国的关系,甚至希望垄断对中国的贸易。在东汉,曾帮助班超平定疏勒、莎车、车师,并希望与东汉王朝联姻,后虽因班超拒绝其联姻要求而出兵,但兵败后"岁奉贡献"②。三国时期,偏居一隅的贵霜政权仍有遣使之举,《三国志》卷3《明帝纪》载道:曹魏明帝太和三年(229),"大月氏王波调遣使奉献,以调为亲魏大月氏王"。

公元3世纪,贵霜帝国陷入危机之中,在内部,迦腻色迦去世后,帝国再也没有出现过大有作为的国王,并且还出现了内部的争权夺利;在外部,出现了新的威胁势力。在北部,先是匈奴,后有柔然,再有嚈哒的不断侵扰,蚕食贵霜疆土;在西部,萨珊王朝取代安息,并迅速强大,5世纪达到极盛,萨珊波斯不断向东扩张,鲸吞贵霜属地;在南部,摩揭陀逐渐强大起来,公元4世纪,摩揭陀国王旃陀罗笈多一世建立笈多王朝,占领印度次大陆北部地区。公元3世纪开始,贵霜帝国分裂瓦解为许多小国,5世纪中叶,贵霜王朝最终被嚈哒灭亡③。

2. 嚈哒

嚈哒最早见于《魏书》,南朝称之为"滑"④,是匈奴人的一支,因

---

① 王仲荦:《魏晋南北朝史》,上海:上海人民出版社,2016年,第707页。
② 《后汉书》卷47《班超传》,第1580页。
③ 王治来:《中亚史》,北京:人民出版社,2010年,第46页。
④ 石云涛:《三至六世纪丝绸之路的变迁》,北京:文化艺术出版社,2007年,第29页。

与他族联姻混血,皮肤较白,故称白匈奴。原居于阿尔泰山之南,长期臣属于柔然,4世纪70年代初,嚈哒因受柔然压力从阿尔泰山西迁中亚索格狄亚那,打败贵霜,占领贵霜大片疆土,并于5世纪中叶消灭贵霜残余。与此同时,向西大举进攻萨珊波斯,迫使其纳贡;向南攻击印度次大陆的笈多王朝,促使笈多王朝分裂;向东势力一度到达塔里木盆地,控制诸城邦及高昌国,向东北控制准噶尔盆地的高车国,其疆域超过鼎盛时期的贵霜帝国,成为中亚地区势力最强的国家,所谓"四夷之中,最为强大"①。嚈哒保留游牧传统,北魏时期,宋云一行途经嚈哒境内时,见其"居无城郭,游军而治。以毡为衣,随逐水草,夏则随凉,冬则就温";文明程度也不高,宋云说其"乡土不识文字,礼教俱阙。阴阳运转,莫知其度。年无盈闰,月无大小,用十二月为一岁",但对中国的丝绸很是着迷,说其"王着锦衣","王妃亦着锦衣,垂地三尺,使人擎之"②。

嚈哒控制着丝绸之路中亚段,积极从事丝路贸易。南北朝时期,嚈哒与中国南、北政权都保持着密切关系,据《魏书》本纪与《北史》卷5《魏本纪第五》记载,嚈哒至少有14次派遣使者出使北魏。神龟二年(519),北魏使者宋云一行到达嚈哒时,嚈哒国王"见大魏使人,再拜跪受诏书"③,可见对北魏的尊重;据《周书》卷50《异域传》,西魏、北周时期,嚈哒至少3次遣使长安;据《梁书》卷3《武帝本纪下》与同书《诸夷传》,被称为"滑国"的嚈哒至少5次遣使南京。嚈哒统治中亚期间,对其境内各个小国,只是"受诸国贡献",但仍保留其政权,拥有宗教信仰和对外交往的自由④,嚈哒利用具有商贾传统的粟特人从事丝路贸易,粟特人基本垄断了与中国的贸易。嚈哒时期,丝绸之路是畅通的,波斯与称为"普岚"的拜占庭帝国多次与中国交往。总体来看,嚈哒结束了贵霜帝国崩溃以来中亚的混乱局面,建立一个强大的统一政权,促进了中亚经济和丝路贸易的发展。

大约在563~567年,波斯与西突厥联合起来,东西夹击嚈哒,以阿姆河为界瓜分嚈哒领土,嚈哒灭亡⑤。

---

① [北魏]杨衒之撰,范祥雍校注:《洛阳伽蓝记校注》卷五,上海:上海古籍出版社,1978年新1版,第288页。
② 同上。
③ 同上。
④ 余太山:《嚈哒史研究》,济南:齐鲁书社,1986年,第7页。
⑤ 王仲荦:《魏晋南北朝史》,上海:上海人民出版社,2016年,第710页。

3. 突厥汗国

据《周书》卷50《异域传下》，突厥为我国北方古老少数民族，长期为柔然所控制，从土门为首领后，突厥强大起来，西魏大统十二年（546），土门率部大败铁勒（高车），"尽降其众五万余落"；西魏废帝元年（551）正月，土门发兵大败柔然，柔然首领阿那瑰自杀，土门遂自号伊利可汗，建立政权。西魏废帝二年，土门子俟斤继位，是为木杆（或汗）可汗，此时，突厥东征西讨，迅速成为一个横跨欧亚大陆的大帝国，"俟斤又西破嚈哒，东走契丹，北并契骨，威服塞外诸国。其地东自辽海以西，西至西海（今里海）万里，南自沙漠以北，北至北海（今贝加尔湖）五六千里，皆属焉"。

突厥作为一个游牧民族，"穹庐毡帐，随水草迁徙，以畜牧射猎为务"①，但手工业与商业也有一定的发展。手工业以冶铁业最为有名，突厥本因善于冶炼而长期成为柔然的锻奴，拜占庭帝国使者到达突厥境内时，"一些突厥人持铁前来出售"，以致来使误认为"向人售铁是为了炫耀其国产铁"②。突厥人重视商业，突厥初兴之时，便着力经营与中国的贸易，"其后曰土门，部落稍盛，始至塞上市缯絮，愿通中国"③。突厥强盛后，北周与北齐争相拉拢，突厥利用北周、北齐矛盾，通过和亲、绢马贸易等途径，从中原廉价获得了大量丝织品。木杆可汗时，西突厥首领室点密联合波斯灭嚈哒，占领嚈哒全境，从中国到波斯的丝绸之路全部被突厥所控制。突厥政府利用粟特人垄断从中亚到中国的丝绸贸易后，力图打通前往拜占庭帝国的通道，先是两次派使团到波斯，但波斯为了垄断对拜占庭帝国的贸易，坚决拒绝，于是又派遣使团绕开波斯，"翻越崇山峻岭，跨过平原、草地、沼泽和河流，穿过高加索山，最后到达拜占庭"④。突厥使团第一次到达拜占庭，为查士丁二世在位第四年，即568年，突厥汗国与拜占庭帝国正式建立同盟关系。此后双方有过数次互派使者，当时有大量突厥人随使团前往拜占庭，576年，以瓦伦丁为首的拜占庭使团前往突厥时，就将那里的106个突厥人一起带上了⑤。突厥与拜占庭同盟关系的建立，促进了丝路贸易的发展。

---

① 《周书》卷50《异域传下》，第909页。
② 〔英〕裕尔撰，〔法〕考迪埃修订，张绪山译：《东域纪程录丛——古代中国闻见录》所录弥南德《希腊史残卷》，北京：中华书局，2008年，第171页。
③ 《周书》卷50《异域传下》，第908页。
④ 〔英〕裕尔撰，〔法〕考迪埃修订，张绪山译：《东域纪程录丛——古代中国闻见录》所录弥南德《希腊史残卷》，北京：中华书局，2008年，第171页。
⑤ 同上书，第167～177页。

突厥在丝路贸易中获得了巨大利益，蔡马库斯为首的拜占庭使团拜见室点密时，每次在不同地点宴请，帐中都悬饰各色丝绸，室点密坐在黄金制造的床上，宴席中用的都是金制瓶、壶、罐，有一次宴会时，帐前有一大排马车，满载银器、银盘、银碗，及大量银制动物肖像，以致蔡马库斯都不禁感叹突厥统治者的富有①，这也是突厥从事丝路贸易的根本动力。

4. 粟特与昭武九姓

粟特人原居祁连山北昭武城（今甘肃张掖临泽县一带），因受匈奴侵扰，西迁到中亚阿姆河、锡尔河之间，以及泽拉夫善河、卡什卡河流域（今乌兹别克斯坦与塔吉克斯坦境内）一带，后代都以昭武为姓，以示不忘本。粟特建立过许多小国，《新唐书》以康、安、曹、石、米、何、火寻、戊地、史为昭武九姓，其中以康国与安国影响最大，先后被贵霜、嚈哒、西突厥所控制。粟特地区灌溉农业与手工业都较为发达，粟特人善于经商，依托宗主国势力，垄断对中国的贸易，成为丝路贸易的主要承担者，在中国境内建立了不少移民部落②。

（二）西亚安息衰亡与萨珊波斯的兴起

公元3世纪，西亚安息帝国陷入全面危机之中，一是与罗马的长期战争，政府军费负担越来越重，从而加大对帝国境内各省与属国的压榨，激化了阶级矛盾和民族矛盾；二是统治集团为争权夺利，频频爆发内讧，二者合力的结果，使安息帝国处于风雨飘摇之中。224年，帝国境内波斯地区王公阿尔达希尔乘机起兵，很快打败安息国王阿尔塔邦五世，226年攻占首都泰西封，并迅速控制安息帝国的绝大部分疆域，建立萨珊波斯王朝（224~651）。

萨珊波斯实行中央集权制，国王垄断国家权力，将全国分为十八个省，由国王委派总督管理，重要的总督由王室成员垄断。萨珊王朝前期奴隶制生产关系占主体，但奴隶制逐渐衰落，封建制因素逐步发展，开始出现释放奴隶的现象，并允许奴隶掌握收成的一部分。同时，农村公社还大量存在，自由的农村公社社员、手工业者和商人，是帝国的主要税源，也是帝国的重要经济支柱。到4~5世纪时，国王将土地大量封赐给祭司及世俗权贵，并享有免税特权，这些大土地所有者逐渐演变为新

---

① 〔英〕裕尔撰，〔法〕考迪埃修订，张绪山译：《东域纪程录丛——古代中国闻见录》所录弥南德《希腊史残卷》，北京：中华书局，2008年，第171~173页。

② 孟凡人编著：《丝绸之路史话》，《中华文明史话》，北京：中国大百科全书出版社，2000年，第12页。

兴封建地主；而丧失土地的公社农民则演变为封建依附农民，封建生产关系逐渐取得支配地位。萨珊王朝经济有所发展，农业方面，兴建了不少大型水利灌溉工程，开始栽培甘蔗、棉花、水稻等新作物；手工业方面，冶炼与金属制造技术有了明显提升，纺织工业特别是毛织品享誉盛名，丝织业也发展迅速；商业方面，不仅过境贸易发达，而且自产的工业品也大量行销国外，出现了一些繁荣的工商业中心①。

萨珊波斯与安息一样是中国与罗马贸易的主要居间者。波斯人具有经商传统，《史记》卷123《大宛列传》"安息"条云"其人……善市贾，争分铢"，"民商贾用车及船，行旁国或数千里"。自从张骞凿空西域，波斯人就一直活跃在丝绸之路上。南北朝时期，萨珊波斯与中国南、北政府都关系密切，据《魏书》本纪，波斯10次遣使北魏，据《周书》卷50《异域传》，西魏废帝二年（552），波斯遣使长安；据《梁书》卷3《武帝本纪下》与同书《诸夷传》，波斯曾三次遣使建康。萨珊波斯建国后，重视发展海上贸易，立国之君阿尔达希尔（224~240在位）在波斯湾沿岸建立众多港口。从4世纪后期开始，波斯着力经营与印度的海上航线，据成书于5世纪前期的《交洲志》，波斯国王曾求婚于斯调（今斯里兰卡）王。巴赫拉姆五世（420~440在位）后与印度联姻，印度国王以印度河口的第乌港口为嫁妆，这意味着到5世纪时，萨珊王朝已在印度站稳了脚跟。6世纪初，波斯人在锡兰建立了定居点，甚至有了自己的专门教堂②。萨珊波斯与安息一样，为了垄断对罗马的丝绸贸易，极力阻止罗马与东方的联系，阻止罗马人接触丝源。萨珊波斯与西突厥联合灭嚈哒后，突厥政府在粟特人的建议下，两次派遣使团前往波斯，希望打开波斯市场，萨珊波斯不惜打破与突厥的同盟关系，一次在突厥使团面前焚烧他们带来的丝绸；一次毒杀突厥使团成员，以表明绝不允许他们打开波斯市场的决心。萨珊波斯与罗马帝国（东罗马帝国）的战争往往也是围绕着争夺丝绸贸易通道而展开的，572年萨珊波斯攻占也门后，完全切断了拜占庭帝国的海上通道，这样"萨珊王朝控制住了中国通往中亚细亚、西亚细亚和通往拜占庭的商队往来要道，萨珊王朝又将近东、印度和中国之间的海上民间贸易攫归自己掌握"③，从而完

---

① 朱寰主编：《世界通史·中古部分》，北京：人民出版社，1972年，第69、70页；王素色、李长林：《世界古代史》，《世界小通史》（之一），北京：中国人民公安大学出版社，1999年，第118~120页。

② 张绪山：《中国与拜占庭帝国关系研究》，北京：中华书局，2012年，第277页。

③ 〔苏联〕米·谢·伊凡诺夫著，李希泌、孙伟、汪德全译：《伊朗史纲》，北京：生活·读书·新知三联书店，1973年，第29页。

全垄断对罗马的丝绸贸易。萨珊波斯在丝路贸易中获得了巨大利益，一方面，通过垄断对罗马的丝绸贸易，获得巨大的经济利益，并且往往以丝绸供应为要挟而获得政治利益；同时，通过丝绸之路，掌握了养蚕技术，从而促进了丝织业的发展。

萨珊波斯建国初，西方的罗马帝国与东方的贵霜帝国都陷入衰弱之中，萨珊波斯趁机东征西讨，向西多次打败罗马军队，控制了战略要冲亚美尼亚部分地区，但陷入了与罗马的长期战争泥潭；向东则迅速扩张，占领阿姆河与呼罗珊一带，但5世纪初开始，萨珊帝国东部受到了强悍的嚈哒帝国的侵扰，到5世纪中期，萨珊帝国已无力招架，甚至国王菲鲁兹五世（459~484在位）也在战争中被杀，萨珊被迫向嚈哒纳贡求和。科斯洛埃斯一世（即库思老一世，531~579在位）进行了系列改革，国力有所振兴，曾屡败嚈哒，并在563~567联合西突厥消灭嚈哒。但嚈哒灭亡后，波斯又受到了突厥更严重的威胁。长年战争，严重消耗了萨珊波斯的国力，导致内部矛盾激发，最终在642年被新兴的阿拉伯帝国灭亡。

（三）南亚次大陆笈多帝国的兴衰

公元3世纪，统治中亚和印度北部的贵霜帝国日渐衰弱，印度又重新陷入小国林立状态。4世纪初，位于恒河下游的小国摩揭陀逐渐强大起来，320年，摩揭陀王公笈多取得王位，称旃陀罗笈多一世（中国称之为"月护王"，约320~330在位），建立笈多王朝（约320~约540），定都华氏城。旃陀罗笈多一世联姻北印度势力强大的梨车族，对外开疆拓土，征服邻近各国，驱走贵霜帝国的残余势力，统一印度次大陆西北部，并控制恒河流域中部。旃陀罗笈多一世的儿子沙摩陀罗笈多（中国称之为"海护王"，约330~380在位）即位后，对外继续扩张，统一整个印度北部，势力南伸到德干半岛。到旃陀罗笈多二世（中国称之为"超日王"，380~415在位）时期，更把帝国版图向西推到阿拉伯海，向南伸展到德干高原西部，向东扩展到孟加拉，笈多帝国进入极盛时期。但旃陀罗笈多二世之后，帝国国势渐微，5世纪中叶，受到嚈哒的入侵，帝国自此瓦解，直接控制地区仅限于恒河下游的局部地区，笈多帝国最终灭亡。

笈多帝国实行中央集权制，地方设省，长官为总督，均由国王任命，重要总督职位由王室垄断。笈多帝国时期，奴隶制逐渐解体，封建生产关系逐步形成。强大的、统一的笈多帝国的建立，既保障印度北部国境免受中亚游牧民族入侵，也有利于经济发展。笈多帝国经济发展成就显著，其中农业最为突出，主要表现在：一是铁制生产工具逐渐推广，锌犁已成为主要农具；二是兴建了一批大型灌溉工程；三是精耕细作生产方式开始萌芽，开始实施轮作与施肥。手工业方面，随着养蚕技术的掌握，丝织业开始发展起来；棉纺业是最为发达的手工业，一种细棉布"像蛛网一样薄"，"用这种薄布制成的整块妇女面纱（萨里），能够很容易从婚约戒指中穿过去"①；冶炼和金属加工也日趋完善，5 世纪铸造的高达 7.25 米，重过 6 吨的德里铁柱至今几乎无锈蚀痕迹；造船业也相当发达，能搭载 200 多商人的海船已很常见；建筑业也很发达，兴修了许多宏伟的精美佛塔和寺庙②。

印度是丝路贸易的重要枢纽，早在公元前 4 世纪，中国的丝绸就已出现在印度市场，张骞第二次出使西域的时候，曾派副使出使印度，东汉和帝时，印度使团到达洛阳，双方正式建立了官方关系。据季羡林先生考证，中印之间有五条贸易通道：南海道、西域道、西藏道、缅甸道、安南道，其中以南海道、西域道最为重要③。中国魏晋南北朝时期，中国与印度经济文化交流已全面展开④，这是因为：一是笈多王朝国力强盛，被称之为印度历史上的"黄金时代"⑤；二是中国魏晋南北朝时期佛教发展进入鼎盛时期，大批中国高僧到印度求取真经，同时也有不少印度高僧前往中国布道，这必将促进彼此交流。笈多王朝与中国南、北政权都有密切交往，在北方，早在十六国时期，笈多王朝可能向前凉张重华政权赠送过一支乐队⑥；前秦苻坚在灭前凉后，又向前秦"献火浣布"⑦；北魏宣武帝（500～515 在位）时期，更有 5 次遣使洛阳之举。

---

① 〔苏联〕西多罗夫主编，北京编译社译：《世界通史》第三卷，北京：生活·读书·新知三联书店，1961 年，第 50 页。
② 齐思和主编：《世界通史·上古部分》，北京：人民出版社，1973 年，第 381 页；邓炎熙、张君谅主编：《世界古代史》，上海：上海社会科学院出版社，1987 年，第 267～269 页；凌谟介主编：《新编世界古代史》，兰州：甘肃人民出版社，1991 年，第 221～223 页。
③ 季羡林：《中国蚕丝输入印度问题的初步研究》，《中印文化关系史论文集》，北京：生活·读者·新知三联书店，1982 年，第 51～96 页。
④ 齐思和主编：《世界通史·上古部分》，北京：人民出版社，1973 年，第 417 页；薛克翘：《中国印度文化交流史》，北京：昆仑出版社，2008 年，第 66 页。
⑤ 季羡林：《玄奘与〈大唐西域记〉——校注〈大唐西域记〉前言》，《中印文化关系史论文集》，北京：生活·读者·新知三联书店，1982 年，第 230 页。
⑥ 〔唐〕魏征、令狐德棻撰：《隋书》卷 15《音乐志下》，北京：中华书局，1973 年，第 379 页。云：《天竺》者，起自张重华据有凉州，重四译来贡男伎，《天竺》即其乐焉。
⑦ 《晋书》卷 113《苻坚载记上》，第 2904 页。

在南方，笈多王朝分别在刘宋文帝元嘉五年（428）、明帝泰始二年（466），萧梁武帝天监二年（503）、天监三年，陈宣帝太建三年（571）共5次遣使建康。锡兰岛的师子国在东晋义熙（405~418）初年，"始遣献玉像"①，这是师子国与中国的第一次官方来往，此后分别在刘宋文帝元嘉五年、六年、七年、十二年，梁武帝大通元年（527），派遣使团出使建康，官方来往必将促进彼此经济文化交流。

印度长期以来是海上丝路贸易的重要中介，向西积极经营前往波斯湾的航线，向东除了通过多种通道发展与中国的经贸关系外，也积极经营前往东南亚的海上航线。莫克基《印度航业史》提道："公元前第七及第六世纪，印度与巴比伦有海上通商之事，尤以前第六世纪为盛。……同时印度商人亦有家于支那海岸者。其在巴比伦有居留地，可无疑也。""案达罗朝（即沙多婆诃王朝，前220~236）之治南印度也……西与希腊、罗马、埃及，东与支那以及东方诸国，俱来往频繁。"② 中国魏晋南北朝时期也是如此，这一时期印度与西亚的萨珊波斯、东南亚的扶南等国关系都很密切，萨珊波斯甚至一度与印度联姻③，扶南与印度也经常互派使节④，这大大促进了贸易发展，所以印度的中转贸易很发达。通过中转贸易，罗马金币与波斯银币源源不断地流入印度，成为印度财政的重要来源。

（四）罗马帝国的灭亡与拜占庭帝国的兴起

罗马帝国及其后继者拜占庭帝国是魏晋南北朝时期丝路贸易最西部的国家，这一时期的中国史籍开始称之为"大秦"，后又有"蒲林""普岚""拂菻"等称呼。

1.3 世纪危机

2世纪末开始到3世纪，罗马帝国陷入全面危机之中，史称"3世纪危机"，危机的根源在于奴隶制生产关系。强制性的奴隶劳动，不仅缺乏生产积极性，而且会导致奴隶逃亡与反抗。随着罗马帝国无力对外进行大规模的扩张，奴隶来源减少，奴隶价格上涨。奴隶生产效率低下与奴隶成本的上升，致使使用奴隶无利可图，从而导致奴隶制经济破产，农

---

① 《梁书》卷54《诸夷传》"师子国"条，第800页。
② 张星烺编注，朱杰勤校订：《中西交通史料汇编》（第六册），北京：中华书局，1979年，第8、9页。
③ 张绪山：《中国与拜占庭帝国关系研究》，北京：中华书局，2012年，第277页。
④ 《梁书》卷54《诸夷传》"中天竺国"条，第798页。云"吴时扶南王范旃遣亲人苏物使其国"，天竺"仍差陈、宋等二人以月支马四匹报旃"。

业衰退，工商业萧条，财源枯竭。与此同时，国家机构雍肿，王室、官僚与军队迅速膨胀；吏治腐败，贪污成风；奴隶主贵族奢侈淫逸，国家财政日益紧张。为了增加国家财政收入，帝国加大税收力度，同时发行劣质货币，从而进一步加剧了危机。而帝国统治集团为了争权夺利，战争连年。残酷的剥削，全面的内战，导致百姓无以为生，帝国境内到处爆发奴隶、隶农等的暴动。在帝国内乱的同时，外部威胁也日益严重。东面新兴的萨珊波斯势头正旺，多次进攻亚美尼亚、美索不达米亚、叙利亚等地，甚至俘获罗马皇帝瓦勒里安（253~260在位）；而蛮族正潮水般向帝国推进。3世纪危机使罗马帝国濒临灭亡①。

2. 后期罗马帝国和西罗马的灭亡

3世纪危机到70年代趋向缓和，罗马帝国又趋稳定。270年，奥勒良夺得帝位后，镇压起义，收复疆土，罗马帝国又重回统一。284年，戴克里先获取政权后，大刀阔斧，厉行改革。废除共和制，强化中央集权；实行地方行政改革，缩小地方行省规模，并实行军政分离；扩大军源，扩充军队；实行新税制，扩大税源，增加了政府财政收入，但也加重了民众负担。305年，戴克里先退位后，继承者之间展开过短暂的纷争。323年，君士坦丁上台后，继承戴克里先的衣钵，推进改革，加强对地方与军队的控制，把军政大权完全集中到皇帝一人手中。随着帝国重心的东移，330年，君士坦丁将首都迁到拜占庭，改名新罗马，俗称君士坦丁堡。

戴克里先和君士坦丁的改革，使罗马帝国暂现辉煌，但无法挽救罗马帝国灭亡的命运。337年，君士坦丁去世后，内部为争夺帝位，又展开厮杀。377年，提奥多西即位后，曾一度统一帝国，但在395年退位时，将帝国分为以罗马为都城的西罗马帝国和以君士坦丁堡为都城的东罗马帝国，分给自己的两个儿子。西罗马帝国已病入膏肓，4世纪中叶开始，西罗马境内奴隶、隶农和其他劳动者参加的起义风起云涌，而蛮族则乘机进攻，410年，西哥特人首次攻破罗马城，455年，汪达尔人再次攻入罗马城，将罗马洗劫一空，罗马几成空城。476年，西罗马帝国最后一个皇帝罗慕路斯被日耳曼雇佣军头目奥多亚克废黜，西罗马帝国走进了历史②。

3. 拜占庭帝国的兴起

395年罗马帝国分裂为东、西两部分，东罗马帝国版图包括原罗马

---

① 齐思和主编：《世界通史·上古部分》，北京：人民出版社，1973年，第361~365页。
② 同上书，第366~373页。

帝国东部的巴尔干半岛、小亚细亚、亚美尼亚、叙利亚、巴勒斯坦、埃及、利比亚等地,地跨欧、亚、非三大洲,首都君士坦丁堡原为古希腊城邦拜占庭所在地,故又称之为拜占庭帝国。拜占庭帝国初期,也遭受到了内部的奴隶、隶农起义与外族的入侵,但危机程度逊于西罗马帝国,加上帝国统治集团的治理能力远强于西罗马帝国,从而使帝国摆脱危机,趋向稳定。经过马尔西安(450~457在位)、利奥一世(457~474在位)、弗拉维·芝诺(474~491在位)几代帝王的苦心经营,到阿纳斯塔修斯一世(491~518在位)、查士丁一世(518~527在位)和查士丁尼一世(527~565在位)时期,拜占庭又成为兴盛一时的强大帝国。拜占庭帝国虽也有奴隶制庄园,但规模较小,数量也不多,并且奴隶地位也有所改善,而具有封建性质的隶农制则普遍出现,查士丁尼虽一度复兴奴隶制,但趋势不可逆转。帝国境内存在不少农村公社,还有大量自由农民,这缓和了奴隶制危机,也有利于经济发展。查士丁尼重视发展经济,加强全国交通建设,重新修复君士坦丁堡,强化市政建设,使其面貌一新,人口接近百万。拜占庭帝国工商业都很发达,纺织、玻璃制造、金属加工等闻名遐迩,因地处欧亚非交通枢纽,商业贸易特别是国际贸易更为发达,君士坦丁堡一度成为西方最繁华的都市①。

4. 罗马(东罗马)帝国与丝路贸易

罗马帝国与由其脱胎而来的东罗马帝国是中国丝绸的最大消费者②,由中国西输的丝绸无论通过哪条通道,最终大部分都汇聚于此。中国丝绸呈规模性的西传始于汉武帝元狩四年(前119)张骞第二次出使西域,"赍金币帛直数千巨万"③而往。此后,开通与罗马的直接交往是汉帝国的基本国策。张骞之后,西汉王朝"因益发使抵安息、奄蔡、黎轩、条枝、身毒国",一般认为"黎轩"即为罗马,但应该未能成功;东汉班超经营西域时期,中国在西域的影响力更大,丝绸贸易规模亦随之扩大,班超曾派副使甘英出使大秦(罗马),到达波斯湾,因受安息阻挠而未

---

① 朱寰主编:《世界通史·中古部分》,北京:人民出版社,1972年,第49~52页;邓炎熙、张君谅主编:《世界古代史》,上海:上海社会科学院出版社,1987年,第183~187、230~233页;凌渺介主编:《新编世界古代史》,兰州:甘肃人民出版社,1991年,第227~235、305~307页。

② 6世纪末弥南德所著《希腊史残卷》记录粟特首领马尼亚克向突厥首领西扎布鲁建议与罗马建立友好关系道:"将生丝销售给他们,因为罗马人对生丝的消费多于他国。"〔英〕裕尔撰,〔法〕考迪埃修订,张绪山译,《东域纪程录丛——古代中国闻见录》,北京:中华书局,2008年,第169页。

③ 《史记》卷123《大宛列传》,第3168页。

能成功。一般认为罗马人第一次真正接触中国丝绸始于公元前53年的卡尔莱之战,当时正值正午时分,罗马军团与安息军队对峙之际,安息军队在烈日下突然展开一面面鲜艳夺目、令人眼花缭乱的丝绸军旗,本已疲惫不堪的罗马军团惊恐万分,阵脚大乱,溃败而逃,主帅"三头政治"之一,行政官兼叙利亚总督克拉苏阵亡①。卡尔莱战役之后不久,凯撒在罗马举行的一次庆祝大会上,向罗马臣民展示了缴获的一批丝织品,柔软、轻盈、光滑、坚韧、艳丽的丝绸让与会人员惊叹不已。凯撒本人与埃及克娄巴特拉女王都钟爱中国丝绸,丝绸很快风靡罗马的上层社会,以致罗马元首屋大维在公元14年诏令严禁男性穿戴丝绸服饰,对女性也作了一定限制②,但根本无济于事。330年,罗马帝国迁都君士坦丁堡,标志着帝国政治、经济、文化中心的全面东移。由于与东方更为接近,罗马帝国的统治者对东方的丝绸、香料等奢侈品就更为渴望。在拜占庭,丝绸已不是一般的奢侈消费品,而是被赋予了体现社会等级的功能③。拜占庭社会是一个等级社会,皇权高于教权,皇帝被神化,皇帝之下有各级官僚,丝绸服饰承担着体现这种等级的功能,如拜占庭法令明确规定紫色丝绸为皇室专享,严禁私人生产与使用,违者处以重刑。对于紫红丝绸服装所体现的高贵,埃诺迪尤斯(474~521)《著作集》收录的《泰奥多利克赞诗》第1册有这样的描绘:

> 最后,当皇家贵族的紫红服装照耀着你的面庞时,实在无法形容你人格的庄严崇高。啊!赛里斯人,请出示您们用紫红颜料所染的服装吧!不要使人长时间地等待那种在染缸中变得高贵起来的服装!④

丝绸服饰作为身份象征被上流社会大量消费,不过在拜占庭帝国时期,丝绸消费也开始向下层社会蔓延,4世纪后期的希腊学者马赛里奴斯在所著《史记》中指出:丝绸"昔时吾国仅贵族始得衣之,而今则各

---

① 〔法〕L. 布尔努瓦著,耿昇译:《丝绸之路》,乌鲁木齐:新疆人民出版社,1982年,第1~3页。
② 同上书,第3页。
③ 张绪山:《中国与拜占庭帝国关系研究》,北京:中华书局,2012年,第28页。
④ 〔法〕戈岱司编,耿昇译:《希腊拉丁作家远东古文献辑录》,北京:中华书局,1987年,第94页。

级人民，无有等差，虽贱至走夫皂卒，莫不衣之矣"①。虽为夸张，但富商消费丝绸应是肯定的。世俗之外，基督教会也成为了丝绸的重要消费者。313 年，君士坦丁一世颁布米兰敕令，赋予了基督教合法地位，开始向教会捐献大量资产，修建大批教堂，并临终受洗，因此从君士坦丁一世开始，基督教几成国教。随着教会接受的捐赠越来越多，经济势力迅速膨胀，消费越来越奢华。教会盛行教堂以丝绸为帷幔，教士以丝绸为法衣，教徒以丝绸为服饰，死后又以丝绸裹尸而葬。与此同时，拜占庭帝国还以丝绸赠予蛮族头领，以换取支持②。因此，拜占庭帝国的丝绸消费量远大于罗马帝国。

即便查士丁尼一世（527~565 在位）统治时期已获取了养蚕技术，罗马（东罗马）帝国的生丝基本来源于中国这一情况，很长时间也未能改变，因此开通与中国的直接贸易通道一直是罗马（东罗马）帝国的梦想，但无论陆路还是海路，中国生丝要进入罗马（东罗马）市场，安息与由此发展而来的萨珊波斯都是一道不可逾越的高墙。《后汉书》卷 88《西域传》"大秦国"条便道："其王常欲通使于汉，而安息欲以汉缯彩与之交市，故遮阂不得自达。"只有当罗马（东罗马）帝国势力足够强大，才有可能冲破波斯的阻碍。《梁书》卷 54《诸夷传》"中天竺国"条云："汉桓帝延熹九年，大秦王安敦遣使自日南徼外来献，汉世唯一通焉。"大秦王安敦即马可·奥勒留（161~180 在位），他曾在 162 年至 165 年间派兵东征安息，控制波斯湾头，从而打通了前往东方的海上通道，罗马使团才能在汉桓帝延熹九年（166）到达中国③。据《晋书》卷 3《武帝纪》，太康五年（284）十二月，大秦国"遣使来献"。这次能成行，也是因为罗马皇帝卡鲁斯（282~283 在位）再次从波斯手中夺得波斯湾头的缘故④。东汉与西晋时期，罗马使团两次来华走的都是海道。据《魏书》卷 5《高宗纪》与卷 6《显祖纪》，被称为"普岚"的东罗马帝国分别在北魏文成帝太安二年（456）、和平六年（465）、献文帝皇兴元年（467）三次遣使平城，这三次均从陆路而来。这三次出使成功，原因是多方面的，一是北魏太武帝拓跋焘在太平真君四年（443）灭鄯

---

① 张星烺编注，朱杰勤校订：《中西交通史料汇编》（第一册），北京：中华书局，1977 年，第 47、48 页。
② 张绪山：《中国与拜占庭帝国关系研究》，北京：中华书局，2012 年，第 29 页。
③ 张星烺编注，朱杰勤校订：《中西交通史料汇编》（第一册），北京：中华书局，1977 年，第 28、29 页。
④ 同上书，第 45 页。

善，派人镇守，"赋役其人，比之郡县"①，太平真君九年，又大破焉耆、龟兹等国，并在焉耆置镇，北魏在西域势力如日中天，必定引起东罗马帝国的关注；二是嚈哒控制了整个中亚地区，嚈哒与东罗马帝国面临着共同敌人波斯，双方有过多次来往；三是波斯与罗马经过数百年战争之后，两败俱伤，从4世纪末开始，双方都有外族入侵风险，故一度议和，有过短暂的同盟关系②。

官方之外，还有罗马商人克服重重困难，前往东方寻找丝源。公元2世纪的托勒密在《地理志》中提到：马利努斯说过，有个名为蒂蒂亚诺斯的马其顿商人曾派手下到达过赛里斯国③；公元6世纪的科斯马斯在《基督教国家风土记》中感叹道："如果有人为了从事可怜的贸易而获得丝绸，那是不惜前往大地的最后尽头旅行的。"④《梁书》卷54《诸夷传》"中天竺国"条谈到大秦国时说道："其国人行贾，往往至扶南、日南、交趾。"但总体上来说，中国与罗马的直接贸易是很少的，正如《爱利脱利亚海周航记》所说："往秦国（中国）甚不易，由其国来者，亦极少也。"⑤

罗马的生丝来源基本被波斯垄断，科斯马斯在《基督教国家风土记》中说道："秦尼扎向左侧延伸得相当远，以至于使运载丝绸的车队要由陆路旅行，相续经过各个地区，时间不长就到达了波斯，而通向波斯的海路要漫长得多。""那些由陆路从秦尼扎直到波斯的人会大大缩短其旅程，以上便是解释波斯始终库存有大量丝绸的原因。"⑥ 为了打破波斯对生丝的垄断，罗马与之展开了长期战争；西突厥在中亚兴起后，罗马又与西突厥缔结反波斯联盟，绕过波斯，与西突厥直接交易；还曾与埃塞俄比亚结盟，利用埃塞俄比亚控制的红海水道，发展与东方的贸易，但一直无法从根本上解决生丝被波斯垄断的局面。为了在与波斯的生丝贸易中争取有利地位，罗马与波斯签订合约，双方指定交易城市。公元297年，罗马皇帝戴克里先同波斯国王纳尔塞斯商定以尼西比纳为两国

---

① 《魏书》卷102《西域传》，北京：中华书局，1974年，第2262页。
② 朱寰主编：《世界通史·中古部分》，北京：人民出版社，1972年，第72、73页。
③ 〔法〕戈岱司编，耿昇译：《希腊拉丁作家远东古文献辑录》，北京：中华书局，1987年，第21页。
④ 同上书，第100页。
⑤ 张星烺编注，朱杰勤校订：《中西交通史料汇编》（第一册），北京：中华书局，1977年，第23页。
⑥ 〔法〕戈岱司编，耿昇译：《希腊拉丁作家远东古文献辑录》，北京：中华书局，1987年，第100页。

唯一的丝绸交易中心；公元408~409年，西罗马皇帝霍诺留和狄奥多西与波斯国王伊嗣俟一世同意在尼西比纳基础上增加卡利尼克、阿尔塔萨为丝绸交易中心；公元562年，东罗马皇帝查士丁尼一世与波斯国王库斯老一世又将丝绸交易中心限定于尼西比纳和达卢两地①。罗马的生丝消费需求庞大，市场供不应求，而与波斯关系的好坏直接影响着生丝供应，为此，政府加强了对生丝的垄断力度，甚至限定生丝价格。4世纪开始政府就规定，私人丝织作坊只能向边境商城的首领，即东方商务官购买生丝；6世纪初开始以商务代理人取代商务官。301年，戴克里先诏谕把每磅赛里斯生丝的价格定为274个金法郎；6世纪时查士丁尼规定私人作坊不得以每磅8个金币以上的价格出售丝织品，后来甚至将私人丝织作坊全部收归国有，从而使生丝进口与生丝加工完全由国家垄断，结果又导致丝织业的萧条，引起政府与社会的不安②。罗马帝国特别是拜占庭帝国时期，生丝与丝织品价格的浮动已成为影响政府决策的重要因素，正如法国汉学家L.布尔努瓦所说："丝绸成了决定拜占庭帝国各项政策的一种重要因素。我们发现到处都记载有丝绸：海关条例、和平条约、商行章程、限制奢侈法等，丝绸的影子甚至也进入了祈祷中，主教们经常揭露丝绸舞弊事件。"③

二、东南亚诸国

东南亚诸国是海上丝路贸易的交通枢纽，《梁书》卷54《诸夷传》"海南诸国传序"云：

> 海南诸国，大抵在交州南及西南大海洲上，相去近者三五千里，远者二三万里，其西与西域诸国接。汉元鼎中，遣伏波将军路博德开百越，置日南郡。其徼外诸国，自武帝以来皆朝贡。后汉桓帝世，大秦、天竺皆由此道遣使贡献。

魏晋南北朝时期南方政权长期存在，使东南亚地区与我国的联系大为加

---

① 〔法〕L. 布尔努瓦著，耿昇译：《丝绸之路》，乌鲁木齐：新疆人民出版社，1982年，第131、132页。
② 张绪山：《中国与拜占庭帝国关系研究》，北京：中华书局，2012年，第34、35页；〔法〕L. 布尔努瓦著，耿昇译：《丝绸之路》，乌鲁木齐：新疆人民出版社，1982年，第126页。
③ 〔法〕L. 布尔努瓦著，耿昇译：《丝绸之路》，乌鲁木齐：新疆人民出版社，1982年，第130、131页。

强，这一时期与我国有正式官方来往的东南亚国家多达 16 国①，其中以林邑、扶南两国势力最强，影响最大。

(一) 林邑国

林邑国在《晋书》《南齐书》《梁书》均有传，《晋书》卷 97《南蛮传》曰："林邑国本汉时象林县。"东汉末年，中央政府瘫痪，"县功曹姓区，有子曰连，杀令自立为王"②。到东晋成帝咸康三年（337），范文夺得王位，势力逐渐强大起来，成为东南亚一个有影响力的大国。林邑国王权力神化，《晋书》卷 97《南蛮传》"林邑国"云："其王服天冠，被缨络，每听政，子弟侍臣皆不得近之。"国内等级森严，《梁书》卷 54《诸夷传》"林邑国"道："其大姓号婆罗门。""贵者著革屣，贱者跣行。"林邑国虽有奴隶存在，但主要劳动者是公社社员③，并且还有母系公社的一些遗存，如《晋书》《南齐书》《梁书》之"林邑国"都不约而同地提到林邑"贵女贱男""同姓为婚"的习俗。在中国发达的封建制的影响下，林邑国的奴隶制没有得到充分发展，形成了封建生产关系④。

林邑农业比较发达，手工业以棉纺业最为有名，《梁书》卷 54《诸夷传》道："又出玳瑁、贝齿、吉贝、沉木香。吉贝者，树名也，其华成时如鹅毳，抽其绪纺之以作布，洁白与纻布不殊，亦染成五色，织为斑布也。"民众皆以棉布为服饰，"男女皆以横幅吉贝绕腰以下，谓之干漫，亦曰都缦"；国王出行时，"罩吉贝伞，以吉贝为幡旗"。

林邑与中国关系密切，林邑国王范文，据《水经注》卷 36 "温水"引《江东旧事》，"本扬州人，少被掠为奴，卖堕交州。年十五六，遇罪当得杖，畏怖，因逃，随林邑贾人渡海远去，没入于王，大被幸爱"。后来他"随商贾往来，见上国制度，至林邑，遂教逸（林邑国王）作宫室、城邑及器械"⑤，说明林邑国的整套制度都是模仿"上国"的。林邑建国初，因"林邑少田，贪日南之地"⑥，便向北推进，据《水经注》卷

---

① 据《三国志》卷 60《吴书·吕岱传》、《宋书》本纪与《宋书》卷 97《夷蛮传》、《梁书》卷 54《诸夷传》、《陈书》本纪，与魏晋南北朝各政权交往的东南亚国家有林邑国、扶南国、堂明国、诃罗驼国、诃罗单国、婆皇国、婆达国、阇婆婆达国、苏摩黎国、斤陀利国、盘盘国、婆利国、干陀利国、丹丹国、狼牙修、头和国。
② 《晋书》卷 97《南蛮传》"林邑国"条，第 2545 页。
③ 〔苏联〕西多罗夫主编，北京编译社译：《世界通史》第三卷，北京：生活·读书·新知三联书店，1961 年，第 32 页。
④ 同上。
⑤ 《晋书》卷 97《四夷传》，第 2546 页。
⑥ 同上。

36"温水",魏正始九年(248),攻占孙吴日南郡寿泠县。范文为王后,林邑国势大振,北侵更为频繁,东晋穆帝永和三年(347),攻陷日南,此后,"林邑无岁不寇日南、九德诸郡,杀荡甚多,交州遂致虚弱"①。刘宋元嘉二十三年(446),宋文帝派兵大败林邑,从此解除了林邑对交州的威胁。林邑与中国的战争主要集中在东晋穆帝到刘宋文帝时期,这一时期也时战时和,而其他时期基本是和平交往。林邑与中国的交往始于孙吴,两晋南朝时期林邑与中国交往频繁,通过对《晋书》《宋书》《南齐书》《梁书》《陈书》本纪及各书"林邑国"检索,林邑国共遣使32次,其中西晋2次、东晋7次、刘宋10次、南齐2次、萧梁9次、陈朝2次。

林邑国与印度关系也很密切,林邑国"其大姓号婆罗门"②,其大姓或来自印度;"文字同于天竺"③;信仰"尼乾道,铸金银人像,大十围",刘宋派兵攻下林邑区粟城时,"毁其金人,得黄金数万斤"④。"尼乾道"为印度宗教,亦作"尼犍",梵语 nirgrantha 的省音译。东晋末年,(国王范)"敌真追恨不能容其母弟,舍国而之天竺,禅位于其甥"⑤,可见双方人员往来之密切。

(二)扶南国

扶南是魏晋南北朝时期东南亚面积最大的国家,《晋书》《南齐书》《梁书》皆有"扶南国传",三者皆不约而同提到扶南国"广袤三千里",可见疆域之宽广。扶南大概在公元1世纪末粗具国家规模,大约在3世纪初,范蔓为王,扶南国势大振,不仅占有了湄公河下游和湄南河东岸地区,而且渡海攻占了马来半岛部分地区。到范蔓时期,扶南社会大为发展,"有城邑宫室","贡赋以金银珠香","亦有书记府库,文字有类于胡"⑥。扶南奴隶制已有一定发展,《南齐书》卷58《东南夷传》云:"扶南人黠惠知巧,攻略傍邑不宾之民为奴婢,货易金银彩帛。"社会分化明显,"大家男子截锦为横幅,女为贯头,贫者以布自蔽"。扶南农业比较发达,《晋书》卷97《四夷传》道:"以耕种为务,一岁种,三岁获。"手工业以造船业最为发达,这是因为:扶南国东西两面临海,《梁

---

① 《梁书》卷54《诸夷传》,第785页。
② 同上书,第786页。
③ 《隋书》卷82《南蛮传》,第1832页。
④ 《南齐书》卷58《东南夷传》,第1013页。
⑤ 《梁书》卷54《诸夷传》,第785页。
⑥ 《晋书》卷97《四夷传》,第2547页。

书》卷54《诸夷传》道："扶南国，在日南郡之南，海西大湾中。"这个"大湾"即泰国湾，控制顿逊国后，其西更扩展到印度洋，"东界即大涨海"，"大涨海"即南海；而国内"有大江广十里，西北流，东入于海"，这个"广十里"的"大江"即东南亚最大河流湄公河，加之"土地洿下而平博"，地势低平，因此，无论对内还是对外，船只都是扶南国的主要交通工具，因此扶南国的造船业十分发达。《太平御览》卷769《舟部二》引《吴时外国传》云：

> 扶南国伐木为船，长者十二寻，广肘六尺，头尾似鱼，皆以铁镊露装。大者载百人，人有长短桡及篙各一。从头至尾，面有五十人作，或四十二人，随船大小。立则用长桡，坐则用短桡，水浅乃用篙。皆当上应声如一。

而范蔓"治作大船，穷涨海"①，这种能"穷涨海（南海）"的"大船"规模应远超"长者十二寻，广肘六尺"，可见扶南造船技术之先进。

扶南早在孙吴时就与中国建立了官方友好关系，据《三国志》卷47《吴书·孙权传》，赤乌六年（243）十二月，"扶南王范旃遣使献乐人及方物"，两晋时期，据《晋书》本纪记载，扶南分别在西晋武帝泰始四年（268）、太康六年（285）、太康七年、太康八年，东晋穆帝升平元年（357），孝武帝太元十四年（389）6次遣使中国。宋、齐时期，由于林邑作梗，扶南遣使次数相对较少，据《宋书》本纪，扶南分别在文帝元嘉十一年（434）、元嘉十二年、元嘉十五年3次遣使，据《南齐书》卷58《东南夷传》，南齐仅永明二年（484）1次遣使。萧梁时期，扶南与中国的关系进入高潮，据《梁书》本纪与同书《诸夷传》，扶南分别在梁武帝天监二年（503）、天监三年、天监十年、天监十一年、天监十三年、天监十六年、天监十八年、普通元年（520）、中大通二年（530）、大同元年（535）、大同五年11次遣使建康。即便是局缩东南一隅的陈王朝，据《陈书》本纪记载，扶南也分别在武帝永定三年（559）、宣帝太建四年（572）、后主祯明二年（588）3次遣使建康。扶南重视与中国的关系，除了经济利益外，也有联合中国抗击林邑的意图。《宋书》卷97《夷蛮传》云："林邑欲伐交州，借兵于扶南王，扶南不从。"扶南之所以反对林邑进攻交州，就是要维护与中国刘宋王朝的关系。扶南虽是个

---

① 《梁书》卷54《诸夷传》，第788页。

大国，但战斗力不如林邑，所谓"人性善，不便战，常为林邑所侵击，不得与交州通"①，为此，在萧齐永明二年（484）上书中国南齐政府，控告林邑恶行，并要求南齐出兵帮助扶南讨伐林邑。

扶南与印度关系也很密切，据《南齐书》卷58《东南夷传》，扶南"俗事摩胚首罗天神，神常降于摩耽山"。"摩胚首罗天神"本是印度教中创造宇宙之最高主神，佛教视之为主宰三千世界的天神。据《梁书》卷54《诸夷传》，宋、齐之际的扶南国王憍陈如"本天竺婆罗门也"，为扶南王后，"复改制度，用天竺法"，从制度方面完全天竺化。其实不仅憍陈如，其他扶南国王很可能也是印度婆罗门后裔，据《晋书》卷97《四夷传》"穆帝升平初，复有竺旃檀称王，遣使贡驯象"，从姓氏来看，竺旃檀应该也是印度后裔。

扶南与中国、印度关系密切，从而充当中国与印度贸易的中转枢纽，促进了丝路贸易的发展。

（三）东南亚其他国家与中国、印度关系之密切

魏晋南北朝时期，特别是南朝时期，与中国政府交往频繁的东南亚国家除林邑、扶南外，还有婆皇国（今马来半岛南部马来西亚境内）、丹丹国（今马来半岛中部马来西亚境内）、呵罗单国（今印尼苏门答腊岛或爪哇岛）、婆利国（今印尼巴厘岛）、干陀利国（今印尼苏门答腊岛之巨港）、狼牙修国（今泰国南部马来半岛北大年及附近一带）、苏摩黎国、盘盘国（今泰国南万伦湾沿岸一带）等国，这些国家多次遣使建康。据《宋书》《梁书》《陈书》《南史》本纪及其夷蛮传，盘盘国分别在刘宋文帝元嘉（424~453）中，孝武帝孝建二年（455）、大明（457~464）中，梁武帝中大通元年（529）、中大通四年、中大通五年、大同六年（540），简文帝大宝二年（551），陈宣帝太建三年（571），后主至德二年（584）共10次遣使；丹丹国分别在梁武帝中大通二年（530）、中大通三年、大同元年（535），陈宣帝太建三年五月、十月、太建十三年，后主至德三年共7次遣使；婆皇国分别在刘宋文帝元嘉十九年（442）、元嘉二十六年、元嘉二十八年，孝武帝孝建三年、大明三年（459）、大明八年，明帝泰始二年（466）共7次遣使；呵罗单国分别在文帝元嘉七年、元嘉十年、元嘉十三年、元嘉二十六年、元嘉二十九年共5次遣使；干陀利国分别在刘宋孝武帝（454~464在位）时期，

---

① 《南齐书》卷58《东南夷传》，第1017页。

梁武帝天监元年（502）、天监十七年、普通元年（520），陈文帝天嘉四年（563）共5次遣使；狼牙修国分别在梁武帝天监十四年、普通四年、中大通三年（531），陈废帝光大二年（568）共4次遣使；婆利国分别在宋废帝元徽元年（473）、梁武帝天监十六年、普通三年共3次遣使；苏摩黎国分别在宋文帝元嘉十八年（441）、孝武帝孝建二年（455）、废帝元徽元年共3次遣使。东南亚诸国频繁遣使建康的目的完全在于经济利益，正如诃罗驼国在刘宋元嘉七年上书所言："并市易往反，不为禁闭。""愿敕广州时遣舶还，不令所在有所陵夺。"① 其实遣使"奉献"本身就是一种特殊的官方贸易形式。

东南亚诸国与印度关系都很密切，《梁书》卷54《诸夷传》"狼牙修国"条道："王族有贤者，国人归之。王闻知……乃斥逐出境，遂奔天竺，天竺妻以长女。俄而狼牙王死，大臣迎还为王。"《太平御览》卷787《四夷部八·南蛮三》"盘盘国"条引《梁书》曰："盘国南海大洲中，北与林邑隔小海，自交州船行四十日至其国。……其国多有婆罗门，自天竺来就王乞财物，王甚重之。"《旧唐书》卷197《南蛮传》"盘盘国"条则说其"人皆学婆罗门书，甚敬佛法"。《太平御览》卷788《四夷部九·南蛮四》"顿逊国"条引竺芝《扶南记》曰："顿逊国属扶南国，主名昆仑。国有天竺胡五百家，两佛图，天竺婆罗门千余人。顿逊敬奉其道，嫁女与之，故多不去，惟读《天神经》（婆罗门教经典）。以香花自洗，精进不舍昼夜。""毗骞国"条引竺芝《扶南记》曰："毗骞国，去扶南八千里，在海中。……长颈王亦能作天竺书，自道宿命所经，与佛语相似。作书可三千言，皆道是事。"据《宋书》卷97《夷蛮传》，嬰皇国出使建康的使者一次为竺那婆智，一次为竺须罗达，从姓名来看，当为天竺后裔。从上可知有大批天竺婆罗门移居东南亚诸国，并在社会中居于统治地位，使东南亚诸国往往使用天竺文字，信仰婆罗门教等印度宗教，甚至政局都受其控制。东南亚有通往印度的固定航线，《水经注》卷1《河水注》引康泰《扶南传》曰："发拘利口入大湾中，正西北入，可一年余，得天竺江口，名恒水。江口有国，号担袂，属天竺。"

东南亚位处海上丝绸之路枢纽，又与中国、印度关系密切，在中国与印度、锡兰的贸易中充当主要的中介角色，从而大大促进了海上丝路贸易的发展。

---

① 《宋书》卷97《夷蛮传》，第2380、2381页。

三、东亚诸国

1. 朝鲜半岛

朝鲜半岛与中国关系十分密切，很早就有中国人迁徙至此，战乱之际，避难前往的中国人更多。《后汉书》卷85《东夷列传》云："辰韩，耆老自言秦之亡人，避苦役，适韩国，马韩割东界地与之。其名国为邦，弓为弧，贼为寇，行酒为行觞，相呼为徒，有似秦语，故或名之为秦韩。"据王子今先生研究，许多"秦之亡人"很可能经由海道逃到朝鲜半岛南部①。葛剑雄先生的研究表明："中原人口向辽东半岛及朝鲜半岛的迁移在秦代已经开始。从战国后期燕国与朝鲜半岛的关系看，在秦的统治下，有大量燕人移居朝鲜半岛是十分正常的。"②《后汉书》卷85《东夷列传》还提到："汉初大乱，燕、齐、赵人往避地者数万口。"燕人卫满据此称王，据《史记》卷115《朝鲜列传》，"传子至孙右渠，所诱汉亡人滋多"。汉武帝元封三年（前108），"灭朝鲜，分置乐浪、临屯、玄菟、真番四郡"③，强化了汉王朝与朝鲜半岛的联系。"昭帝始元五年（前82），罢临屯、真番，以并乐浪、玄菟"，后不久"玄菟复徙居句骊"④，临屯、真番二郡之废与玄菟郡治之迁，说明汉王朝势力在朝鲜半岛的弱化。东汉末年，割据辽东的公孙氏一度加大了对朝鲜半岛的控制，《三国志》卷30《魏书·乌丸鲜卑东夷传》云："建安中，公孙康分屯有县以南荒地为带方郡。"此后，带方郡的影响力超过乐浪郡，"是后倭韩遂属带方"。这种局面一直持续到西晋末年，孝愍帝建兴元年（313），据有乐浪、带方二郡的张统率部投靠辽西的慕容氏政权⑤，乐浪、带方二郡遂为高句丽所灭。郡县体制的建立，加速了汉文化在朝鲜半岛的传播。魏晋南北朝时期，中国战乱频繁，逃往朝鲜半岛的中国人更多，据《北史》卷94《高丽传》，北齐文宣帝天保三年（552）派遣使臣崔柳出使高句丽，"求魏末流人"，"柳以五千户反命"，可见流落朝鲜半岛的中国人之多。魏晋南北朝时期朝鲜半岛主要是高句丽、百济、新罗三个强国鼎足而立，朝鲜历史上称之为"三国时代"。三个国家都深受汉文化的影响，他们的发展水平远低于中国，因而加大了与中国的

---

① 王子今：《略论秦汉时期朝鲜"亡人"问题》，《社会科学战线》2008年第1期。
② 葛剑雄、曹树基、吴松弟：《简明中国移民史》，福州：福建人民出版社，1993年，第93页。
③ 《后汉书》卷85《东夷列传》，第2817页。
④ 同上。
⑤ 《资治通鉴》卷88《晋纪十》"孝愍帝建兴元年"条，第2799页。

政治、经济、文化交往。三国以高句丽兴起最早，实力最强，文明程度最高，深刻影响着百济和新罗。

（1）高句丽

汉魏之际的高句丽，《三国志》卷30《魏书·乌丸鲜卑东夷传》有云："高句丽在辽东之东千里，南与朝鲜、濊貊，东与沃沮，北与夫余接。都于丸都之下，方可二千里，户三万。"丸都城在今吉林省集安县，此时的高句丽，自然条件恶劣，"多大山深谷，无原泽。随山谷以为居，食涧水。无良田，虽力佃作，不足以实口腹"。因此，高句丽急于对外扩张，东汉末年，多次向东北进攻，但先为东北割据势力公孙康所破，后为曹魏幽州刺史毌丘俭所破。北进受挫后，转而南下，攻占平壤。西晋"永嘉之乱"后，高句丽再次北犯，遭到了前燕慕容氏的重击。据《晋书》卷109《慕容皝载记》记载，东晋咸康七年（341），前燕慕容皝率部攻入其都城丸都城，"焚其宫室，毁丸都而归"，丸都城成为一片废墟，高句丽王被迫称臣纳贡。北魏时期，高句丽迁都平壤，据《魏书》卷100《高句丽传》载，拓跋焘派遣李敖出使高丽，此时，高句丽国力大增，据李敖考察，高句丽"民户三倍于前魏时。其地东西二千里，南北一千余里"。

汉魏之际，高句丽原始社会逐渐解体，奴隶制度逐渐形成，据《三国志》卷30《魏书·乌丸鲜卑东夷传》记载："其国有王，其官有相加、对卢、沛者、古雏加、主簿、优台丞、使者、皂衣先人，尊卑各有等级。""其国中大家不佃作，坐食者万余口，下户远担米粮鱼盐供给之。""无牢狱，有罪诸加评议，便杀之，没入妻子为奴婢。"从中可以看出，三国时期的高句丽建立了国家政权机构，内部分化明显，并出现了奴婢，说明高句丽已经进入了奴隶社会。

南北朝时期，高句丽发展迅速，据《周书》卷49《异域传上》，其城市建设大为发展，其首都平壤城"东西六里，南临浿水"，"其外有国内城及汉城，亦别都也，复有辽东、玄菟等数十城，皆置官司，以相统摄"，并提到当时高丽"书籍有《五经》《三史》《三国志》《晋阳秋》"，说明汉文化十分流行，其礼制"父母及夫丧，其服制同于华夏"，汉化程度大为提升。正因为如此，高句丽的国际地位很高，《南齐书》卷58《东南夷传》载："虏（北魏）置诸国使邸，齐使第一，高丽次之。"说明在北魏时期，高句丽的地位仅次于萧齐，位列第二了。

（2）百济

百济出自三韩，中国东汉末年逐渐强大，《北史》卷94《百济传》

云:"汉辽东太守公孙度以女妻之,遂为东夷强国。"这应该是为了对抗高丽的一次政治联姻。西晋"永嘉之乱"后,百济趁机扩张,《梁书》卷54《诸夷传》云:"晋世句骊既略有辽东,百济亦据有辽西、晋平二郡地矣,自置百济郡。"南北朝时期,百济受高丽挤压,被迫南迁,"(梁)天监元年(502),进太号征东将军。寻为高句骊所破,衰弱者累年,迁居南韩地"。后与新罗联手,展开对高丽的反击,"普通二年(521),王馀隆始复遣使奉表,称'累破句骊,今始与通好',而百济更为强国"。此时百济疆域"东极新罗,北接高句丽,西南俱限大海,处小海南,东西四百五十里,南北九百余里。其都曰居拔城,亦曰固麻城"①。

魏晋时期,百济处于原始社会向奴隶社会的过渡阶段,《晋书》卷97《四夷传》有云:"马韩居山海之间,无城郭,凡有小国五十六所,大者万户,小者数千家,各有渠帅。俗少纲纪,无跪拜之礼。"到南北朝时期,百济奴隶制度已臻成熟,据《北史》卷94《百济传》,国王与王后已有专门的称呼,"王姓馀氏,号'於罗瑕',百姓呼为'鞬吉支',夏言并王也。王妻号'於陆',夏言妃也",从中央到地方,已有完备的治理体系:

> 官有十六品:……各有部司,分掌众务。内官有前内部、谷内部、内掠部、外掠部、马部、刀部、功德部、药部、木部、法部、后官部。外官有司军部、司徒部、司空部、司寇部、点口部、客部、外舍部、绸部、日官部、市部,长吏三年一交代。都下有万家,分为五部,曰上部、前部、中部、下部、后部,部有五巷,士庶居焉。部统兵五百人。五方各有方领一人,以达率为之,方佐贰之。方有十郡,郡有将三人,以德率为之。统兵一千二百人以下,七百人以上。城之内外人庶及余小城,咸分隶焉。

并有完备的赋税与刑法制度:

> 赋税以布、绢、丝、麻及米等,量岁丰俭,差等输之。其刑罚,反叛、退军及杀人者,斩;盗者,流,其赃两倍征之;妇犯奸,没入夫家为婢。

---

① [唐]李延寿撰:《北史》卷94《百济传》,北京:中华书局,1974年,第3118页。

百济与中国关系密切，据《北史》卷94《百济传》，"其人杂有新罗、高丽、倭等，亦有中国人"。其文化受到中国特别是南朝影响甚巨，汉文化程度很高。《北史》卷94《百济传》云：

> 俗重骑射，兼爱坟史，而秀异者颇解属文，能吏事。又知医药、蓍龟，与相术、阴阳五行法。有僧尼，多寺塔，而无道士。有鼓角、箜篌、筝竽、篪笛之乐，投壶、摴蒲、弄珠、握槊等杂戏。尤尚弈棋。行宋《元嘉历》，以建寅月为岁首。……婚娶之礼，略同华俗。

百济文化深刻影响新罗与倭国，成为中国文化输出海东地区的枢纽。

（3）新罗

新罗源于辰韩，《梁书》卷54《诸夷传》"新罗"条云："新罗者，其先本辰韩种也。……辰韩始有六国，稍分为十二，新罗则其一也。"魏晋时期，新罗仍处于部落联盟阶段，《三国志》卷30《魏书·乌丸鲜卑东夷传》云："辰韩在马韩之东……始有六国，稍分为十二国。弁辰亦十二国，又有诸小别邑，各有渠帅。……弁、辰韩合二十四国，大国四五千家，小国六七百家，总四五万户。其十二国属辰王。"经济已有一定发展，农业方面，"土地肥美，宜种五谷及稻，晓蚕桑，作缣布，乘驾牛马"；手工业，铁器比较发达，"国出铁，韩、濊、倭皆从取之"；并且产生了商品货币关系，"诸市买皆用铁，如中国用钱，又以供给二郡"。南北朝时期，新罗已进入奴隶制社会，据《梁书》卷54《诸夷传》"新罗"条，新罗已有一整套政权机构，"其官名，有子贲旱支、齐旱支、谒旱支、壹告支、奇贝旱支"，其地方机构类似于中国郡县制，"其俗呼城曰健牟罗，其邑在内曰啄评，在外曰邑勒，亦中国之言郡县也。国有六啄评，五十二邑勒"。不过在南朝萧梁时期，新罗仍比较弱小，据《梁书》卷54《诸夷传》"新罗"条，"其国小，不能自通使聘，普通二年，王姓募名秦，始使使随百济奉献方物"；文明程度也较低，"无文字，刻木为信。语言待百济而后通焉"。不过在南北朝后期，新罗迅速强大起来，新罗先是联合百济打败高丽，据高丽官修正史《三国史记》①，真兴王九年（548），"春二月，高句丽与秽人攻百济独山城，百济请救。王遣将军朱玲领劲卒三千击之，杀获甚众"。十一年，乘高句丽与百济交

---

① 〔高丽〕金富轼著，孙文范等校勘，《三国史记（校勘本）》，长春：吉林文史出版社，2003年，第53、54页。

战之际,新罗"王乘两国兵疲,命伊餐异斯夫出兵击之,取二城"。十二年,新罗"王命居柒夫等侵高句丽,乘胜取十郡"。后又大败百济,据《三国史记》,真兴王十四年,新罗"取百济东北鄙,置新兴",百济王被迫献女为其小妃;十五年,大破百济,击杀百济王。随着国势不断强盛,新罗加大了与中国南北政权的交往,从而推动了社会进步,新罗也逐渐从奴隶社会向封建社会过渡。

2. 日本

日本在魏晋南北朝时期被称为"倭",《三国志》卷30《魏书·乌丸鲜卑东夷传》"倭人"条云:"倭人在带方东南大海之中,依山岛为国邑。"汉魏时期,日本处于原始社会向奴隶社会过渡阶段。据《三国志》卷30《魏书·乌丸鲜卑东夷传》记载,日本当时有数量众多的部落国家,其中实力最大的是邪马壹(即邪马台)国,控制着另外20多个部落国家,在女王卑弥呼时期强大起来。此时,奴隶制度已粗具规模,农村公社逐渐解体,社会已出现阶级分化,有大人与下户之分,"宗族尊卑,各有差序,足相臣服","下户与大人相逢道路,逡巡入草",女王"以婢千人自侍",拥有奴隶数量众多;已有正常的赋税与刑法制度,国家"收租赋","其犯法,轻者没其妻子,重者灭其门户";在中央,权力集中于女王手中,另"有男弟佐治国",在地方,设置相当于刺史的职官,以"检察诸国,诸国畏惮之"。

魏晋南北朝时期,日本兴起另一个大国"大和"。据《宋书》卷97《夷蛮传》"倭"条,刘宋顺帝升明二年(478),倭王武上书道:

> 自昔祖祢,躬擐甲胄,跋涉山川,不遑宁处。东征毛人五十五国,西服众夷六十六国,渡平海北九十五国。

大和国不仅统一日本本土,而且已渡海占领朝鲜半岛南部部分地区①。大和社会处于原始社会向奴隶制社会的过渡阶段,国王与官员世袭,各级官员都享有国王赐与的特殊的姓,均占有数量不等的领地与部民。部民主要来自于被征服部落,在首领统率下集体依附于主人,类似奴隶,无人身自由,主人可转让,但不能杀害;部民有自己家室,占有部分生产资料和部分劳动成果②。

---

① 王仲荦:《魏晋南北朝史》下册,上海:上海人民出版社,1979年,第703页。
② 邓炎熙、张君谅主编:《世界古代史》,上海:上海社会科学院出版社,1987年,第290~291页。

日本与中国交往密切，《后汉书》卷85《东夷列传》云："倭在韩东南大海中，依山岛为居，凡百余国。自武帝灭朝鲜，使驿通于汉者三十许国。"说明早在西汉时期，中国与日本就有官方来往。据《后汉书》卷1下《光武帝纪下》，光武中元二年（57），"东夷倭奴国王遣使奉献"；据《后汉书》卷85《东夷列传》，安帝永初元年（107），"倭国王帅升等献生口百六十人，愿请见"，日本政府再次遣使中国。魏晋南北朝时期，随着社会的进步，日本与中国的交往更为频繁。三国时期，据《三国志》卷30《魏书·乌丸鲜卑东夷传》，日本分别在曹魏景初二年（238）、正始元年（240）、正始四年、正始六年、正始八年共5次遣使洛阳①，而据《晋书》卷97《四夷传》"倭人"条"至魏时，有三十国通好"，说明遣使中国的日本部落国家多达30多个。南朝刘宋时期，据《宋书》本纪与《夷蛮传》，倭国在文帝元嘉二年（425）、元嘉七年、元嘉十五年、元嘉二十年、孝武帝大明四年（460）、顺帝升明元年（477）、升明二年共7次遣使刘宋。官方之外，民间经贸文化交流也早已存在，《三国志》卷47《吴书·吴主传》道："亶洲在海中，长老传言秦始皇帝遣方士徐福将童男童女数千人入海，求蓬莱神山及仙药，止此洲不还。世相承有数万家，其上人民，时有至会稽货布，会稽东县人海行，亦有遭风流移至亶洲者。"亶洲，一般认为即是日本。可见日本与中国东南沿海贸易关系之紧密。

---

① 《三国志》卷30《魏书·乌丸鲜卑东夷传》，第857、858页。

第二章 魏晋南北朝时期丝路交通的维护与拓展

第一节 魏晋南北朝时期西域丝路交通的维护与拓展

西域丝路交通在魏晋时期尚能基本维持汉代局面，十六国时期衰退，北魏时期有较大发展，北魏分裂后，西域被突厥占据，中原王朝与西域交通受阻，但西魏、北周仍在竭力维护。

一、魏晋十六国时期政府对西域丝路交通的维护

（一）曹魏对西域丝路交通的维护

1. 整顿河西秩序

东汉末年黄巾起义爆发后，政府逐渐失去了对地方的控制力，地方豪强"各据其郡"[1]，河西走廊陷入混乱的局面，政府派出的州郡长官动辄被拒或被逐。如曹魏黄初元年（220），任邹岐为凉州刺史，"张掖张进执郡守举兵拒岐，黄华、麹演各逐故太守，举兵以应之"[2]，以致敦煌长期没有郡守。河西走廊失序，前往西域的官方丝路交通被迫中断，《三国志》卷16《魏书·仓慈传》云："常日西域杂胡欲来贡献，而诸豪族多逆断绝。"因此，打通西域丝路交通的前提便是整顿河西走廊的秩序。经过曹操、曹丕两代人的努力，河西走廊的地方割据势力渐被削平。与此同时，曹魏在河西地区重用了一批能臣大吏，如金城太守苏则，凉州刺史张既、徐邈，敦煌太守仓慈、皇甫隆等，他们一方面"抑挫权右"[3]，抑制地方豪强；同时发展地方经济，为开通丝路交通打下坚实物质基础。此后，河西相对安定，以致"西域流通，无烽燧之警"[4]。

---

[1]《三国志》卷18《魏书·阎温传》，第550页。
[2]《三国志》卷15《魏书·张既传》，第474页。
[3]《三国志》卷16《魏书·仓慈传》，第512页。
[4]《晋书》卷94《隐逸传》，第2431页。

2. 曹魏对西域丝路交通的维护

曹丕即位后，恢复了汉代的凉州建置，凉州"刺史领戊己校尉，护西域，如汉故事"①，恢复对西域的管制。《三国志》卷2《魏书·文帝纪》云：

> （黄初三年）二月，鄯善、龟兹、于阗王各遣使奉献，诏曰："西戎即叙，氐、羌来王，《诗》《书》美之。顷者西域外夷并款塞内附，其遣使者抚劳之。"是后西域遂通，置戊己校尉。

黄初三年，曹魏正式在西域恢复设置戊己校尉，稍后又设置西域长史，标志着曹魏对西域地区实施管制。在楼兰、尼雅出土的汉文简牍中有多件载有曹魏年号，如30、61、241、260、447、551号载有"咸熙"年号，61号载有"嘉平"年号，330、537号简有"景元"年号，内容基本是西域长史推行政务或屯田事项②。

此后，西域与曹魏的联系大为强化，《三国志》卷30《魏书·乌丸鲜卑东夷传》云：

> 魏兴，西域虽不能尽至，其大国龟兹、于阗、康居、乌孙、疏勒、月氏、鄯善、车师之属，无岁不奉朝贡，略如汉氏故事。

西域许多国王都接受曹魏封号，《三国志》卷30注引《魏略·西戎传》云：

> （车师后部）王治于赖城，魏赐其王壹多杂守魏侍中，号大都尉，受魏王印。

据《三国志》卷3《魏书·明帝纪》，明帝太和三年（229）十二月："大月氏王波调遣使奉献，以调为亲魏大月氏王。"

但曹魏对西域的控制力较汉代盛时要弱，虽有一些大国前来朝贡，但西域已"不能尽至"，曹魏政权主要控制的是西域东部楼兰和高昌地区③。

---

① 《晋书》卷14《地理志上》，第433页。
② 仉小红、陈国灿：《对丝绸之路上佉卢文买卖契约的探讨》，《西域研究》2017年第2期。
③ 孟凡人编著：《丝绸之路史话》，《中华文明史话》，北京：中国大百科全书出版社，2000年，第29页。

（二）西晋对西域丝路交通的维护

1. 平定羌胡之乱

汉魏之际，鲜卑人大批涌入河西走廊，到曹魏末年，鲜卑秃发氏势力强大，西晋武帝泰始年间（265～274），秃发树机能率部联合羌胡发难，"杀秦州刺史胡烈于万斛堆，败凉州刺史苏愉于金山"①，后凉州刺史杨"欣为虏所没，河西断绝"②，丝绸之路再次被中断。直到晋武帝以马隆为武威太守，马隆出奇兵击杀树机能，凉州才得以平定，丝路交通才得以重新开通③。

2. 西晋对西域丝路交通的维护

西晋沿袭曹魏制度，在西域设置西域长史、西域校尉等官职，对西域实行了实质管理。西域戊己校尉马循曾在咸宁年间（275～280）多次出兵征讨鲜卑，迫使其降服，确保晋廷对西域的控制④，西域诸国接受西晋朝廷封赐，遣子入侍与贡献方物。据《晋书》卷3《武帝纪》，泰始六年（270）九月，大宛献汗血马，焉耆来贡方物；太康元年（280）八月，车师前部遣子入侍；太康四年八月，鄯善国遣子入侍，假其归义侯；太康六年冬十月，龟兹、焉耆国遣子入侍。在楼兰、尼雅出土的汉文简牍有多件载有西晋年号，其中载有"泰始"年号的就多达35件，如尼雅出土的第706号简："泰始五年十月戊午朔廿日丁丑，敦煌太守都……"说明敦煌郡的文书也能在西域通行；尼雅出土的汉文简684号与678号内容相连，"晋守侍中、大都尉、奉晋大侯、亲晋鄯善、焉耆、龟兹、疏勒、于阗王写下诏书到"，说明鄯善、焉耆、龟兹、疏勒、于阗五国国王都接受了晋廷"守侍中、大都尉、奉晋大侯、亲晋王"的封号。西晋的法律在西域也得到了贯彻执行，尼雅出土的汉文简679号"西域长史营写鸿胪书到，如书罗捕，言会十一月廿日。如诏书律令"⑤。这便是西晋西域长史府转写中央机构鸿胪下发抓捕罪犯的命令，要求西域地区按诏书律令如实履行，并规定了上报时限。中亚的大宛、康居等国也接受晋廷封赐，《晋书》卷97《四夷传》曰："太康六年，武帝遣使杨颢拜其

---

① 《晋书》卷126《秃发乌孤载记》，第3141页。
② 《晋书》卷57《马隆传》，第1554页。
③ 李明伟主编：《丝绸之路贸易史》，兰州：甘肃人民出版社，1997年，第117页。
④ 《晋书》卷3《武帝纪》，第64～70页。
⑤ 林梅村编：《楼兰尼雅出土文书》，《秦汉魏晋出土文献》，北京：文物出版社，1985年，第86页；乜小红、陈国灿：《对丝绸之路上佉卢文买卖契约的探讨》，《西域研究》2017年第2期。

（大宛国）王蓝庾为大宛王。蓝庾卒，其子摩之立，遣使贡汗血马。""泰始中，其（康居国）王那鼻遣使上封事，并献善马。"说明西晋时期，丝绸之路仍然是畅通的，但西晋向西最远仍不过中亚①。

（三）十六国时期对西域丝路交通的维护

"永嘉之乱"后，西晋解体，北方再次陷入分裂的混乱状态，政权交替频仍，史称"五胡十六国"。这一时期，丝路交通与贸易几至中断，但占据河西的前凉、前秦、后凉、西凉、北凉诸政权仍致力于恢复丝路交通，西域胡商到达东方的终点主要局限在河西走廊。

前凉政权初期也沿袭前朝制度，在楼兰和高昌分置西域长史与戊己校尉，以管理西域，但到张骏时，因西晋所任戊己校尉赵贞拒不服命，张骏派兵擒获，此后便废戊己校尉，在高昌直接设郡②，这是历史上首次在西域置郡③。不久，高昌等西域诸地划归沙州管辖，"其后张骏遣沙州刺史杨宣率众疆理西域，宣以部将张植为前锋，所向风靡"④，后张骏又"使其将杨宣率众越流沙，伐龟兹、鄯善，于是西域并降"，"西域诸国献汗血马、火浣布、犎牛、孔雀、巨象及诸珍异二百余品"，"鄯善王元孟献女，号曰美人，立宾遐观以处之。焉耆前部、于阗王并遣使贡方物"⑤，加大了对西域的管控，也证明前凉时期，丝路交通仍是通畅的。

前秦苻坚灭前燕，统一北方，"士马强盛，遂有图西域之志"⑥；在灭前凉，占据河西后，凉州刺史梁熙：

> 遣使西域，称扬（苻）坚之威德，并以缯彩赐诸国王，于是朝献者十有余国。大宛献天马千里驹，皆汗血、朱鬣、五色、凤膺、麟身，及诸珍异五百余种。……鄯善王、车师前部王来朝，大宛献汗血马，肃慎贡楛矢，天竺献火浣布，康居、于阗及海东诸国，凡六十有二王，皆遣使贡其方物⑦。

---

① 石云涛：《三至六世纪丝绸之路的变迁》，北京：文化艺术出版社，2007年，第144页。
② 《晋书》卷86《张轨传》，第2237页。
③ 孟凡人编著：《丝绸之路史话》，《中华文明史话》，北京：中国大百科全书出版社，2000年，第29页。
④ 《晋书》卷97《四夷传》，第2542页。
⑤ 《晋书》卷86《张轨传》，第2235、2237页。
⑥ 《晋书》卷122《吕光载记》，第3054页。
⑦ 《晋书》卷113《苻坚载记上》，第2900、2904页。

前秦建元十八年（382）：

> 车师前部王弥窴、鄯善王休密驮朝于（苻）坚……窴等请曰："大宛诸国虽通贡献，然诚节未纯，请乞依汉置都护故事。若王师出关，请为向导。"坚于是以骁骑吕光为持节、都督西讨诸军事，与陵江将军姜飞、轻骑将军彭晃等配兵七万，以讨定西域。……加鄯善王休密驮使持节、散骑常侍、都督西域诸军事、宁西将军，车师前部王弥窴使持节、平西将军、西域都护，率其国兵为光向导①。

吕光在车师前部王弥窴、鄯善王休密驮等的帮助下，降服西域焉耆、龟兹等强国，"讨平西域三十六国，所获珍宝以万万计"②。"诸国惮光威名，贡款属路"，"光抚宁西域，威恩甚著，桀黠胡王昔所未宾者，不远万里皆来归附，上汉所赐节传，（吕）光皆表而易之"③。苻坚以吕光为"使持节、散骑常侍、都督玉门以西诸军事、安西将军、西域校尉"④，总管西域军务，前秦在西域的势力达到极盛。前秦解体后，吕光便以这支军队为基础，占据河西，建立后凉。后凉建立后，吕光对西域十分重视，以其子吕覆为使持节、镇西将军、都督玉门以西诸军事、西域大都护，并命大臣子弟与其一起镇守高昌，负责西域事务⑤。后凉亡后，西凉控制西域，西凉主李暠也效法吕光，以其子李让"为宁朔将军、西夷校尉、敦煌太守，统摄昆裔，辑宁殊方"⑥，负责西域事务，鄯善、车师前部等国都表示臣服。北凉灭西凉后，西凉残部曾逃至伊吾，北凉政权以隗仁为高昌郡太守。北凉被北魏灭后，其残部也逃到西域，后来甚至在高昌立国⑦。这些都说明后凉、西凉、北凉诸割据政权与西域的关系仍是很紧密的，这无疑有利于丝路交通的通畅。

---

① 《晋书》卷114《苻坚载记下》，第2911、2915页。
② 同上书，第2923页。
③ 《晋书》卷122《吕光载记》，第3055页。
④ 《晋书》卷114《苻坚载记下》，第2923页。
⑤ 《晋书》卷122《吕光载记》，第3057～3060页。
⑥ 《晋书》卷87《凉武昭王李玄盛（暠）传》，第2264页。
⑦ 孟凡人编著：《丝绸之路史话》，《中华文明史话》，北京：中国大百科全书出版社，2000年，第29页。

二、北朝政府对西域丝路交通的维护与拓展

(一) 北魏对西域丝路交通的维护与拓展

北魏立国之初忙于征战中原,无力经营西域,《北史》卷97《西域传》道:"道武初,经营中原,未暇及于四表。既而西戎之贡不至。"直到太武帝拓跋焘太延(435~440)年间,随着北魏国势日臻,形势发生根本改变。《魏书》卷4上《世祖纪上》记载:太延元年二月,焉耆、车师诸国各遣使朝献;五月,北魏便"遣使者二十辈使西域";六月,鄯善国遣使朝献;八月,粟特国遣使朝献。太延二年八月,北魏"遣使六辈使西域"。太延三年三月,"龟兹、悦般、焉耆、车师、粟特、疏勒、乌孙、渴槃陀、鄯善诸国各遣使朝献";十一月,"破洛那、者舌国各遣使朝献,奉汗血马"。太延四年三月,"鄯善王弟素延耆来朝"。太延五年四月,"鄯善、龟兹、疏勒、焉耆诸国遣使朝献";五月,"遮逸国献汗血马"。

据《魏书》卷102《西域传》,拓跋焘先派遣王恩生、许纲等出使西域,在过流沙时为柔然所执,未能完成使命;后又派"董琬、高明等多赍锦帛,出鄯善,招抚九国,厚赐之",并令其"便道之国可往赴之",在乌孙国王的帮助下,到达中亚的破洛那(原大宛,今中亚费尔干纳盆地)、者舌(昭武九姓中的石国,今乌兹别克斯坦塔什干一带)等国,董琬、高明等归国时,"乌孙、破洛那之属遣使与琬俱来贡献者十有六国。自后相继而来,不间于岁,国使亦数十辈矣",这标志着北魏对西域交通的正式开通。北魏攻灭北凉期间,拓跋焘还派遣使者出使南亚天竺等国,《魏书》卷102《西域传》曰:

> 及世祖平凉州,沮渠牧犍弟无讳走保敦煌。无讳后谋渡流沙,遣其弟安周击鄯善,王比龙恐惧欲降。会魏使者自天竺、罽宾还,俱会鄯善,劝比龙拒之,遂与连战,安周不能克,退保东城。

这次出使天竺、罽宾(今克什米尔地区)的使者无疑是拓跋焘所遣,这可能是中国官方使者第一次到达印度的确切文字记载。拓跋焘多次派兵重击柔然,柔然衰落后,北魏开始武力经营西域。太平真君四年(443),拓跋焘派遣万度归统兵袭灭西域强国鄯善,"执其王真达以诣京师"[①],太平真君九年,"拜交趾公韩拔为假节、征西将军、领护西戎校

---

① 《魏书》卷4下《世祖纪下》,第99页。

尉、鄯善王以镇之，赋役其人，比之郡县"①，这应是中国历史上第一次将鄯善以郡县方式处理②。太平真君九年，万度归又率兵大破焉耆、龟兹等国，并在焉耆置镇，北魏在西域的势力达到顶峰③。太平真君九年的这次军事行动，也与拓跋焘维护丝路交通有关。《魏书》卷102《西域传》道："（焉耆国）恃地多险，颇剽劫中国使。世祖怒之，诏成周公万度归讨之。"龟兹国也是"寇窃非一，世祖诏万度归率骑一千以击之"。

　　拓跋焘之后，北魏继续发展与西域诸国关系，丝路交通达到历史的新高度。首先，开通了与丝绸之路最西边的东罗马帝国的陆上交通。东汉桓帝时期与西晋武帝太康年间，罗马帝国有过遣使中国的记载④，但都是从海路而来，而北魏时期则是经陆路而来。北魏时期，东罗马帝国译为"普岚"。据《魏书》本纪记载，文成帝太安二年（456）、和平六年（465）、献文帝皇兴元年（467），普岚国3次遣使平城朝献。这一时期，北魏与南方刘宋政权对峙，到达北魏都城平城的普岚使者，只可能从陆路而来，这说明北魏与丝绸之路最西边的东罗马帝国的陆上交通是畅通的。

　　北魏与丝绸之路沿线的中亚、南亚、西亚各国交往更为频繁。北魏与丝绸之路沿线国家的交往数量超过了历史上任何朝代，有学者统计，与北魏有官方来往的葱岭以西西域国家多达97个，其中不少是第一次与北魏建立关系的⑤。北魏与葱岭以西各国交往频繁，特别是与中亚的嚈哒、南亚的天竺与西亚的波斯交往最为突出。

　　1. 北魏与嚈哒的交往

　　嚈哒是4世纪到6世纪的中亚强国，北魏与之虽为争夺西域有过交锋，但更多的是和平往来。据《魏书》本纪记载，嚈哒曾有12次遣使之举，分别为文成帝太安二年十一月；宣武帝正始四年（507）十月、永平二年（509）正月、永平四年九月、延昌元年（512）十月、延昌二年八月；孝明帝熙平二年（517）四月、神龟元年（518）二月、神龟二年四月、正光五年（524）闰二月、正光五年十二月；安定王中兴二年

---

① 《魏书》卷102《西域传》，第2262页。
② 余太山主编：《西域通史》，郑州：中州古籍出版社，1996年，第97页。
③ 《魏书》卷4下《世祖纪下》，第102、103页。
④ 《后汉书》卷7《桓帝纪》，延熹九年（166）九月，"大秦国王遣使奉献"；《晋书》卷97《西戎传》曰："武帝太康中，其（大秦）王遣使贡献。"
⑤ 石云涛：《三至六世纪丝绸之路的变迁》，北京：文化艺术出版社，2007年，第156页。

(532）六月①。另据《北史》卷 5《魏本纪第五》记载，孝庄帝永安三年（530）六月、孝武帝永熙元年（532），嚈哒各有一次遣使。因此嚈哒至少有 14 次派遣使者出使北魏。我国历朝历代都追求万邦来朝，对各国来使记载颇详，而遣使异国的记载则颇为疏漏。理论上，嚈哒作为中亚强国，北魏与其交往应是对等的，北魏遣使也应不少，但史书中仅有一次记载。《魏书》卷 9《肃宗纪》云："河州长史元永平、治中孟宾等推嚈哒使主高徽行州事。"《魏书》卷 32《高湖传》对此也有记载。以高徽为主使的这次出使之所以被记载，是因为河州发生叛乱时，高徽正好从嚈哒出使归来，而被推举主持河州事务。

2. 北魏与天竺的交往

北魏之前，天竺各国与中国虽有交往但次数较少，而北魏自从太武帝拓跋焘派使天竺之后，天竺诸国多次遣使北魏，宣武帝元恪时期更是达到高潮。据《魏书》本纪，称之为"南天竺"的笈多王朝②分别在宣武帝景明三年（502）、景明四年、正始四年（507）、永平元年（508）、延昌三年（514）共 5 次遣使洛阳；北天竺的乌苌国分别在宣武帝景明三年、永平三年、永平四年三月、十月，孝明帝神龟元年（518）、正光二年（521）共 6 次派遣使洛阳；北天竺的罽宾分别在太武帝正平元年（451），文成帝兴安二年（453），宣武帝景明三年、永平元年，孝明帝熙平二年（517）正月、七月，共 6 次遣使北魏。另外，西天竺、舍卫（为中天竺拘萨罗国的都城）的使者在孝文帝太和元年（477）到访平城。

3. 北魏与波斯的交往

波斯是西亚强国，与北魏交往频繁，据《魏书》本纪记载，波斯曾 10 次向北魏遣使，分别是文成帝太安元年（455）十月、和平二年（461）八月；献文帝天安元年（466）三月、皇兴二年（468）四月；孝文帝承明元年（476）二月；宣武帝正始四年（507）十月；孝明帝熙平二年（517）四月、神龟元年（518）七月、正光二年（521）闰五月、正光三年七月。北魏派遣使者出使波斯的次数应该也不少，但史书仅留下一次记载。《魏书》卷 102《西域传》云："先是，朝廷遣使者韩羊皮使波斯，波斯王遣使献驯象及珍物。经于阗，于阗中于王秋仁辄留之，假言虑有寇不达。羊皮言状，显祖怒，又遣羊皮奉诏责让之，自后每使

---

① 《魏书》卷 11《废出三帝纪》"后废帝安定王"云：中兴二年（532）六月丙寅、癸酉嚈哒国各有一次遣使朝贡，当是重复记录。
② 王仲荦：《魏晋南北朝史》（下册），上海：上海人民出版社，1979 年，第 718 页。

朝献。"派遣韩羊皮出使波斯的很可能便是献文帝拓跋弘本人。

(二) 西魏、北周对西域丝路交通的维护

北魏分裂为东魏、西魏之后，双方忙于战争，无暇它顾，丝绸之路先后被柔然、突厥控制，丝路交通大受影响，所谓"东、西魏时，中国方扰，及于齐、周，不闻有事西域"①。但西魏与北周并不是真的"不闻有事西域"，据《周书》卷36《令狐整传》，西魏时期河西扰乱，令狐整等"推波斯使主张道义行（瓜）州事"，以张道义为首的波斯使团应是西魏政府派遣。西魏、北周政权逐渐巩固后，与西域的联系也随之强化，特别是处于丝路交通要冲的高昌国，自麹嘉以来，与西魏、北周国家关系良好，《周书》卷50《异域传下》云：

> 自（麹）嘉以来，世修蕃职于魏。大统十四年（548），诏以其世子玄喜为王。恭帝二年（555），又以其田地公茂嗣位。武成元年（559），其王遣使献方物。保定（561～565）初，又遣使来贡。

与麹氏高昌关系密切，为西魏、北周与丝路沿线国家交往提供了条件。据《周书》卷50《异域传下》记载：大统八年，鄯善王兄鄯米率众内附；保定元年（561），龟兹国王遣使来献；保定四年，焉耆国王遣使献名马；建德三年（574），于阗国王遣使献名马；大统十二年、西魏废帝二年（552）、北周明帝二年（558），嚈哒国曾三次遣使；西魏废帝二年，波斯遣使来献方物；保定四年，粟特国王遣使献方物；天和二年（567），安息王遣使来献。西魏、北周不仅与葱岭以东的高昌、鄯善、焉耆、龟兹保持来往，而且与葱岭以西中亚的嚈哒、粟特，西亚的波斯也有联系，西魏、北周仍在竭力维护丝路交通的畅通。

第二节 魏晋南北朝时期海东丝路交通的维护与拓展

海东地区指朝鲜半岛与日本②，魏晋南北朝时期的海东丝路交通在汉代基础上有较大进展。大体来说，曹魏与西晋继承了汉代海东丝路遗

---

① 《北史》卷97《西域传》，第3207页。
② 《史记》卷130《太史公自序》最早提道："燕丹散乱辽间，满收其亡民，厥聚海东，以集真藩，葆塞为外臣。作《朝鲜列传》第五十五。"此后历代史书均以海东专指朝鲜半岛，有时还包括日本。

产，孙吴则开创了海东丝路新航线，东晋十六国海东丝路交通陷入低谷，南北朝时期海东丝路交通得到了较大发展。

一、魏晋十六国时期政府对海东丝路交通的维护与拓展

（一）曹魏与西晋对海东丝路交通的维护

从东汉中平六年（189）公孙度割据辽东，到公孙渊"仍父祖三世有辽东，天子为其绝域，委以海外之事，遂隔断东夷，不得通于诸夏"①，中国与海东丝路交通基本中断。曹魏景初二年（238），明帝命司马懿统兵击灭公孙氏政权，曹魏控制辽东地区，海东丝路交通才得以重新恢复。在海东诸国中高丽崛起最早，实力也最强，又与中国接壤，所以与中国交往最多，并且与中国南、北政权都有接触，有相互牵制之图；百济与中国交往比高丽要晚，始于东晋，基本一面倒向南方政权，与北方来往甚少；而新罗兴起最晚，所以直到南北朝后期才实现与中国往来；日本与中国交往则起伏甚大。

1. 曹魏、西晋与朝鲜半岛诸国的交往

曹魏时期，朝鲜半岛众国林立，其中以高丽实力最大。明帝青龙四年（236）七月，"高句骊王宫斩送孙权使胡卫等首，诣幽州"②，高丽向曹魏示好，双方开始正式交往。明帝景初二年，司马懿率兵攻打公孙渊时，高丽王"宫遣主簿大加将数千人助军"③。齐王芳正始年间（240～249），曹魏与高丽交恶，幽州刺史毌丘俭率步骑万人攻下高丽都城丸都，"屠句骊所都"④，高丽王宫南逃，除高丽势力大衰。除高丽外，曹魏与朝鲜半岛的濊国与诸韩也有过交往。《三国志》卷30《魏书·乌丸鲜卑东夷传》云：

> 正始六年，乐浪太守刘茂、带方太守弓遵以领东濊属句丽，兴师伐之，不耐侯等举邑降。其八年，诣阙朝贡，诏更拜不耐濊王。居处杂在民间，四时诣郡朝谒。二郡有军征赋调，供给役使，遇之如民。
>
> 景初中，明帝密遣带方太守刘昕、乐浪太守鲜于嗣越海定二郡，

---

① 《三国志》卷30《魏书·乌丸鲜卑东夷传》，第840页。
② 《三国志》卷3《魏书·明帝纪》，第107页。
③ 《三国志》卷30《魏书·乌丸鲜卑东夷传》，第845页。
④ 《三国志》卷28《魏书·毌丘俭传》，第762页。

> 诸韩国臣智加赐邑君印绶，其次与邑长。

可以说，曹魏基本恢复了汉代在朝鲜半岛的统治秩序。

西晋政府与朝鲜半岛上的夫余、马韩、辰韩来往较为密切。据《晋书》卷97《四夷传》，夫余国"武帝时，频来朝贡"，太康六年（285）为慕容廆所袭破，西晋曾一度派兵助夫余后王依罗复国；马韩分别在太康元年、二年、七年、八年、十年，咸宁三年（277）6次到洛阳朝贡，咸宁四年曾求内附，太熙元年（290），曾诣东夷校尉何龛上献；辰韩曾在太康元年、二年、七年3次遣使洛阳。

2. 曹魏、西晋与日本的交往

东汉光武帝建武中元二年（57）与安帝永初元年（107），日本倭奴国王两次遣使中国。东汉末年，双方交通中断。据《三国志》卷30《魏书·乌丸鲜卑东夷传》，"景初二年（238）六月，倭女王遣大夫难升米等诣郡，求诣天子朝献，太守刘夏遣吏将送诣京都"，这是日本第一次遣使曹魏。曹魏对此十分重视，当年十二月，曹魏派使报聘，封倭女王卑弥呼为"亲魏倭王，假金印紫绶"，封倭使"难升米为率善中郎将，牛利为率善校尉，假银印青绶"，并"以绛地交龙锦五匹、绛地绉粟罽十张、蒨绛五十匹、绀青五十匹"，答其"所献贡直"，又别赐其"绀地句文锦三匹、细班华罽五张、白绢五十匹、金八两、五尺刀二口、铜镜百枚、真珠、铅丹各五十斤"。此后双方交往频繁，正始元年（240），"太守弓遵遣建忠校尉梯俊等奉诏书印绶诣倭国，拜假倭王，并赍诏赐金、帛、锦罽、刀、镜、采物，倭王因使上表答谢恩诏"；正始四年，"倭王复遣使大夫伊声耆、掖邪狗等八人，上献生口、倭锦、绛青缣、绵衣、帛布、丹木、狖、短弓矢"；正始六年，"诏赐倭难升米黄幢，付郡假授"；正始八年，太守王颀"遣塞曹掾史张政等因赍诏书、黄幢……以檄告喻壹与，壹与遣倭大夫率善中郎将掖邪狗等二十人送政等还，因诣台，献上男女生口三十人，贡白珠五千，孔青大句珠二枚，异文杂锦二十匹"。从《三国志》卷30《魏书·乌丸鲜卑东夷传》来看，曹魏与倭国之间交通走的是海道，传曰：

> 倭人在带方东南大海之中，依山岛为国邑。旧百余国，汉时有朝见者，今使译所通三十国。从（带方）郡至倭，循海岸水行，历韩国，乍南乍东，到其北岸狗邪韩国，七千余里，始度一海，千余里至对马国。……又南渡一海千余里，名曰瀚海，至一大国……又

渡一海，千余里至末卢国……东南陆行五百里，到伊都国……东南至奴国百里……南至投马国，水行二十日……南至邪马台国，女王之所都，水行十日，陆行一月。

倭国与曹魏的关系在西晋初也得以维系，《晋书》卷3《武帝纪》曰：泰始二年（266）十一月，"倭人来献方物"，晋代魏的第二年，倭国便有遣使之举了。

（二）孙吴对海东丝路交通的开拓

早在东汉建安年间，为了牵制曹魏，也为了获取经济利益，孙吴就遣使割据辽东地区的公孙氏，但这次遣使遭遇不利，吴使被公孙康所杀。此后在孙吴黄龙元年（229）、嘉禾元年（232）、嘉禾二年，孙吴又三次遣使公孙渊。因公孙渊首鼠两端，孙吴没有达到目的，但为开通从长江口到朝鲜半岛的海上交通打下了基础①。嘉禾二年，孙吴出使辽东的庞大使团遭到公孙渊武力剿杀，使团成员秦旦、黄疆等幸运逃脱。他们逃到高丽，"因宣诏于句骊王宫及其主簿，诏言有赐为辽东所攻夺。宫等大喜，即受诏"，"宫遣皂衣二十五人送旦等还，奉表称臣，贡貂皮千枚，鹖鸡皮十具"，这是孙吴与高丽的第一次正式交往。此后双方有过多次往来，嘉禾四年，孙吴"遣使者谢宏、中书陈恂拜宫为单于，加赐衣物珍宝"，高丽王宫"上马数百匹"②；嘉禾五年，孙吴派遣以胡卫为首的使团出使高丽，高丽为向曹魏表忠心，"秋七月，高句骊王宫斩送孙权使胡卫等首，诣幽州"③。

孙吴正式开通了从我国江南地区到朝鲜半岛的海上新航线，此后一直为东晋南朝政府所承袭。这条新航线的具体走向，胡三省在《资治通鉴》卷95《晋纪十七》"咸和九年（334）"条"马石津"注云：

　　自建康出大江至于海，转料角至登州大洋；东北行，过大谢岛、龟歆岛、淤岛、乌湖岛三百里，北渡乌湖海，至马石山东之都里镇；马石津，即此地也。

即从建康顺长江而下，从长江出海口北的料角向北沿大陆沿岸线航行，

---

① 黎虎：《孙权对辽东的经略》，《北京师范大学学报（社会科学版）》1994年第5期。
② 《三国志》卷47《吴书·吴主传》注引《吴书》，第1140页。
③ 《三国志》卷3《魏书·明帝纪》，第107页。

到达山东半岛，然后进入登州大洋，即威海附近海域，然后向东北方向航行，经大谢岛、龟歆岛、淤岛、乌湖岛，渡过渤海到达辽东半岛南端的都里镇，都里镇就是马石津，在今辽宁旅顺附近①，然后从这里南下进入朝鲜半岛。

孙吴除了开通到朝鲜半岛的新航线外，还尝试向东寻找夷洲及亶洲。据《三国志》卷47《吴书·吴主传》记载，黄龙二年（230）：

> 遣将军卫温、诸葛直将甲士万人浮海求夷洲及亶洲。亶洲在海中，长老传言秦始皇帝遣方士徐福将童男童女数千人入海，求蓬莱神山及仙药，止此洲不还。世相承有数万家……所在绝远，卒不可得至，但得夷洲数千人还。

夷洲即台湾，亶洲一般认为是日本。这次远洋航行虽然没有找到亶洲，但登上了夷洲，这无疑是一次有意义的远洋探险，对以后开创中国到日本的新航线具有一定意义。

（三）东晋十六国对海东丝路交通的维护

西晋短暂统一后，经过"八王之乱""永嘉之乱"，又迅速灭亡。西晋灭亡后，中国在朝鲜半岛建立的秩序随之瓦解，朝鲜半岛局势发生剧烈变动。在高丽不断强大的同时，百济与新罗也逐渐兴起，朝鲜半岛形成三国鼎立之势。与此同时，倭国也强大起来，并逐渐向朝鲜半岛南部渗透。西晋灭亡后，北方进入长期混战的十六国时期，而南方的东晋也实力寡弱，无力大规模发展对外关系，所以大体而言，东晋十六国时期海东丝路交通处于衰退状态。但中国在海东诸国中仍有一定影响力，特别是东晋作为正统之所在，海东诸国为了获取道义上的支持，仍有不少遣使之举。

1. 东晋与海东诸国的交往

朝鲜半岛上最早与东晋交往的是高丽，遣使最多的是百济，而新罗此时势力寡弱，无遣使之举。日本直到东晋末年方有来往。

高丽是朝鲜半岛实力最强的国家，也是与东晋来往最早的国家，《晋书》卷7《成帝纪》云：成帝咸康二年（336）二月，"高句骊遣使贡方物"。此后分别在康帝建元元年（343）与安帝义熙九年（413）两次遣使建康。在义熙九年，安帝册封高丽王"琏为使持节、都督营州诸军事、

---

① 黎虎：《孙权对辽东的经略》，《北京师范大学学报（社会科学版）》1994年第5期。

征东将军、高句骊王、乐浪公"①。此时已是东晋末年，政权早已落入刘裕之手，刘裕册封高丽王明显希望高丽牵制北魏②。

百济从西晋后期逐渐强大，东晋时期统一了辰韩与马韩各部。百济与东晋交往始于简文帝咸安二年（372），《晋书》卷9《简文帝纪》云：咸安二年春正月，百济"遣使贡方物"，同年六月，东晋"遣使拜百济王馀句为镇东将军，领乐浪太守"。这是史籍所见百济与东晋的首次来往，但此前百济早已奉东晋年号。百济尊奉东晋王朝，无疑是为了在与高丽的争夺中获得道义上的支持③。此后百济多次遣使东晋，据韩昇先生统计至少有6次之多④。《晋书》卷9《孝武帝纪》记载，孝武帝太元九年（384）七月，百济王枕流继位之初，便"遣使来贡方物"，太元十一年四月，册封"百济王世子馀晖为使持节、都督、镇东将军、百济王"，比册封高丽王早40多年。《宋书》卷97《夷蛮传》载："义熙十二年，以百济王馀映为使持节、都督百济诸军事、镇东将军、百济王。"可见百济与东晋关系之密切。

到5世纪，倭国实力大增，力图向朝鲜半岛南部渗透，控制百济和新罗，因此急需中国政府的道义支持。从东晋安帝义熙九年开始，倭国便有遣使建康之举，但此时已是东晋之末了。因此，倭国对中国密切交往是在刘宋时期。

2. 十六国时期与海东诸国的交往

海东诸国与十六国交往最多的是高丽，据韩昇先生研究，高丽与十六国交往12次，其中前燕4次、后燕1次、南燕1次、北燕2次、后赵2次、前秦2次。与诸燕交往频繁，是因为高丽趁西晋灭亡、中国局势动荡之机，趁机推翻中国在朝鲜半岛的统治秩序，并向辽河流域发展，从而与立基于此的鲜卑慕容氏诸燕政权发生剧烈的军事冲突，彼此来往都与此有关⑤。高丽与后赵的两次交往，应与联合后赵以牵制前燕有关，《晋书》卷106《石季龙载记上》云："季龙谋伐昌黎，遣渡辽曹伏将青州之众渡海，戍蹋顿城，无水而还，因戍于海岛，运谷三百万斛以给之。

---

① 《宋书》卷97《夷蛮传》，第2392页。
② 韩昇：《论魏晋南北朝对高句丽的册封》，《东北史地》2008年第6期。
③ 王仲殊：《东晋南北朝时代中国与海东诸国的关系》，《考古》1989年第11期；韩昇：《论魏晋南北朝对高句丽的册封》，《东北史地》2008年第6期。
④ 韩昇：《百济与南朝的文化交流及其在东亚的意义》，李凭、赵导亮主编：《黄帝文化研究：缙云国际黄帝文化学术研讨会论文集》，太原：山西古籍出版社，2005年，第56~71页。
⑤ 韩昇：《"魏伐百济"与南北朝时期东亚国际关系》，《历史研究》1995年第3期。

又以船三百艘运谷三十万斛诣高句丽,使典农中郎将王典率众万余屯田于海滨。"意图明显。十六国与海东诸国关系最为密切的是前秦,《晋书》卷113《苻坚载记上》曰:前秦盛时,"海东诸国……皆遣使贡其方物"。前秦建元六年(370),苻坚进攻前燕都城邺时,"燕散骑侍郎馀蔚帅扶余、高句丽及上党质子五百余人,夜,开邺北门纳秦兵",后前燕"太傅评奔高句丽,高句丽执评,送于秦"①;前秦建元十三年春,高句丽、新罗"皆遣使人贡于秦"②,这是新罗第一次与中国的正式交往;前秦建元十六年,征北将军、幽州刺史行唐公苻洛谋为叛,"分遣使者征兵于鲜卑、乌桓、高句丽、百济、新罗、休忍诸国",结果"诸国皆曰:'吾为天子守藩,不能从行唐公为逆。'"③可见海东诸国与前秦关系之密切。

二、南北朝时期海东丝路交通的发展

南北朝时期,中国与海东诸国交往频繁,丝路交通发展到了一个新高度。北朝主要通过陆路与高丽交往,南朝则通过海路与海东诸国来往,其中与百济关系最为密切。

(一) 北朝政府与海东诸国的交往

因高丽的阻挠,加之北朝水上交通落后,北朝政府与百济、新罗和倭国几无来往。从《魏书》记载来看,北魏与百济仅有过一次交往。《魏书》卷7上《高祖纪上》载:北魏孝文帝延兴二年(472)八月,百济"遣使奉表请师伐高丽",北魏虽然希望与百济建立关系,以便牵制高丽,但不想与高丽轻启战争,北魏政府"以其僻远,冒险朝献,礼遇优厚,遣使者邵安与其使俱还",因高丽阻挠,陆路未能成功;后改走海道,延兴五年,"使安等从东莱浮海,赐馀庆玺书,褒其诚节。安等至海滨,遇风飘荡,竟不达而还"④。百济联合北魏夹击高丽的意图落空。这是百济与北魏之间的唯一一次交往,此后,百济与整个魏朝再无来往⑤。直到北朝末期,情况才有所改变。北齐后主天统三年(567)十月,百

---

① 《资治通鉴》卷102《晋纪二十四》"东晋太和五年(370)"条,第3237页。
② 《资治通鉴》卷104《晋纪二十六》"东晋太元二年(377)"条,第3281页。
③ 《资治通鉴》卷104《晋纪二十六》"东晋太元五年(380)"条,第3293页。
④ 《魏书》卷100《百济传》,第2218、2219页。
⑤ 韩昇:《"魏伐百济"与南北朝时期东亚国际关系》,《历史研究》1995年第3期;韩昇:《百济与南朝的文化交流及其在东亚的意义》,李凭、赵导亮主编:《黄帝文化研究:缙云国际黄帝文化学术研讨会论文集》,太原:山西古籍出版社,2005年,第56~71页。

济才向北齐"遣使朝贡";后主武平元年(570)二月,册封"百济王馀昌为使持节、侍中、骠骑大将军、带方郡公,王如故";武平二年正月,又册封百济王馀昌为使持节、都督、东青州刺史①;武平三年百济再次"遣使朝贡"。北周建德六年(577),北周灭北齐,百济王昌"始遣使献方物",第二年,再次"遣使来献"②,百济与北朝政府关系渐趋好转。新罗则直到北魏末期,始有遣使之举。据《魏书》卷8《世宗纪》,宣武帝景明元年(500)、永平元年(508),向北魏"遣使朝贡"的国家名单中有"斯罗",而据《梁书》卷54《新罗传》与《三国史记》卷4《新罗本纪第四》,"斯罗"即是新罗③,这是新罗与北朝政府交往的开始。北齐武成帝河清三年(564),新罗向北齐遣使朝贡,河清四年二月,北齐册封新罗国王金真兴为使持节、东夷校尉、乐浪郡公、新罗王④。后主武平三年,新罗又向北齐"遣使朝贡"⑤。新罗在北魏后期与北朝政府交往,应与新罗在这一时期兴起有关。而日本与北朝政府则一直没有任何交往。

高丽是朝鲜半岛最早兴起的强国,又与中国接壤,所以长期以来中国政府对高丽最为重视。北朝政府与高丽交往十分频繁,《魏书》卷100史论曰:"高丽岁修贡职,东藩之冠。"明言北魏以高丽为海东主要交往对象⑥。高丽与北魏的交往始于太武帝太延元年(435),这一年太武帝拓跋焘派遣大军进讨北燕,大军压境,北燕之亡已无可避免⑦。北燕亡后,高丽将直面强大的北魏政权,高丽自知无力对抗,不得不对北魏妥协,接受其册封⑧。对此,《魏书》卷100《高句丽传》记载颇详,云:

> 世祖时,钊曾孙琏始遣使者安东奉表贡方物,并请国讳,世祖嘉其诚款,诏下帝系名讳于其国,遣员外散骑侍郎李敖拜琏为都督

---

① 《北齐书》卷8《后主纪》,第103页。
② 《周书》卷49《异域传上》,第886、887页。
③ 王仲殊:《东晋南北朝时代中国与海东诸国的关系》,《考古》1989年第11期。
④ 《北齐书》卷7《武成纪》,第94页。
⑤ 《北齐书》卷8《后主纪》,第106页。
⑥ 韩昇:《百济与南朝的文化交流及其在东亚的意义》,李凭、赵导亮主编:《黄帝文化研究:缙云国际黄帝文化学术研讨会论文集》,太原:山西古籍出版社,2005年,第56~71页。
⑦ 《魏书》卷4上《世祖纪上》,第85页。
⑧ 韩昇:《百济与南朝的文化交流及其在东亚的意义》,李凭、赵导亮主编:《黄帝文化研究:缙云国际黄帝文化学术研讨会论文集》,太原:山西古籍出版社,2005年,第56~71页。

辽海诸军事、征东将军、领护东夷中郎将、辽东郡开国公、高句丽王。

此后,"后贡使相寻,岁致黄金二百斤,白银四百斤"。太延二年二月,北魏正式进攻北燕之前,"遣使者十余辈诣高丽、东夷诸国,诏谕之"①,告谕他们不要插手。但高丽竟派兵迎取北燕主冯文通,双方一度交恶。但高丽很快认识到自己没有实力与北魏硬碰,在太延三年二月向北魏"遣使朝献",并在太延四年三月斩杀冯文通,并在当年"遣使朝献"。但冯文通事件对北魏与高丽的关系还是造成一定影响,太延四年后双方一度中断来往,直到文成帝和平三年(462)三月,才又见高丽"遣使朝献"②。北魏也力图加强与高丽的关系,"文明太后以显祖六宫未备,敕(高丽王)琏令荐其女",后因高丽犹豫拖延,加之"会显祖崩,乃止"③。和平三年的这次交往后,北魏和高丽的关系逐渐密切,特别是从和平六年开始,高丽几乎年年向北魏朝贡,有时一年两次、三次甚至四次,这种局面持续到北齐。据韩昇先生统计,高丽与北魏、东魏、北齐分别交往79次、15次、6次④。北周建德六年(577),北周灭北齐,高丽国王汤立即"遣使来贡",北周"高祖拜汤为上开府仪同大将军、辽东郡开国公、辽东王"⑤。可见高丽与北朝政府双方交往之频繁。

在高丽入贡同时,北魏也多次遣使高丽。太延元年高丽王琏首次朝贡时,北魏政府便派遣李敖为首的使团到访高丽首都平壤。李敖外,《魏书》中也提到了不少出使高丽的使者,如李佐在"高祖初,兼散骑常侍,衔命使高丽"⑥;杜洪在孝文帝延兴(471~476)中"使高丽"⑦;程骏在延兴末,"持节如高丽迎女"⑧;张仲虑在"太和初,假给事中、高丽副使,寻假散骑常侍、高丽使"⑨;封轨在太和年间"衔命高丽"⑩;

---

① 《魏书》卷4上《世祖纪上》,第86页。
② 《魏书》卷5《高宗纪》,第120页;韩昇:《"魏伐百济"与南北朝时期东亚国际关系》,《历史研究》1995年第3期。
③ 《魏书》卷100《高句丽传》,第2215页。
④ 韩昇:《"魏伐百济"与南北朝时期东亚国际关系》,《历史研究》1995年第3期。
⑤ 《周书》卷49《异域传上》,第885页。
⑥ 《魏书》卷39《李宝传》,第894页。
⑦ 《魏书》卷45《杜铨传》,第1019页。
⑧ 《魏书》卷60《程骏传》,第1346页。
⑨ 《魏书》卷84《儒林传》,第1844页。
⑩ 《魏书》卷32《封懿传》,第764页。

刘永在神龟（518~520）中"兼大鸿胪卿，持策拜高丽王安"①；孙绍在"正光（520~525）初，兼中书侍郎，使高丽"②；高谅"使高丽"③；崔庠"频使高丽"④；房亮"兼员外常侍，使高丽"⑤；朱元旭"频使高丽"⑥；冯元兴"三使高丽"等⑦。北魏也给予高丽国王很高荣誉，孝文帝太和十五年高丽王琏死，"高祖举哀于东郊，遣谒者仆射李安上策赠车骑大将军、太傅、辽东郡开国公、高句丽王，谥曰康"，并"遣大鸿胪拜琏孙云使持节、都督辽海诸军事、征东将军、领护东夷中郎将、辽东郡开国公、高句丽王，赐衣冠服物车旗之饰"；孝明帝神龟年间，高丽王云死，"灵太后为举哀于东堂，遣使策赠车骑大将军、领护东夷校尉、辽东郡开国公、高句丽王"，"又拜其世子安为安东将军、领护东夷校尉、辽东郡开国公、高句丽王"；东魏孝静帝天平（534~537）年间，更加封高丽王延"侍中、骠骑大将军"⑧。骠骑大将军已是武官中的最高级别了。可见北朝政府对高丽的重视。

（二）南朝政府与海东诸国的交往

与北朝政府的一边倒的外交方式不同，南朝政府积极拓展与海东各国关系；南朝继承晋王朝正统，经济文化相对发达，对海东各国具有强大的吸引力，因此，南朝政府与海东各国的海上交往日益频繁。海上航线较孙吴时期也有所变化，除与高丽的交往基本沿袭原有航线外，其他航线明显南移。百济位处朝鲜半岛西南部，东与新罗结盟对抗高丽，协助新罗与南朝交往，南"与倭和通"（《好太王碑》），允许倭国船只借道与南朝来往；同时为避北魏侵扰，南朝政府与海东各国航线由原来的从山东半岛渡渤海湾到辽东半岛南端，南移到从山东半岛直接横渡黄海到达朝鲜半岛西南部，直达百济，向东走陆路可与新罗交通，向南则沿朝鲜半岛西海岸航行，然后到达倭国⑨。

（1）南朝与高丽的交往

高丽是朝鲜半岛实力最强的国家，又与北朝接壤，南朝为了与北朝

---

① 《魏书》卷55《刘芳传》，第1231页。
② 《魏书》卷78《孙绍传》，第1725页。
③ 《魏书》卷57《高祐传》，第1259页。
④ 《魏书》卷67《崔光传》，第1506页。
⑤ 《魏书》卷72《房亮传》，第1621页。
⑥ 《魏书》卷72《朱元旭传》，第1625页。
⑦ 《魏书》卷79《冯元兴传》，第1760页。
⑧ 《魏书》卷100《高句丽传》，第2217页。
⑨ 周裕兴：《从海上交通看中国与百济的关系》，《东南文化》2010年第1期。

对抗，极需高丽的帮助；为了北伐，更需与高丽南北夹击。而高丽一方面鉴于北朝政权实力雄厚，不得不向其遣使入贡，接受册封；但另一方面，高丽一直积极向辽河流域扩张，又与北朝发生冲突，也需要南朝奥援，所以南朝与高丽之间交往十分频繁。据韩昇先生统计，高丽共向南朝政府遣使44次①。特别在刘宋元嘉（424～453）中期开始，双方关系一度十分密切，几乎年年有使者在两国之间穿梭，因为此时刘宋与北魏之间发生激烈的军事冲突，先是宋文帝北伐，后是北魏太武帝拓跋焘亲率军队大举南下，兵临瓜步，饮马长江，刘宋急需高丽支持。同时，高丽与北魏之间因为冯文通事件，双方关系一度冷淡，彼此有二十多年没有来往，所以刘宋与高丽几成军事同盟。《宋书》卷97《夷蛮传》云："（元嘉）十六年（439），太祖欲北讨，诏（高丽王）琏送马，琏献马八百匹。""（孝武帝）大明三年（459），又献肃慎氏楛矢石砮。"双方军事合作态势明显。南朝有求于高丽，而高丽对中国南、北政权采取双边外交政策，所以南朝对高丽宠络有加。永初元年（420）六月，刘裕登基建宋，七月，"征东将军高句骊王高琏进号征东大将军"②；孝武帝大明七年七月，"征东大将军高丽王高琏进号车骑大将军、开府仪同三司"③；萧齐建元元年（479），高琏更进号骠骑大将军④。萧齐后期，高琏过世后，继承人高云地位有所下降，隆昌元年（494）为征东大将军，后又改为车骑将军⑤。萧衍登基建梁当月，"车骑将军高句骊王高云进号车骑大将军"，天监七年（508）二月乙亥，"以车骑大将军高丽王高云为抚东大将军"，普通元年（520）二月高云继承者高安更降为宁东将军⑥，此后历代高丽国王都保持宁东将军的封号，直到南朝陈亡⑦。

萧齐后期，高丽国王封号发生变动，与南朝失去北伐热情，军事上对高丽需求减轻有关⑧，但高丽国王的封号都不低，特别是车骑大将军、骠骑大将军已是南朝最高级别的武官。萧齐以后，南朝与高丽交往频率较刘宋时期有所降低，但高丽一直向建康遣使入贡，接受南朝政权的册

---

① 韩昇：《"魏伐百济"与南北朝时期东亚国际关系》，《历史研究》1995年第3期。
② 《宋书》卷3《武帝本纪下》，第54页。
③ 《宋书》卷6《孝武帝本纪》，第132页。
④ 《南齐书》卷58《东南夷传》，第1009页。据《南齐书》卷2《高帝本纪下》，此为建元二年（480）四月。
⑤ 《南齐书》卷58《东南夷传》，第1010页。
⑥ 《梁书》卷2《武帝本纪中》，第47页；《梁书》卷54《诸夷传》，第803、804页。
⑦ [唐]姚思廉撰：《陈书》卷3《世祖本纪》，北京：中华书局，1972年，第54页。
⑧ 韩昇：《"魏伐百济"与南北朝时期东亚国际关系》，《历史研究》1995年第3期。

封,双方仍然来往不断。《魏书》卷100《高句丽传》云:北魏孝文帝时,"时光州于海中得(高丽王)琏所遣诣萧道成使馀奴等送阙";北魏孝明帝正光(520~525)初,"光州又于海中执得萧衍所授(高丽王)安宁东将军衣冠剑佩,及使人江法盛等,送于京师"。直到陈后主至德三年(585),虽国土多已沦丧,国势危在旦夕,高丽仍于当年十二月"遣使献方物"。

(2)南朝与百济的交往

与高丽对中国南、北朝政权采取双边外交不同,百济与北朝几无外交,而是一面倒向南朝。据韩昇先生统计,百济向北朝仅遣使5次,其中北魏1次,东魏、西魏0次,北齐、北周各2次,而向南朝遣使则多达27次,其中刘宋12次,南齐4次,萧梁7次,陈朝4次①。陈后主至德二年、至德四年,百济各有一次遣使之举,而此时陈朝已亡在旦夕,可见百济对南朝的不离不弃。南朝也尽力拓展与百济的关系,永初元年(420)六月,刘裕登基建宋,次月,百济王扶馀映进号镇东大将军②;元嘉二年(425),刘宋遣兼谒者闾丘恩子、兼副谒者丁敬子前往百济宣旨慰劳;元嘉七年,百济王馀毗继位后,刘宋即"以映爵号授之",此后,新国王即位后,继承前任封号几成惯例③;天监元年四月,萧衍称帝建梁,当月,百济王馀大由镇东大将军进号征东大将军④;普通二年十二月,以镇东大将军百济王馀隆为宁东大将军⑤,普通五年,"隆死,诏复以其子明为持节、督百济诸军事、绥东将军、百济王"⑥;陈天嘉三年(562)闰二月,"以百济王馀明为抚东大将军"⑦。从萧梁后期开始,百济封号一直保持海东国家的最高地位⑧。百济对南朝政权十分忠诚,新国王继位,往往都会"遣使求除授"⑨,对部下的册封也是"依例辄假行职"、"谨依先例,各假行职",然后上表请求南朝正式册封,"听除所假"。如孝武帝大明二年(458),百济王庆遣使上表曰:

---

① 韩昇:《"魏伐百济"与南北朝时期东亚国际关系》,《历史研究》1995年第3期。
② 《宋书》卷3《武帝本纪下》,第54页。
③ 《宋书》卷97《夷蛮传》,第2393页;《南齐书》卷58《东南夷传》,第1010、1011页。
④ 《梁书》卷2《武帝本纪中》,第36页。
⑤ 《梁书》卷3《武帝本纪下》,第65页。
⑥ 《梁书》卷54《诸夷传》,第804页。
⑦ 《陈书》卷3《世祖本纪》,第54页。
⑧ 韩昇:《"魏伐百济"与南北朝时期东亚国际关系》,《历史研究》1995年第3期。
⑨ 《宋书》卷97《夷蛮传》,第2394页。

> 臣国累叶，偏受殊恩，文武良辅，世蒙朝爵。行冠军将军右贤王馀纪等十一人，忠勤宜在显进，伏愿垂愍，并听赐除。①

刘宋便以行冠军将军右贤王馀纪为冠军将军，以行征虏将军左贤王馀昆、行征虏将军馀晕并为征虏将军，以行辅国将军馀都、馀义并为辅国将军，以行龙骧将军沐衿、馀爵并为龙骧将军，以行宁朔将军馀流、麋贵并为宁朔将军，以行建武将军于西、馀娄并建武将军②。萧齐时，百济王牟大上表，请求册封：

> 宁朔将军、面中王姐瑾……今假行冠军将军、都将军、都汉王。建威将军、八中侯馀古……今假行宁朔将军、阿错王。建威将军馀历……今假行龙骧将军、迈卢王。广武将军馀固……今假行建威将军、弗斯侯。③

并对出使南齐的大使高达、杨茂、会迈分别假行龙骧将军、带方太守，建威将军、广陵太守，广武将军、清河太守，然后由南齐政府正式"赐军号，除太守"④。

百济与南朝之间虽然也有政治、军事的相互需求，但更多的是经济文化交往。刘宋元嘉二十七年（450），百济王毗上书献方物，并"表求《易林》《式占》、腰弩，太祖并与之"⑤；梁武帝中大通六年（534）、大同七年（541），百济"累遣使献方物，并请《涅槃》等经义、《毛诗》博士并工匠画师等，并给之"⑥。《陈书》卷33《儒林传》云："陆诩少习崔灵恩《三礼义宗》，梁世百济国表求讲礼博士，诏令诩行。"正因如此，百济与南朝之间感情浓厚，《南史》卷79《东夷传》曰：

> （梁）太清三年（549），遣使贡献。及至，见城阙荒毁，并号恸涕泣。侯景怒，囚执之，景平，乃得还国。

百济使者的"号恸涕泣"是一种真挚感情的自然流露。

---

① 《宋书》卷97《夷蛮传》，第2394页。
② 同上。
③ 《南齐书》卷58《东南夷传》，第1010页。
④ 同上书，第1011页。
⑤ 《宋书》卷97《夷蛮传》，第2394页。
⑥ 《南史》卷79《东夷传》，第1973页。

（3）南朝与新罗的交往

6世纪初新罗开始兴起，所以与南朝交往很晚，《梁书》卷54《诸夷传》云：新罗"其国小，不能自通使聘。普通二年（521），王姓募名秦，始使使随百济奉献方物"，这是新罗第一次遣使建康，并且因国力寡弱，仰赖百济帮助才得以成行。陈朝开始，新罗向建康遣使渐多。据《陈书》本纪，新罗分别在废帝光大二年（568）、宣帝太建二年（570）、太建三年、太建十年，向陈朝"遣使献方物"。新罗与南朝交往很晚，且南朝一直没有给其册封爵号。

（4）南朝与倭国的交往

倭国和刘宋之间交往密切，《宋书》卷97《夷蛮传》云：倭国"世修贡职"，永初二年（421），刘裕登基第二年便下诏：倭王赞"万里修贡，远诚宜甄，可赐除授"，但史籍未载具体封号。元嘉二年（425），"赞又遣司马曹达奉表献方物"。赞死后，由弟珍立，又"遣使贡献，自称使持节、都督倭百济新罗任那秦韩慕韩六国诸军事、安东大将军、倭国王"，上表请求刘宋恩准，但刘宋仅册封为安东将军、倭国王，据《宋书》卷5《文帝本纪》，此事在元嘉十五年。元嘉二十八年，加封倭王济使持节、都督倭新罗任那加罗秦韩慕韩六国诸军事，并由安东将军进封安东大将军①。孝武帝大明六年（462），倭王世子兴继立，授予安东将军、倭国王封号。兴死后，弟武即位，自称使持节、都督倭百济新罗任那加罗秦韩慕韩七国诸军事、安东大将军、倭国王，顺帝升明二年（478），正式册封倭王武使持节、都督倭新罗任那加罗秦韩慕韩六国诸军事、安东大将军、倭王。据《宋书》本纪与同书卷97《夷蛮传》，倭国对刘宋遣使有具体时间记载的共有7次，分别是文帝元嘉二年（425）、七年、十五年、二十年，孝武帝大明四年，顺帝升明元年、升明二年，不可谓不多。倭国王即位后，往往都是先自称爵号，然后再请求刘宋朝廷册封，刘宋政权并不会照单全收，如从元嘉十五年倭王珍开始，倭国一直想都督百济诸军事，因百济与刘宋的亲密关系，刘宋自始至终都没有答应。刘宋时期，倭国之所以频繁遣使入贡，与倭国企图控制朝鲜半岛南部百济、新罗等国，进而与高丽竞争，需要在政治上获得刘宋的支持密切相关②。刘宋以后，史籍没有倭国遣使建康的记载，但建元元年（479），萧道成登基建齐，册封倭王武为持节、督倭新罗任那伽罗秦韩

---

① 《宋书》卷97《夷蛮传》，第2395页。
② 王仲殊：《东晋南北朝时代中国与海东诸国的关系》，《考古》1989年第11期。

慕韩六国诸军事、镇东大将军①；天监元年（502）四月，萧衍称帝建梁当月，也依例册封倭王，镇东大将军进封为征东大将军②。因齐、梁时期未见倭国遣使，所以齐、梁政权对倭王册封可能只是遥封，仅具象征意义③。倭国虽然在刘宋以后与南朝政府关系冷淡，但与百济关系却亲密，从而使倭国通过百济间接与中国发展经济文化交流④。

第三节　魏晋南北朝时期海南丝路交通的维护与拓展

有关海南诸国，《梁书》卷54《诸夷传》解释道："海南诸国，大抵在交州南及西南大海洲上，相去近者三五千里，远者二三万里，其西与西域诸国接。"也就是指现在东南亚、南亚乃至波斯湾沿岸诸国。这条中西间的海上丝绸之路开通于汉代，"汉和帝时，天竺数遣使贡献，后西域反叛，遂绝。至桓帝延熹二年（159）、四年，频从日南徼外来献"⑤，说明因为西域反叛，在东汉末年，天竺等国由陆路改为海路通往中国，三国时期的鱼豢说道：

> 大秦道既从海北陆通，又循海而南，与交趾七郡外夷比，又有水道通益州、永昌，故永昌出异物。前世但论有水道，不知有陆道。⑥

魏晋南北朝时期这条中西间的海上丝绸之路在原有基础上得到了一定的拓展。

一、孙吴对海南丝路交通的开拓

孙吴建基于江南，深具较高的造船与航海技术，所谓"吴人以舟楫

---

① 《南齐书》卷58《东南夷传》，第1012页。
② 《梁书》卷2《武帝本纪中》，第36页。
③ 韩昇：《"魏伐百济"与南北朝时期东亚国际关系》，《历史研究》1995年第3期；韩昇：《百济与南朝的文化交流及其在东亚的意义》，李凭、赵导亮主编：《黄帝文化研究：缙云国际黄帝文化学术研讨会论文集》，太原：山西古籍出版社，2005年，第56~71页。
④ 王仲殊：《东晋南北朝时代中国与海东诸国的关系》，《考古》1989年第11期。
⑤ 《梁书》卷54《诸夷传》，第798页。
⑥ 《三国志》卷30《魏书·乌丸鲜卑东夷传》注引，第861页。

为舆马,以巨海为夷庚也"①,而积极拓展海外交通。早在东汉建安年间(196~220),孙吴就曾通过海道派遣使者到达辽东,属于公孙氏割据政权控制的地区;黄龙二年(230)孙吴又遣将军卫温、诸葛直率甲士万人浮海求夷洲及亶洲。对于早已与中国来往的海南诸国,孙吴更是在意。

首先,孙吴加大了对交州的控制。岭南大姓士燮利用汉末动乱之际,自领交趾太守,以弟壹领合浦太守,弟䵋领九真太守,弟武领南海太守,交州实际被士燮所控制。黄武五年(226),士燮病故后,孙权随即将士氏家族势力消灭殆尽②,孙吴大大强化了对交州的控制。《三国志》卷60《吴书·吕岱传》云:"岱既定交州,复进讨九真,斩获以万数。又遣从事南宣国化,暨徼外扶南、林邑、堂明诸王,各遣使奉贡。"毫无疑问,控制交州是"南宣国化"的前提,也是发展与海南诸国交往的基础。

其次,孙吴主动出击,极力加强与海南诸国的联系。

《梁书》卷54《诸夷传》云:

> 孙权黄武五年,有大秦贾人字秦论来到交趾,交趾太守吴邈遣送诣权。权问方土谣俗,论具以事对。时诸葛恪讨丹阳,获黝、歙短人,论见之曰:"大秦希见此人。"权以男女各十人,差吏会稽刘咸送论,咸于道物故,论乃径还本国。

从孙权对大秦商人秦论的态度,可见孙权对开通与大秦交通的迫切心情,如果护送秦论的刘咸等人没有在路途不幸病故,刘咸等人当成为第一批到达大秦的中国人。

据《梁书》卷54《诸夷传》记载,孙吴时曾派中郎康泰、宣化从事朱应出使扶南国,当时扶南国王为范寻。《三国志》卷47《吴书·吴主传》记载,赤乌六年(243)十二月,"扶南王范旃遣使献乐人及方物",而据《梁书》卷54《诸夷传》,范旃被人杀害后,范寻才自立为王,因此,康泰等人的这次扶南之行,很可能是对扶南遣使的回访。

孙吴此次派遣康泰、朱应等出使扶南,并不仅仅着眼于扶南,而是着眼于整个中西海上丝绸之路沿线诸国,据《梁书》卷54《诸夷传》"序论","其所经及传闻,则有百数十国",说明其所到达的国家也远不止扶南一国。《梁书》卷54《诸夷传》提到:

---

① [宋]李昉等撰:《太平御览》卷768《舟部一》引《吴志》,北京:中华书局,1960年,第3407页。
② 《三国志》卷49《吴书·士燮传》,第1191、1192页。

> 唯吴时扶南王范旃遣亲人苏物使其国，从扶南发投拘利口，循海大湾中正西北入历湾边数国，可一年余到天竺江口，逆水行七千里乃至焉。天竺王惊曰："海滨极远，犹有此人。"即呼令观视国内，仍差陈、宋等二人以月支马四匹报旃，遣物等还，积四年方至。其时吴遣中郎康泰使扶南，及见陈、宋等，具问天竺土俗。

天竺是大秦与中国贸易的中间商，康泰等人向天竺使者陈、宋等询问天竺土俗，无疑是代表孙吴的政府行为，目的是为了开通与天竺和大秦的航线，所以康泰所著《扶南传》提到了从扶南迦那调洲到天竺和大秦的航线。《水经注》卷1《河水一》"（河水）屈从其东南流，入渤海"条注引康泰《扶南传》曰：

> 从迦那调洲西南入大湾，可七八里，乃到枝扈黎大江口，度江迳西行，极大秦也。又云：发拘利口入大湾中，正西北入，可一年余，得天竺江口，名恒水。

康泰所著《扶南传》又叫《吴时外国传》，《太平御览》卷771《帆》注引道：

> 从加那调州乘大伯舶，张七帆，时风一月余日，乃入秦，大秦国也。

二、两晋时期海南丝路交通的曲折

《梁书》卷54《诸夷传》云："晋代通中国者盖鲜，故不载史官。"晋代海南诸国之所以与中国交往较少，第一个原因是交州地方政府十分腐败，导致海南诸国的交往热情不高。《晋书》卷97《四夷传》说道：

> 初，徼外诸国尝赍宝物自海路来贸货，而交州刺史、日南太守多贪利侵侮，十折二三。至刺史姜壮时，使韩戢领日南太守，戢估较太半，又伐船调枹，声云征伐，由是诸国恚愤。

第二个原因是地处交通要道的林邑对中国政府采取两面手法，一方面不断遣使入贡；另一方面"林邑少田，贪日南之地"，"每岁又来寇日南、九真、九德等诸郡，杀伤甚众，交州遂致虚弱，而林邑亦用疲弊"①，林邑与中国的交恶严重阻碍了海南诸国与中国的交往。但两晋时期，中国与海南诸国的交通仍在曲折发展。《晋书》卷97《四夷传》云：林邑在与中国交恶的同时，也不断向中国遣使入贡：

> 自孙权以来，不朝中国。至武帝太康（280～289）中，始来贡献。咸康二年（336），范逸死，奴文篡位。……遣使通表入贡于帝，其书皆胡字。……至孝武帝宁康（373～375）中，（林邑王佛）遣使贡献。……佛死，子胡达立，上疏贡金盘碗及金钲等物。

林邑遣使中国并非始于晋太康年间，据《三国志》卷60《吴书·吕岱传》，孙吴时林邑与中国就有来往。据《晋书》卷3《武帝纪》，在晋武帝时期，林邑分别在泰始四年（268）、太康五年（284）"遣使来献"。即便就晋朝而言，也应是始于泰始四年，而非《晋书》卷97《四夷传》所说的始于太康中。"太康中"当指太康五年，《南齐书》卷58《东南夷传》就明言："南夷林邑国……晋太康五年始贡献。"此后，林邑遣使相当频繁。咸康六年（340），"林邑献驯象"②；咸安二年（372），林邑王"遣使贡方物"③；太元二年（377），"林邑贡方物"，太元七年，"林邑范熊遣使献方物"④；义熙十年（414），"林邑遣使来献方物"，义熙十三年，"林邑献驯象、白鹦鹉"⑤。

林邑之外，扶南是与晋廷交往最多的海南国家。《晋书》卷97《四夷传》曰：

> 武帝泰始初，遣使贡献。太康中，又频来。穆帝升平初，复有竺旃檀称王，遣使贡驯象。帝以殊方异兽，恐为人患，诏还之。

据《晋书》本纪记载，扶南分别在晋武帝泰始四年（268）、太康六年（285）、太康七年、太康八年，穆帝升平元年（357），孝武帝太元十四年（389）遣使中国，共计6次，其中晋武帝一朝就多达4次。

---

① 《晋书》卷97《四夷传》，第2546、2547页。
② 《晋书》卷7《成帝纪》，第182页。
③ 《晋书》卷9《简文帝纪》，第221页。
④ 《晋书》卷9《孝武帝纪》，第231页。
⑤ 《晋书》卷10《安帝纪》，第266页。

南亚的师子国是海上丝绸之路的重要中转站,东晋时期曾到建康进献佛像,《梁书》卷54《诸夷传》云:

> 师子国,天竺旁国也。……晋义熙初,始遣献玉像,经十载乃至。像高四尺二寸,玉色洁润,形制殊特,殆非人工。此像历晋、宋世在瓦官寺,寺先有征士戴安道手制佛像五躯,及顾长康维摩画图,世人谓为三绝。

丝绸之路最西部的大秦与晋廷也有海上交通,《晋书》卷3《武帝纪》云:太康五年(284)十二月,大秦国"遣使来献"。这次大秦国使团经过广州时,殷巨作为广州刺史的幕僚亲眼目睹,其所作《奇布赋》"序"有说明:

> 惟泰康二("二"当为"五")年,安南将军广州牧腾(按当作滕)侯,作镇南方,余时承乏,忝备下僚,俄而大秦国奉献琛,来经于州,众宝既丽,火布尤奇。①

晋廷南渡后,罗马帝国与东晋有直接来往,《太平御览》卷787《四夷部八·南蛮三》"蒲林国"条引《晋起居注》曰:

> 兴宁元年(363)闰月,蒲林王国新开通,前所奉表诣先帝,今遣到其国慰谕。

兴宁是东晋哀帝司马丕的第二个年号,而先帝则指穆帝司马聃,345~361在位,此时罗马帝国首都已从罗马城迁到君士坦丁堡。晋穆帝时,罗马帝国遣使建康,而东晋王朝则在哀帝兴宁元年遣使回访。

三、南朝时期海南丝路交通的发展

南朝时期,中西海上丝路交通发展到了历史新高度,原因主要有两点:一是南朝在东南亚的影响力大为提升。两晋时期,政治腐败、国力羸弱,交州屡遭林邑蚕食,这种局面到刘宋发生根本改变。林邑在刘宋

---

① 张星烺编注,朱杰勤校订:《中西交通史料汇编》(第一册),北京:中华书局,1977年,第147页。

前期，如待两晋，仍采两面手法，"频遣贡献，而寇盗不已"。随着刘宋国力渐趋强大，元嘉二十三年（446），宋文帝派重兵大举讨伐林邑，先攻克林邑北部重镇区粟城，斩杀其大将范扶龙，然后"乘胜追讨，即克林邑，（林邑国王）阳迈父子并挺身奔逃"①。此战之后，林邑元气大伤，再也无力进犯交州，从而使交州得以安定，这种局面一直延续了整个南朝时期。刘宋大败林邑之后，中西海上交通的最大阻碍得以清除，这大大加速了丝路交通的发展。二是佛教成为了南朝政府与东南亚、南亚丝绸之路沿线国家联系的纽带。佛教在孙吴时就传到了南方，南朝刘宋时渐趋兴盛，萧梁时达到顶峰。而南亚是佛教发源地，东南亚则是佛教最早传播的重要地区，南朝佛教的兴盛，大大促进了南朝政府与东南亚、南亚丝绸之路沿线国家交通的发展。

南朝海南丝路交通在刘宋与萧梁时期出现过两次高潮，而萧齐短祚，陈朝又偏安一隅，发展明显不足。

（一）刘宋时期海南丝路交通的发展

刘宋时期海南丝路交通发展明显。

首先，与刘宋有正式交往的海南国家数量达到历史新高。据《宋书》卷97《夷蛮传》，遣使刘宋的海南国家有林邑国、扶南国、诃罗驼国、呵罗单国、婆皇国、婆达国、阇婆婆达国、师子国、天竺迦毗黎国、苏摩黎国、斤驼利国，另据《宋书》卷6《孝武帝纪》有盘盘国，《宋书》卷9《后废帝纪》有婆利国，《梁书》卷54《诸夷传》有干陀利国，共计14国，其中既有东南亚国家也有南亚国家。

其次，海南国家与刘宋关系密切，表现在：一是许多国家遣使刘宋次数多，据《宋书》本纪与《夷蛮传》，林邑分别在刘裕永初二年（421），文帝元嘉七年（430）、十年、十一年、十五年、十六年、十八年，孝武帝孝建二年（455）、大明二年（458），明帝泰豫元年（472），共10次遣使；婆皇国分别在文帝元嘉十九年、二十六年、二十八年，孝武帝孝建三年、大明三年、大明八年，明帝泰始二年（466）共7次遣使；呵罗单国分别在文帝元嘉七年、十年、十三年、二十六年、二十九年共5次遣使；师子国分别在文帝元嘉五年、六年、七年、十二年共4次遣使。二是许多国家接受刘宋册封，第一个便是林邑王范阳迈，刘裕永初二年"即加除授"，这可能是中国历史上第一次正式册封海南国

---

① 《宋书》卷97《夷蛮传》，第2378页。

王，此后册封更为频繁。文帝元嘉二十六年一次册封诃罗单、婆皇、婆达三国国王；孝武帝开始册封使者以武官号，如孝武帝孝建二年册封林邑使者范龙跋扬武将军，孝建三年册封婆皇国使者竺那婆智为振威将军；明帝泰始二年册封婆皇国使者竺须罗达、竺那婆智为龙骧将军，册封天竺迦毗黎国使者竺扶大、竺阿弥为建威将军①。三是佛教成为刘宋与海南诸国交往的重要纽带。正如师子国国王刹利摩诃南在元嘉五年给宋文帝的上表中所言："欲与天子共弘正法，以度难化。"所以常以高僧为使者，进贡刘宋的礼物也多为佛教信物，如元嘉五年师子国的这次使团中有"四道人"，贡物中有牙台像；元嘉十二年，阇婆婆达国的使主为佛大驼婆；元嘉二十九年呵罗单国出使刘宋的使团中有"沙弥"②。以佛教作为外交的媒介，这对加深彼此关系意义重大。四是海南诸国恳请刘宋朝廷维护丝路贸易。如元嘉七年诃罗驼国王给文帝的上表中说道：

伏愿圣王，远垂覆护，并市易往反，不为禁闭。若见哀念，愿时遣还，令此诸国，不见轻侮，亦令大王名声普闻，扶危救弱，正是今日。……愿敕广州时遣舶还，不令所在有所陵夺。③

（二）萧齐时期海南丝路交通的衰退

萧齐国祚甚短，海南丝路交通处于衰退状态，据《南齐书》卷58《东南夷传》，与南齐有正式交往的海南国家仅有林邑与扶南两国。不过值得注意的是，萧齐与林邑的关系大为深化，表现在两个方面：一是萧齐册封林邑国王的封号较刘宋大为变化，刘宋仅单纯册封范阳迈为林邑王，而萧齐在永明九年（491），册封林邑国王范当根纯为持节、都督缘海诸军事、安南将军、林邑王；第二年，范杨迈后代范诸农夺权后，又册封范诸农为持节、都督缘海诸军事、安南将军、林邑王，建武二年（495），安南将军进号为镇南将军；永泰元年，范文款即位后，又册封其为假节、都督缘海军事、安南将军、林邑王，这种册封制度为后世所承继。二是林邑国王范诸农在永泰元年亲自乘船前往建康朝贡，并不幸

---

① 《宋书》卷97《夷蛮传》，第2384页。
② 同上书，第2381页。
③ 同上书，第2380、2381页。

在"海中遭风溺死"①。国王亲自朝贡，足以证明萧齐与林邑关系密切。

(三) 萧梁时期海南丝路交通的鼎盛

萧梁时期中西海上丝路交通的发展规模远超刘宋，达到南朝时期的顶峰，《梁书》卷54《诸夷传》云：

> 海南诸国……晋代通中国者盖鲜，故不载史官。及宋、齐，至者有十余国，始为之传。自梁革运，其奉正朔，修贡职，航海岁至，逾于前代矣。

首先，与萧梁正式交往的海南国家较刘宋时期略有增加，交往更为频繁。萧梁时期，丹丹国和狼牙修国首次与南朝正式交往，据《梁书》卷54《诸夷传》记载，丹丹国王在中大通二年（530）遣使奉表曰："……谨奉送牙像及塔各二躯，并献火齐珠、吉贝、杂香药等。"大同元年（535）又"遣使献金、银、琉璃、杂宝、香药等物"。狼牙修国王在天监十四年（515），遣使阿撒多奉表曰："……欲自往，复畏大海风波不达。今奉薄献，愿大家曲垂领纳。"萧梁时期，海南诸国与南朝交往更为频繁，如盘盘国虽早在刘宋孝建二年（455）就与中国正式交往，但仅此一次，而在萧梁时期，据《梁书》本纪载，盘盘国分别在武帝中大通元年、四年、五年、大同六年（540），简文帝大宝二年（551），共5次向建康遣使贡献方物。

其次，与东南亚强国林邑、扶南关系大为强化。据《梁书》本纪与卷54《诸夷传》，林邑王范天凯分别在武帝天监元年、九年、十年、十三年"累遣使献方物"；范天凯子弼毳跋摩即位后，即"奉表贡献"；林邑王高式胜铠分别在普通七年（526）、大通元年（527）"遣使献方物"；行林邑王高式律璌罗跋摩分别在中大通二年、六年"遣使献方物"。萧梁则在天监九年册封林邑王范天凯为持节、督缘海诸军事、威南将军、林邑王；普通七年册封林邑王高式胜铠为持节、督缘海诸军事、绥南将军、林邑王；中大通二年册封行林邑王高式律璌罗跋摩为持节、督缘海诸军事、绥南将军、林邑王。

扶南虽早在孙吴就与中国正式交往，但"人性善，不便战，常为林

---

① 《南齐书》卷58《东南夷传》，第1013页。

邑所侵击，不得与交州通，故其使罕至"①，但这种局面在萧梁得以根本扭转。据《梁书》卷 54《诸夷传》，天监二年，扶南国王阇邪跋摩"遣使送珊瑚佛像，并献方物"，梁武帝册封其为安南将军、扶南王，这可能是中国政府第一次正式册封扶南国王。此后，双方关系继续深化，跋摩后分别在天监十年、十三年两次遣使建康；其子留琔跋摩即位后，分别在天监十六年、十八年、普通元年、中大通二年、大同元年、五年多次贡献方物。除此之外，据《梁书》卷 2《武帝本纪中》记载，扶南国王阇邪跋摩还曾在天监三年、十一年两次遣使萧梁。整个萧梁时期，扶南到建康朝贡次数达到 11 次，位居海南诸国之首，可见双方关系之密切。扶南是个海洋大国，造船业发达，扶南控制了中国与南亚丝绸之路沿线许多小国，萧梁与扶南关系的深化，这对拓展中西海上丝绸之路意义重大。

最后，佛教在双边交往中作用越来越大。梁武帝好佛，诸国皆知，所以在海南诸国与萧梁交往中，佛教圣物必不可少。据《梁书》卷 54《诸夷传》记载，扶南国王留琔跋摩在天监十八年向梁武帝所贡方物中就包括一尊"天竺旃檀瑞像"，即印度传入的由檀香木雕刻的释迦牟尼像。大同五年，梁武帝从扶南使者打听到扶南有佛教圣物"佛发，长一丈二尺"，便"遣沙门释云宝随使往迎之"。盘盘国王在中大通元年向梁武帝进贡"牙像及塔，并献沉檀等香数十种"，中大通六年，"复使送菩提国真舍利及画塔，并献菩提树叶"等。丹丹国王在中大通二年向梁武帝"奉送牙像及塔各二躯"。婆利国在天监十六年向梁武帝上表道："伏承圣王信重三宝，兴立塔寺，校饰庄严，周遍国土。……伏惟皇帝是我真佛。"师子国王伽叶伽罗诃梨邪在大通元年（527）向梁武帝上表道："欲与大梁共弘三宝，以度难化。"佛教文化大大深化了萧梁与海南诸国的关系。

（四）陈朝时期海南丝路交通的低靡

梁末侯景之乱后，梁朝势力大衰，陈朝立国，局缩于东南一隅，中西海上交通较萧梁时已大为衰退，正如《南史》卷 79《夷貊传下》总论：

> 自晋氏南度，介居江左，北荒西裔，隔碍莫通。至于南徼东边，

---

① 《南齐书》卷 58《东南夷传》，第 1014 页。

界壤所接,洎宋元嘉抚运,爰命干戈,象蒲之绝,威震冥海。于是鞮译相系,无绝岁时。以洎齐、梁,职贡有序。及侯景之乱,边鄙日蹙。陈氏基命,衰微已甚,救首救尾,身其几何?故西赆南琛,无闻竹素,岂所谓有德则来,无道则去者也!

但陈朝时期中西海上交通还不至于中断,仍有一定的存在。据《陈书》本纪记载主要有:武帝永定三年(559)五月,"扶南国遣使献方物"①。文帝天嘉四年(563)春正月,"干陀利国遣使献方物"②。废帝光大二年(568)"九月甲辰,林邑国遣使献方物。丙午,狼牙修国遣使献方物"③。宣帝太建三年(571)五月,"丹丹、天竺、盘盘等国并遣使献方物",十月"己亥,丹丹国遣使献方物";四年三月"乙丑,扶南、林邑国并遣使来献方物";十三年冬十月"壬寅,丹丹国遣使献方物"④。后主至德元年(583)"十二月丙辰,头和国遣使献";二年十一月"壬申,盘盘国遣使献方物";三年"冬十月己丑,丹丹国遣使献方物";祯明二年(588)"六月戊戌,扶南国遣使献方物"⑤。

从以上记载可知,与陈正式往来的海南国家有扶南、干陀利、林邑、狼牙修、丹丹、天竺、盘盘、头和等8国,既有东南亚国家,也有南亚国家,有的国家还多次遣使,如丹丹国达4次之多,扶南国也有3次。从时间跨度来说,从陈霸先立国不久的永定三年到陈亡前一年的祯明二年。海南国家向陈王朝贡献方物,说明陈朝在海南国家中仍具有一定的影响力。

魏晋南北朝时期,丝路交通起起伏伏,但从整体上看,仍在曲折中有所发展。

---

① 《陈书》卷2《高祖本纪下》,第39页。
② 《陈书》卷3《世祖本纪》,第55页。
③ 《陈书》卷4《废帝本纪》,第69页。
④ 《陈书》卷5《宣帝本纪》,第80页。
⑤ 《陈书》卷6《后主本纪》,第110~112、115页。

第三章 魏晋南北朝丝路贸易起点与路线的演变

第一节 魏晋南北朝丝路贸易起点的多元化

魏晋南北朝时期因为南北方的长期分裂与对峙,丝路贸易起点呈现出多元化特征①。两汉与隋唐,丝路贸易均以长安为起点,而魏晋南北朝时期北方的洛阳、平城、邺城、长安和南方的建康都曾充当过丝路贸易起点的角色,其中以北方的洛阳和南方的建康影响最大。

一、洛阳

(一) 曹魏与西晋时期的洛阳

洛阳在东汉时期便是丝路贸易的起点,但东汉末年军阀混战,洛阳几成废墟。曹丕以魏代汉后迁都洛阳,此后,曹魏与西晋一直以洛阳为都,洛阳又成为了北方乃至全国的政治、经济、文化中心。经过曹魏与西晋数代经营,洛阳再次成为国际性大都市,又一次成为丝路贸易的起点城市。

曹魏时期,洛阳的丝织业迅速恢复并有所发展,洛阳既是丝织业中心,也是全国最大的丝织品集散地。左思《魏都赋》描述洛阳市场上最有名的丝织品为"锦绣襄邑、罗绮朝歌、绵纩房子、缣总清河"。齐王芳时,洛阳已是"其民异方杂居""商贾胡貊,天下四会"的国际性都市②。西晋时,洛阳更为繁华,晋灭吴后,全国重归一统,包括丝织品在内的物资源源不断地汇集到洛阳,所谓"纳百万而罄三吴之资,接千年而总西蜀之用"③。据《太平御览》卷827《资产部七·市》引陆机《洛阳记》,当时洛阳有三市,"大市名金市,在大城中;马市在城东,

---

① 石云涛:《三至六世纪丝绸之路的变迁》,北京:文化艺术出版社,2007年,第247页。
② 《三国志》卷21《魏书·傅嘏传》注引《傅子》,第624页。
③ 《晋书》卷26《食货志》,第783页。

阳市在城南"。前来洛阳的外国使节与客商众多，据《晋书》卷 3《武帝纪》，司马炎登基代魏之际，"四夷会者数万人"。而据斯坦因在敦煌发现的粟特文第二号信札，粟特商团从姑臧启程，经过六个月到达洛阳，当时在洛阳的还有其他粟特与印度商队。

汇集到洛阳的丝织品通过丝绸之路流布到海外各地，西域方面，《三国志》卷 2《魏书·文帝纪》云：黄初三年（222）二月，"鄯善、龟兹、于阗王各遣使奉献"，曹魏"遣使者抚劳之"，并在西域重置戊己校尉，这标志着曹魏重新开通了与西域的交通。据《三国志》卷 16《魏书·仓慈传》，曹魏明帝时，仓慈任敦煌太守，对"西域杂胡"，其"欲诣洛者，为封过所"，并"使吏民护送道路"。这种态势在西晋得以维系，据《晋书》卷 3《武帝纪》与《晋书》卷 97《西戎传》，西晋时期，前来洛阳贡献汗血马等特产的中亚国家有大宛、康居等，而葱岭以东的西域国家车师前部、鄯善、龟兹、焉耆等国则遣子入侍。当时在洛阳的西域人众多，据 1931 年发现的西晋刻洛阳辟雍碑，碑阴镌刻的生员名单中有"散生西域朱乔尚建、散生西域王迈世光、散生西域隗景大卿、散生西域隗元君凯"等。在东亚，曹魏曾大破高丽，基本恢复了汉代在朝鲜半岛的统治秩序；西晋时期，朝鲜半岛的夫余、马韩、辰韩与日本的倭国多次到洛阳贡献方物。据《晋书》卷 97《四夷传》，夫余国"武帝时，频来朝贡"，马韩、辰韩、倭国分别遣使洛阳 6 次、3 次、3 次。在东南亚，据《晋书》卷 97《四夷传》与《晋书》本纪，扶南、林邑分别遣使 4 次、2 次。与此同时，丝绸之路最西端的大秦也通过海上丝绸之路遣使洛阳。通过朝贡贸易这种方式，中国大量的丝织品输往海外各国，如景初二年（238），日本第一次遣使曹魏，曹魏遣使回访，便"以绛地交龙锦五匹、绛地绉粟罽十张、蒨绛五十匹、绀青五十匹"答其"所献贡直"，又别赐其"绀地句文锦三匹、细班华罽五张、白绢五十匹、金八两、五尺刀二口、铜镜百枚、真珠、铅丹各五十斤"①。

（二）北魏时期的洛阳

西晋末年，中原地区先有"八王之乱"，后有"永嘉之乱"，北方陷入长达百余年的混战局面，作为政治、经济、文化中心的洛阳多次惨遭血洗，以致"城阙萧条，野无烟火"②。北魏统一北方后，特别是太和十

---

① 《三国志》卷 30《魏书·乌丸鲜卑东夷传》，第 857 页。
② 《魏书》卷 31《于栗磾传》，第 736 页。

八年（494）孝文帝迁都洛阳后，洛阳再次焕发生机。北魏对洛阳多次营建，早在迁都前的太和十七年，孝文帝便令"司空穆亮与尚书李冲、将作大匠董爵经始洛京"①，开始重建洛阳城。此后洛阳城多次扩建，特别是宣武帝景明二年（501），宣武帝接受司州牧广阳王嘉建议，在原洛阳城外"筑洛阳三百二十三坊，各方三百步"，"诏发畿内夫五万人筑之，四旬而罢"②，时人杨衒之提到洛阳"京师东西二十里，南北十五里，户十万九千余"，"方三百步为一里，里开四门；门置里正二人，吏四人，门士八人，合有二百二十里"③。北魏时期的洛阳规模已远超魏晋，洛阳又成为了中国北方的政治、经济、文化中心，同时也是丝路贸易的东方起点。

在文化方面，孝文帝迁都洛阳后，一方面大行汉化，儒家文化迅速复兴；另一方面，大兴佛教。杨衒之在《洛阳伽蓝记》提到西晋时洛阳"唯有寺四十二所"，到北魏则"寺有一千三百六十七所"，其中菩提寺、法云寺等为西域高僧所立；"时佛法经像盛于洛阳，异国沙门，咸来辐辏，负锡持经，适兹乐土"，仅永明寺便有"百国沙门，三千余人"。佛寺大多建筑华丽，如永宁寺的佛塔，高九层，塔高九十丈，另外，佛刹高十丈，合计离地一千尺，"去京师百里，已遥见之"。永宁寺建筑之精妙，令西域高僧菩提达摩叹道："年一百五十岁，历涉诸国，靡不周遍。而此寺精丽，阎浮所无也。极佛境界，亦未有此。"

洛阳工商业发达，据《洛阳伽蓝记》记载，当时洛阳有三个较大的市，城东有洛阳小市，"所卖口味，多是水族，时人谓为鱼鳖市"；城南有四通市，民间谓永桥市，因近四夷馆里，"天下难得之货，咸悉在焉"；城西有洛阳大市。洛阳大市规模最大，"周回八里"，在其周围兴起一个庞大的商圈，"市东有通商、达货二里，里内之人，尽皆工巧，屠贩为生，资财巨万"，"市南有调音、乐律二里，里内之人，丝竹讴歌，天下妙伎出焉"，"市西有退酤、治觞二里，里内之人多酝酒为业"，"市北慈孝、奉终二里，里内之人以卖棺椁为业，赁輀车为事"，"别有准财、金肆二里，富人在焉。……凡此十里，多诸工商货殖之民，千金比屋，层楼对出，重门启扇，阁道交通，迭相临望。金银锦绣，奴婢缇衣，五味八珍，仆隶毕口"。

---

① 《魏书》卷7下《高祖纪下》，第173页。
② 《资治通鉴》卷144《齐纪十》"中兴元年"条，第4498页。
③ ［北魏］杨衒之撰，范祥雍校注：《洛阳伽蓝记校注》卷五《城北》，上海：上海古籍出版社，1978年新1版，第349页。

洛阳成为北魏都城后，也成为了丝路贸易的起点城市①。首先，洛阳成为了外国使节朝贡的目的地与北魏遣使的出发地。迁都洛阳之际，北魏国力如日中天，吸引众多国家朝贡，所谓"承升平之业，四疆清晏，远迩来同，于是蕃贡继路"②。有学者统计，仅从宣武帝景明元年（500）至孝明帝神龟元年（518）的十九年间，各国"遣使朝贡"洛阳多达61次③。据《魏书》本纪，中亚强国嚈哒、西亚大国波斯、南亚的天竺分别向洛阳遣使朝贡11次、5次、5次；朝鲜半岛的高丽几乎年年向洛阳遣使朝贡，有时甚至一年几次，如一年朝贡两次的有孝文帝太和十八年（494）、太和十九年、太和二十三年，宣武帝景明二年、永平元年（508），孝明帝神龟元年，一年朝贡3次的有宣武帝永平三年、延昌二年。新兴的新罗也分别在宣武帝景明元年、永平元年两次遣使洛阳。与此同时，北魏也频频从洛阳遣使各国，最有名的莫过于神龟元年胡太后命宋云率佛门惠生、法力等西行，到访过中亚的钵和国（今瓦罕谷地）、嚈哒，南亚天竺各国等，都带有北魏政府的诏书。其次，大批异国商旅与民众聚集洛阳。《洛阳伽蓝记》卷3《城南》道：

> 自葱岭已西，至于大秦，百国千城，莫不款附，商胡贩客，日奔塞下，所谓尽天地之区已。乐中国土风因而宅者，不可胜数。是以附化之民，万有余家。门巷修整，阊阖填列，青槐荫陌，绿柳垂庭，天下难得之货，咸悉在焉。

可惜，孝静帝天平元年（534），北魏分裂为东魏、西魏，东魏迁都邺，西魏都长安，洛阳再次毁于战火。北魏从太和十八年（494）迁都洛阳到分裂为东魏、西魏，洛阳作为丝路贸易起点仅维持四十年左右，但在这四十年内，洛阳的繁华程度远超前代。

二、建康

建康本为汉代丹阳郡秣陵县，建安十六年（211），孙权徙治秣陵，不久，改秣陵为建业，经过孙吴几十年的经营，建业逐渐成为长江下游的政治、经济、文化中心。左思《吴都赋》描述其繁华道：

---

① 石云涛：《汉唐间丝绸之路起点的变迁》，《中州学刊》2008年第1期。
② 《魏书》卷65《邢峦传》，第1438页。
③ 石云涛：《汉唐间丝绸之路起点的变迁》，《中州学刊》2008年第1期。

水浮陆行，方舟结驷。唱棹转毂，昧旦永日。开市朝而并纳，横阛阓而流溢。混品物而同廛，并都鄙而为一。士女伫眙，商贾骈坒。纻衣絺服，杂沓傱萃。轻舆案辔以经隧，楼船举帆而过肆。果布辐凑而常然，致远流离与珂玳。……富中之盱，货殖之选。乘时射利，财丰巨万。竞其区宇，则并疆兼巷；矜其宴居，则珠服玉馔。

西晋灭吴后，建业地位大降，太康三年（282）改为"建邺"，建兴元年（313）改建邺为建康。西晋末年，为避战乱，北方大批衣冠大族南下，他们联合三吴地方大族拥立皇室司马睿在建康重建晋廷，史称东晋。此后建康长期成为东晋及南朝的都城。东晋时期，在东吴基础上，建康城被重建，萧齐时将外城竹篱改为城墙①。经过东晋及南朝的发展，建康城规模越来越大，城市越来越繁华，到萧梁时达到极盛。据《金陵记》道：

> 梁都之时，城中二十八万户，西至石头，东至倪塘，南至石子冈，北过蒋山，东西南北各四十里。②

萧梁时期的建康城人口达到二十八万户，如果以口计，则超过一百万了。建康的手工业特别是丝织业发展迅速，东晋时期，苏峻叛军攻克建康城时，官库有"绢数万匹"③；刘宋时期，荆、扬"丝绵布帛之饶，覆衣天下"④；萧齐武帝永明六年（488），因"米、谷、布、帛贱"，政府一次性"出上库钱五千万，于京师市米，买丝绵纹绢布"⑤。丝织品不仅数量多，而且质量也得到了明显提升。晋宋之际，刘裕攻灭后秦，从关中将大批丝织工匠迁到建康，并设置锦署。此后南朝历代锦署成为常设机构，负责宫廷服饰⑥，丝织技术大为提升。萧齐时，建康的织锦已名扬塞外，柔然首领曾请求齐武帝赠送锦工⑦。萧梁时，锦的产量已很可观，以致

---

① 《南齐书》卷23《王俭传》，第434页。
② 《资治通鉴》卷162《梁纪十八》"武帝太清三年"条胡三省注引，第5029页。
③ 《晋书》卷100《苏峻传》，第2630页。
④ 《宋书》卷54 史臣曰，第1540页。
⑤ ［唐］杜佑撰，王文锦等点校：《通典》卷12《食货典·轻重》，北京：中华书局，1988年，第288页。
⑥ 许辉、蒋福亚主编：《六朝经济史》，南京：江苏古籍出版社，1993年，第311页。
⑦ 《南齐书》卷59《芮芮虏传》，第1025页；高敏主编：《魏晋南北朝经济史》（下册），上海：上海人民出版社，1996年，第849页。

侯景要求梁武帝一次性拿出"锦万匹，为军人袍"①。

东晋、南朝时期南方社会经济的发展为对外交往奠定了物质基础，而东晋、南朝政府长期被视为中华正统，也有助于拓展国际交往。东晋、南朝时期，随着陆上丝绸之路的向南延伸，建康既是海上丝路贸易的起点，又是陆上丝路贸易的起点。

建康成为丝路贸易起点始于孙吴。孙吴积极拓展海外交往，对东亚，正式开通了从建康（邺）出发直达朝鲜半岛的海上新航线，新航线后来为东晋、南朝政府所承袭。对海南诸国，孙吴加大交往力度。据《梁书》卷54《诸夷传》，孙吴时曾派中郎康泰、宣化从事朱应出使扶南国，而据"序论"，康泰、朱应这次出使，远不止扶南一国，"其所经及传闻，则有百数十国"，实际上，建立起了孙吴与海南诸国的官方关系。与此同时，海南诸国也有遣使孙吴之举，如据《三国志》卷47《吴书·吴主传》，赤乌六年（243）十二月，扶南王范旃遣使建邺并"献乐人及方物"。

东晋被视为中华正统，来到建康的使节、商团较孙吴时大为增加，晋安帝元兴三年（404），"涛水入石头。是时贡使商旅，方舟万计，漂败流断，骸骴相望"②。"贡使商旅，方舟万计"，可见前来建康外国使节、商旅规模之大。在东亚，高丽在成帝咸康二年（336）、康帝建元元年（343）、安帝义熙九年（413）3次遣使建康；百济至少有6次遣使东晋③；倭国在东晋安帝义熙九年也遣使建康。在东南亚，林邑6次遣使建康，向东晋朝廷贡献驯象特产。林邑之外，新兴的东南亚海洋大国扶南分别在穆帝升平元年（357）、孝武帝太元十四年（389）遣使建康向东晋贡献方物。南亚的师子国是海上丝绸之路的重要中转站，东晋末期曾到建康进献佛像④。

南朝时期，以建康为起点的丝绸之路达到极盛。在东亚，南朝政府与高丽、百济、新罗和倭国展开了全面外交，交往远超前代，据韩昇先生统计，高丽、百济分别向南朝政府遣使44次与27次⑤，并一直接受南朝政府的册封。新罗是南朝后期朝鲜半岛的新兴国家，萧梁普通二年

---

① 《梁书》卷56《侯景传》，第841页。
② 《宋书》卷33《五行志》，第956页。
③ 韩昇：《百济与南朝的文化交流及其在东亚的意义》，李凭、赵导亮主编：《黄帝文化研究：缙云国际黄帝文化学术研讨会论文集》，太原：山西古籍出版社，2005年，第56～71页。
④ 《梁书》卷54《诸夷传》，第800页。
⑤ 韩昇：《"魏伐百济"与南北朝时期东亚国际关系》，《历史研究》1995年第3期。

(521）第一次向建康遣使贡献方物，陈朝时交往渐多，据《陈书》本纪，新罗共有 4 次向陈朝"遣使献方物"。倭国和刘宋之间交往密切，《宋书》卷 97《夷蛮传》云：倭国"世修贡职"，据《宋书》本纪与《夷蛮传》，倭国共 7 次遣使建康向刘宋贡献方物，并接受刘宋册封。倭国在刘宋以后与南朝政府关系冷淡，但与百济关系却密切，通过百济与南朝政府间接发展经济文化交流①。

在南亚与东南亚，南朝政府与丝绸之路沿线诸国交往达到了历史新高，并在刘宋与萧梁出现过两次交往高潮。据我们对《宋书》卷 97《夷蛮传》与本纪的统计，刘宋时期，遣使建康的南亚与东南亚国家多达 14 国；很多国家都是多次遣使，其中林邑有 10 次，婆皇国有 7 次，呵罗单国有 5 次；扶南国、婆达国、苏摩黎国各有 3 次，师子国、天竺迦毗黎国各有 2 次。萧梁时期中西海上丝路贸易，远超刘宋，达到南朝顶峰，《梁书》卷 54《诸夷传》云："海南诸国……自梁革运，其奉正朔，修贡职，航海岁至，逾于前代矣。"这表现在：一是与萧梁正式交往的南亚与东南亚国家较刘宋有所增加，交往次数更为频繁。如丹丹国和狼牙修国都在萧梁时期首次遣使建康，盘盘国虽在刘宋孝建二年（455）曾遣使建康，但仅此一次，而萧梁时期，据《梁书》卷 54《诸夷传》与本纪，盘盘国共 5 次向萧梁遣使贡献方物。二是与东南亚的海洋大国扶南关系大为强化，刘宋时期，扶南仅遣使三次，而据《梁书》卷 54《诸夷传》与本纪，扶南向萧梁贡献方物多达 11 次，并接受"安南将军、扶南王"的封号。扶南控制了丝绸之路沿线许多小国，萧梁与扶南关系的深化，大大促进了中西海上丝路贸易的发展。

使节之外，还有大批南亚与东南亚的商团与高僧出入建康，《高僧传》卷 3《译经下》"齐建康正观寺求那毗地"道：

> 求那毗地，中天竺人也。……齐建元初，来至京师，止毗耶离寺，执锡从徒，威仪端肃，王公贵胜，迭相供请。……毗地为人弘厚，故万里归集，南海商人咸宗事之，供献皆受，悉为营法。

求那毗地是来自天竺的高僧，而供奉求那毗地的南海商人则从事海上丝绸贸易。

建康不仅是海上丝路贸易的起点，同时也是陆上丝路贸易的重要起

---

① 王仲殊：《东晋南北朝时代中国与海东诸国的关系》，《考古》1989 年第 11 期。

点。5 世纪 40 年代左右，吐谷浑直接开通从青海到西域的交通，此后从西域经青海路南下益州，顺长江而下直达建康的丝路贸易日益繁华①，萧梁时达到极盛。据《梁书》卷 54《诸夷传》序论曰："有梁受命，其奉正朔而朝阙庭者，则仇池、宕昌、高昌、邓至、河南、龟兹、于阗、滑诸国焉。"其中仇池、宕昌、邓至、河南为梁与西域之间的少数民族割据政权，高昌、龟兹、于阗为西域国家，滑国即中亚强国嚈哒。据《梁书》卷 3《武帝本纪下》与卷 54《诸夷传》，滑国分别在天监十五年（516）、普通元年（520）、普通七年、大同元年（535）、大同七年共 5 次遣使建康贡献方物。滑国与萧梁的交往，带动了受滑国控制的周边邻国与萧梁的交往，如周古柯国、呵跋檀国、胡蜜丹国均"使使随滑使来献方物"。此外，与萧梁交往的中亚国家还有白题国、渴盘陁国、末国等。与萧梁交往最西的国家为波斯，据《梁书》卷 3《武帝本纪下》，波斯国分别在中大通五年（533）、大同元年两次遣使建康。漠北的柔然、西北的吐谷浑、西域诸国与南朝交往除了政治、军事因素外，更重要的是贸易往来，遣使往来本身就是一种朝贡贸易，如《南齐书》卷 59《河南传》云：建元元年（479），萧齐与吐谷浑的诏书讲到："奏所上马等物悉至，今往别牒锦绛紫碧绿黄青等纹各十匹。"这便是一种典型的绢马贸易了。而中亚的嚈哒、西亚的波斯等国，与南朝的交往更是纯粹的贸易往来了。使节之外，还有大批西域商团与佛教高僧通过陆上丝绸之路出入建康。《续高僧传》卷 26《感通上》"隋蜀部灌口山竹林寺释道仙传"曰："释道仙，一名僧仙，本康居国人，以游贾为业。梁、周之际，往来吴蜀，江海上下，集积珠宝，故其所获赀货，乃满两船，时或计者云：直钱数十万贯。"《高僧传》卷 11《习禅》"宋京师中兴寺释慧览"云："释慧览，姓成，酒泉人。……览曾游西域，顶戴佛钵，仍于罽宾从达摩比丘咨受禅要。……览还至于填（阗），复以戒法授彼方诸僧，后乃归，路由河南。河南吐谷浑慕延世子琼等敬览德问，遣使并资财，令于蜀立左军寺，览即居之，后移罗浮天宫寺。宋文请下都止钟山定林寺，孝武起中兴寺，复敕令移住，京邑禅僧皆随踵受业。"南京博物馆珍藏的梁代萧绎所作《职贡图》残卷保留了十二国使者图像，其中西域有滑国、波斯、龟兹、周古柯、呵跋檀、胡密丹、白题、末国等八国，可见西域与南朝关系之密切，钱伯泉先生据此得出研究结论，"梁朝与西域之

---

① 陈良伟：《丝绸之路河南道》，北京：中国社会科学出版社，2002 年，第 265～300 页；唐长孺：《南北朝期间西域与南朝的陆道交通》，《魏晋南北朝史论拾遗》，北京：中华书局，1983 年，第 168～195 页。

间存在着一条新的'丝绸之路'"①。

魏晋南北朝时期，建康在中国历史上第一次成为丝路贸易的起点城市，随着陆上丝绸之路南延到江南，从江南开通到朝鲜半岛、日本列岛的海上新航线，最大贸易港口广州及南洋诸国与江南联系加强，这对后世江南社会经济发展必将产生重大影响。

三、平城

皇始三年（398）六月，道武帝拓跋珪定国号为"魏"，同年七月，从盛乐（内蒙古和林格尔）迁都平城，自此到孝文帝太和十八年（494）迁都洛阳，平城成为北魏都城长达97年。从拓跋珪开始，北魏多次营建平城，如《魏书》卷2《太祖纪》云：天赐三年（406）六月："发八部五百里内男丁筑灅南宫，门阙高十余丈；引沟穿池，广苑囿；规立外城，方二十里，分置市里，经途洞达。三十日罢。"平城时代正是北魏政治、经济、文化的上升期，特别是太武帝拓跋焘到孝文帝迁都前，北魏国势日臻。始光四年（427），拓跋焘率部攻占大夏国都城统万城（今称白城子，在今内蒙古乌审旗南纳林河乡与陕西省靖边县红墩界乡交界处的无定河北岸流沙之中），后设统万城，统万城成为河套地区交通枢纽。随着北魏的不断强大，占据河西走廊的北凉政权不得不俯首称臣，这样从平城出发，北魏通往西域的丝绸之路全线贯通。这条丝绸之路以平城为起点，一路向西，从君子津过黄河，到达河套地区的交通枢纽统万城，从统万城分开，一路通向西北，经居延路，到达伊吾（亦称伊吾卢，今新疆哈密）；一路从统万城向西，到达河西走廊，经河西道北段，由北凉导引到达西域。北魏的强盛，引起西域国家的关注，所谓"魏德益以远闻"，太延元年（435）"二月庚子，蠕蠕、焉耆、车师诸国各遣使朝献"②。为了"振威德于荒外""致奇货于天府"③，北魏政府不断遣使西域，太延元年五月，北魏政府"遣使者二十辈使西域"，后更多，所谓"国使亦数十辈"，最有名的莫过于董琬、高明为首的代表团。

太延五年，拓跋焘灭北凉，完全控制河西走廊。拓跋焘在灭北凉期间，曾派遣使者出访南亚的天竺、罽宾，西亚的波斯等地。太平真君六年（445），拓跋焘遣部袭灭西域强国鄯善，执其"王真达以诣京师"；

---

① 钱伯泉：《〈职贡图〉与南北朝时期的西域》，《新疆社会科学》1988年第3期。
② 《魏书》卷4上《世祖纪上》，第84页。
③ 《魏书》卷102《西域传》，第2259页。

太平真君九年，又大破焉耆、龟兹等国，并在焉耆置镇，北魏在西域的势力达到顶峰①。此后，中西丝路贸易达到新的历史水平，平城成为了丝路贸易新的起点。当时到访平城的西域国家众多，有学者统计，到达平城的葱岭以西的西域国家多达97个，其中不少是第一次与北魏建立关系②。丝绸之路最西端的东罗马帝国此时已通过陆路来到平城，据《魏书》本纪，被译作"普岚国"的东罗马帝国曾分别在文成帝太安二年（456）、和平六年（465），献文帝皇兴元年（467）3次到平城贡献方物。丝绸之路沿线的中亚、西亚、南亚诸国更是频频遣使平城，仅据《魏书》本纪记载，南亚的天竺，西亚的波斯，中亚的嚈哒、粟特、破洛那、者舌国、乌孙、渴槃陀、悉居半等国都曾到访过平城，有的还多次来访，如西亚的波斯分别在文成帝太安元年、和平二年，献文帝天安元年（466）、皇兴二年，孝文帝承明元年（476）共5次到访平城；中亚的破洛那分别在太武帝太延三年（437）、太延五年、太平真君十年、正平元年（451），文成帝和平六年共5次遣使平城；中亚的粟特国分别在太武帝太延元年、太延三年、太延五年、太平真君五年，文成帝太安三年，献文帝皇兴元年，孝文帝延兴四年（474）、太和三年（479）共8次到平城贡献方物。

以平城为起点的丝绸之路在向西发展的同时，也向东延伸，与高丽关系密切。北魏与高丽的交往始于太武帝太延元年，先是高丽国王链遣使平城，太武帝拓跋焘随即派遣员外散骑侍郎李敖到访平壤。为灭北燕，拓跋焘多次遣使平壤，要求其保持中立。后因高丽接纳北燕主冯文通，双方关系一度交恶。但文成帝和平三年三月，高丽遣使往平城朝献之后，双方关系迅速升温，特别是从和平六年开始，高丽几乎年年到平城朝贡，孝文帝时期更是一年两次、三次甚至四次遣使平城，贡献方物。如孝文帝太和十六年朝贡四次，孝文帝承明元年（476）、太和九年、太和十二年、太和十三年、太和十五年朝贡三次，孝文帝延兴二年、延兴三年、延兴四年、延兴五年、太和元年、太和三年、太和十四年朝贡二次。在大批高丽使者到访平城的同时，大批北魏使者也从平城出发，到访高丽。除前面提到的太延元年到访平壤的李敖外，《魏书》本传还记载李佐、杜洪、程骏、张仲虑、封轨、崔庠、房亮、朱元旭、冯元兴等都从平城出发前往高丽。以平城为起点通往朝鲜半岛的丝绸之路，从平城出发，

---

① 《魏书》卷4下《世祖纪下》，第98、103页。
② 石云涛：《三至六世纪丝绸之路的变迁》，北京：文化艺术出版社，2007年，第156页。

一路向东，经辽西重镇龙城（今辽宁朝阳）、辽东（今辽宁辽阳），过鸭绿江，进入朝鲜半岛。

平城在北魏时期一度成为丝路贸易的起点，促进了社会经济的发展，平城当时相当繁华，也为后世留下了云冈石窟等大量珍贵的历史文化遗产。

四、邺城

邺城地理位置优越，经济发达，文化底蕴深厚，所谓"邺城平原千里，漕运四通，有西门、吴起旧迹，可以饶富"①，汉魏之际日显重要。曹操从袁绍手中夺得邺城后，一统北方，成就霸业；其子曹丕以魏代汉后，虽迁都洛阳，但邺城仍是五都之一。曹魏时期的邺城已十分繁华，左思《魏都赋》道：

> 廊三市而开廛，籍平逵而九达。班列肆以兼罗，设阛阓以襟带。济有无之常偏，距日中而毕会。抗旗亭之峣薛，侈所觊之博大。百隧毂击，连轸万贯。凭轼捶马，袖幕纷半。壹八方而混同，极风采之异观。质剂平而交易，刀布贸而无算。财以工化，贿以商通。难得之货，此则弗容。……白藏之藏，富有无堤。同賑大内，控引世资。宾旅积撙，琛币充牣。关石之所和钧，财赋之所底慎。燕弧盈库而委劲，冀马填厩而騉骏。

西晋时期，已有不少异域商人到邺城从事贸易活动，英人斯坦因在敦煌附近古长城遗址发现的粟特文II号信札提到粟特商人到达过邺城②，说明魏晋时期的邺城已显露出成为丝路贸易起点的端倪。十六国时期，后赵、前燕均以邺城为都城，特别是后赵时期，石勒、石虎都在邺城大事营建，石勒"令少府任汪、都水使者张渐等监营邺宫，勒亲授规模"③，石虎也在邺城"多所营缮"，"盛兴宫室于邺，起台观四十余所，营长安、洛阳二宫，作者四十余万人"④。后赵石勒时期势力强大，一度几尽统一北方，从而吸引周边国家到邺城贡献方物，《晋书》卷105《石勒载记下》曰："时高句丽、肃慎致其楛矢，宇文屋孤并献名马于勒。

---

① 《太平御览》卷156《州郡部二》"叙京都下"条引《后魏书》，第758页。
② 石云涛：《汉唐间丝绸之路起点的变迁》，《中州学刊》2008年第1期。
③ 《晋书》卷105《石勒载记下》，第2748页。
④ 《晋书》卷106《石季龙载记上》，第2772页。

凉州牧张骏遣长史马诜奉图送高昌、于阗、鄯善、大宛使,献其方物。"邺城的丝路贸易仍在继续。北魏统一北方后,以邺城为中心的河北地区是北魏政府的经济支柱,所谓"国之资储,唯藉河北"①;孝文帝迁都洛阳之前,亦有人主张迁都邺城②。孝武帝永熙三年(534),北魏分裂为东魏、西魏,东魏高欢为避西魏宇文泰锋芒,将都城从洛阳迁到邺城,此后,邺城成为东魏、北齐都城。迁都之际,洛阳的人口、财物悉数迁到邺城,史称"诏下三日,车驾便发,户四十万狼狈就道"③。高欢在邺城大兴土木,"增筑南城,周回二十五里"④,邺城发展到了鼎盛时期,一度成为了北方的政治、经济、文化中心。邺城手工业、商业都很发达,《隋书》卷30《地理志中》云:"魏郡,邺都所在,浮巧成俗,雕刻之工,特云精妙,士女被服,咸以奢丽相高,其性所尚习,得京、洛之风矣。"当时,邺城的丝织业全国闻名,南方名士都惊艳不已,《艺文类聚》卷85《布帛部》"锦"引梁皇太子《谢敕赉魏国启献锦等》启曰:"山羊之毳,东燕之席尚传,登高之文,北邺之锦犹见,胡绫织大秦之草,戎布纺玄菟之花。"说明"北邺之锦"是全国织锦精品的代名词;同卷"绫"条引梁庾肩吾《谢武陵王赉白绮绫》启曰:"图云缉鹤,邺市稀逢,写雾传花,丛台罕遇,虽复马均骋思,比巧犹惭。""邺市稀逢",说明邺市是当时丝织品最有名的市场。邺城的文化特别是佛教文化很发达,从后赵时西域高僧竺佛图澄在以邺城为中心的河北兴佛以来,佛教逐渐得到发展⑤。东魏迁都邺城时,"诸寺僧尼,亦与时徙"⑥,而东魏、北齐执政者均为好佛者,邺城佛教兴盛一时。

东魏、北齐时期的邺城一度成为了丝路贸易的起点。因河西走廊被西魏、北周控制,为打通与西域的商道,东魏、北齐与先后占据蒙古草原的柔然、突厥和控制河南道的吐谷浑交好。当时的丝绸之路,从邺城北上,经蒙古草原到达居延地区,从这里既可以向西北沿居延路到达伊吾,与丝绸之路中段北道相连;也可以从这里西行,横切河西走廊,经

---

① 《魏书》卷15《昭成子孙传》,第380页。
② 《太平御览》卷161《州郡部七》"相州"条引《后魏书》曰:文帝太和十八年,卜迁都,经邺,登铜雀台,御史崔光等曰:"邺城平原千里,漕运四通,有西门、使起旧迹,可以饶富,在德不在险,请都之。"第782页。
③ 《北齐书》卷2《神武纪下》,第18页。
④ 《北齐书》卷18《高隆之传》,第236页。
⑤ [梁]释慧皎撰,汤用彤校注:《高僧传》卷9《神异上》"晋邺中竺佛图澄",北京:中华书局,1992年,第345~359页。
⑥ [北魏]杨衒之撰,范祥雍校注:《洛阳伽蓝记校注》序,上海:上海古籍出版社,1978年新1版,第1页。

过吐谷浑道，与丝绸之路中段南道相连。当时的丝路贸易的规模很大，邺城异域商人之多，以致影响着权贵们的生活习俗，如来自波斯的狗就很受宠，如北齐南阳王绰"爱波斯狗"①，甚至"犹以波斯狗为仪同、郡君，分其干禄"②。

东魏、北齐时期，以邺城为起点的丝绸之路在向西发展的同时，也在向东延伸。北魏时期，朝鲜半岛与北魏交往的只有高丽，百济则一面倒向南朝，而东魏、北齐一方面继续保持与高丽的往来，据韩昇先生统计，高丽与东魏、北齐分别交往15次、6次③；另一方面则加强了与百济、新罗的往来。据《北齐书》本纪，北齐武成帝河清三年（564），新罗向北齐遣使朝贡；河清四年二月，北齐册封新罗国王金真兴为使持节、东夷校尉、乐浪郡公、新罗王；北齐后主天统三年（567）十月，百济向北齐"遣使朝贡"；后主武平元年（570）二月，册封"百济王馀昌为使持节、侍中、骠骑大将军、带方郡公，王如故"；武平二年正月，又册封百济王馀昌为使持节、都督、东青州刺史；武平三年百济、新罗再次"遣使朝贡"。

东魏、北齐时期，邺城是北方经济文化中心，以邺城为起点的丝路贸易规模相当庞大，这反过来又会促进以邺城为中心的河北经济发展。

五、长安

长安在汉代是丝路贸易的起点，但在魏晋南北朝时期多次惨遭战火蹂躏，几度成为废墟，如东汉末董卓部将李傕、郭汜在长安烧杀掳掠，"长安城空四十余日，强者四散，羸者相食，二三年间，关中无复人迹"④；西晋末年晋愍帝即位于长安时，"长安城中户不盈百，墙宇颓毁，蒿棘成林"⑤，长安在丝绸之路的地位急剧下降。但十六国时期，前赵、前秦、后秦与北朝的西魏、北周均以长安为都城，长安社会经济文化得到一定程度的复苏，特别是前秦与西魏、北周时期的长安，一度也是丝路贸易的起点城市。

十六国时期，前赵刘曜定都长安后，曾徙氐羌"部落二十余万口于长安"，充实人口；对长安城进行重建，"起光世殿于前，紫光殿于后"，

---

① 《北齐书》卷12《武成十二王传》，第159页。
② 《北齐书》卷50《恩倖传》，第693、694页。
③ 韩昇：《"魏伐百济"与南北朝时期东亚国际关系》，《历史研究》1995年第3期。
④ 《后汉书》卷72《董卓传》，第2341页。
⑤ 《晋书》卷5《孝愍帝纪》，第132页。

"起酆明观，立西宫，建陵霄台于滈池"，"缮宗庙、社稷、南北郊"①，长安一度焕发生机。前秦苻坚时期，长安社会经济得到了一定发展。苻坚不断充实长安户口，如平定张平之叛后，"徙其所部三千余户于长安"；降服匈奴右贤王曹毂后，"徙其酋豪六千余户于长安"；灭前凉后，"徙豪右七千余户于关中"。苻坚重用汉族名士王猛，抑制氐族权贵，整肃吏治，兴修水利，劝课农桑，一度"田畴修辟，帑藏充盈"，经济得到明显发展，"关、陇清晏，百姓丰乐"②，此时长安已是国际化的大城市，《太平御览》卷363《人事部四》"形体"引车频《秦书》曰："苻坚时，四夷宾服，凑集关中四方种人，皆奇貌异色。晋人为之题目，谓胡人为侧鼻，东夷为广面阔额，北狄为匡脚面，南蛮为肿蹄方，方以类名也。"随着前秦势力的壮大，苻坚"遂有图西域之志"，丝路贸易逐渐发展起来，长安一时又成为了丝绸之路的起点。苻坚亡前凉、占河西后，其凉州刺史"梁熙遣使西域，称扬（苻）坚之威德，并以缯彩赐诸国王，于是朝献者十有余国"③。前秦建元十八年（382），苻坚派遣部将吕光"讨平西域三十六国"，"诸国惮光威名，贡款属路"，"光抚宁西域，威恩甚著，桀黠胡王昔所未宾者，不远万里皆来归附，上汉所赐节传，（吕）光皆表而易之"④。前秦一度控制了西域的丝路交通，丝路贸易得到了恢复与发展。前秦苻坚时期，以长安为起点的丝路贸易在向西发展的同时，向东也有一定的恢复。《晋书》卷113《苻坚载记上》曰：苻坚时，"康居、于阗及海东诸国，凡六十有二王，皆遣使贡其方物"，前秦建元十三年，高句丽、新罗"皆遣使入贡于秦"⑤，这是新罗第一次与前秦的官方来往。但淝水之战后，前秦迅速败亡，长安又衰落了。

北魏分裂后，西魏、北周一直以长安为都城，长安地位得以提升，宇文泰政权以关中为中心，长安得到较大发展，长安又成为了丝路贸易的起点城市，并为隋唐丝绸之路的辉煌奠定基础。西魏、北周积极开拓与西域的商贸往来，西魏曾派遣张道义出使波斯，占据丝绸之路要冲麴氏高昌，所谓"自（麴）嘉以来，世修蕃职于魏"⑥。据《周书》卷50《异域传下》，西魏、北周时期，遣使长安的西域国家有鄯善、龟兹、焉耆、于阗，中亚的嚈哒、粟特，西亚的波斯等，其中中亚强国嚈哒多达

---

① 《晋书》卷103《刘曜载记》，第2685~2688页。
② 《晋书》卷113《苻坚载记上》，第2885~2898页。
③ 同上书，第2900页。
④ 《晋书》卷122《吕光载记》，第3055页。
⑤ 《资治通鉴》卷104《晋纪二十六》"烈宗孝武皇帝二年"条，第3281页。
⑥ 《周书》卷50《异域传下》，第915页。

3次。北周建德六年（577），北周灭北齐后，北周与朝鲜半岛的高丽、百济迅速建立关系。据《周书》卷49《异域传上》，北周灭北齐后，百济王昌"始遣使献方物"，第二年，再次"遣使来献"；高丽国王汤也在北周灭北齐后立即"遣使来贡"，北周"拜汤为上开府仪同大将军、辽东郡开国公、辽东王"。北周与朝鲜半岛的丝路贸易得以维持。西魏、北周时期以长安为起点的丝路贸易的发展也使长安具有国际性都市的特征，正如《周书》卷49《异域传上》序所说当时长安呈现出"卉服毡裘，辐凑于属国；商胡贩客，填委于旗亭"的情景。

西魏、北周时期以长安为起点的丝路贸易的恢复与发展为隋唐时期长安的辉煌奠定了基础。

第二节 魏晋南北朝陆上丝路贸易路线的演变

自从张骞两次出使西域，特别是第二次之后，汉王朝正式与西域诸国建立了友好关系，西域丝绸之路从此畅通，史称"凿空"。汉代丝绸之路的大体走向为：从长安（东汉东延至洛阳）出发，一路向西，过陇山，渡黄河，经河西走廊，然后自玉门关、阳关进入今新疆境内，分别沿昆仑山北麓与塔里木盆地南缘和天山南麓与塔里木盆地北缘之间形成南北两条主要通道，过葱岭进入中亚；然后从中亚到南亚、西亚，最西到达欧洲的罗马帝国。学术界一般将丝绸之路分为东、中、西三段，从长安（洛阳）到玉门关、阳关为东段；新疆为中段；葱岭以西为西段。魏晋南北朝时期，丝绸之路西段最大变化是线路的北移[①]；丝绸之路中段最大变化是天山以北北道的正式开通；丝绸之路东段在曹魏与西晋时期基本与汉代无异，但西晋解体后，由于东晋十六国时期南北长期对峙，北方处于分裂状态，除了经河西走廊的这条主要通道之外，河西道南边的青海道与北边的草原路在这时期得到了较大发展。

---

① 3世纪危机之前，罗马帝国的政治、经济中心一直在以罗马为中心的意大利半岛，亚历山大港是最大的贸易中心，从东方贩运来的丝绸等奢侈品一般先到亚历山大港或地中海东岸的港口，然后经地中海再运到罗马；3世纪危机之后，罗马帝国的政治、经济中心开始东移，330年，罗马皇帝君士坦丁重建拜占庭，改名新罗马，定为新都城，此后，俗称为君士坦丁堡的拜占庭就成为了罗马帝国以及由此脱胎而成的东罗马帝国的政治、经济中心与最大的港口城市，从东方贩运来的丝绸等奢侈品也向君士坦丁堡集中，丝绸之路也就随之北移。

一、新疆北道的正式开通

《三国志》卷30《魏书·乌丸鲜卑东夷传》注引《魏略·西戎传》曰：

> 从敦煌玉门关入西域，前有二道，今有三道。从玉门关西出，经婼羌转西，越葱领，经县度，入大月氏，为南道。从玉门关西出，发都护井，回三陇沙北头，经居卢仓，从沙西井转西北，过龙堆，到故楼兰，转西诣龟兹，至葱领，为中道。从玉门关西北出，经横坑，辟三陇沙及龙堆，出五船北，到车师界戊己校尉所治高昌，转西与中道合龟兹，为新道。……北新道西行，至东且弥国、西且弥国、单桓国、毕陆国、蒲陆国、乌贪国，皆并属车师后部王。……转西北则乌孙、康居，本国无增损也。北乌伊别国在康居北，又有柳国，又有岩国，又有奄蔡国一名阿兰，皆与康居同俗。西与大秦东南与康居接。

汉代沿塔里木盆地南、北缘形成南、北两条通道，《魏略·西戎传》中所提到的中道便是原来的北道。新道从敦煌玉门关向西北方向通行，经过横坑，沿五船北，进入大沙海（今甘肃噶顺戈壁），直达车师界戊己校尉所治柳中，由此到达高昌。新道的最大优势是避开了汉代北道中最难走的三陇沙、白龙堆两段，同时，因为直接穿过大沙海，大大缩短了从敦煌到高昌的路程。北新道是新道的延伸①，从柳中北上，过天山，到达车师后部，然后沿天山北麓一路向西，经过车师后部属国东且弥国、西且弥国、单桓国、毕陆国、蒲陆国、乌贪国，朝西北方向行走，进入乌孙、康居，从这里既可以一直向西，到达里海、咸海，然后南下进入罗马帝国，也可以从乌孙、康居南下进入南亚、西亚。

这条新道其实早已存在，《汉书》卷96下《西域传下》云：

> 元始（1~5）中，车师后王国有新道，出五船北，通玉门关，往来差近，戊己校尉徐普欲开以省道里半，避白龙堆之院。车师后王姑句以道当为拄置，心不便也。地又颇与匈奴南将军地接，曾欲分明其界然后奏之，召姑句使证之，不肯，系之。

---

① 王素：《高昌史稿·交通编》，北京：文物出版社，2000年，第166页。

西汉末年，戊己校尉徐普想开辟这条新道为官道，因遭到车师后王的反对，加上匈奴的直接威胁，未能成功。新道与北新道在东汉时期三度开通过，据《后汉书》卷19《耿弇传》，明帝永平十七年（74）：

> 骑都尉刘张出击车师，请恭为司马，与奉车都尉窦固及从弟驸马都尉秉破降之。始置西域都护、戊己校尉，乃以恭为戊己校尉，屯后王部金蒲（满）城，谒者关宠为戊己校尉，屯前王柳中城，屯各置数百人。恭至部，移檄乌孙，示汉威德，大昆弥以下皆欢喜，遣使献名马，及奉宣帝时所赐公主博具，愿遣子入侍。恭乃发使赍金帛迎其侍子。

在交通要道车师前部柳中城与车师后部金蒲（满）城设置戊己校尉，派兵屯守，以确保新道与北新道的畅通，耿恭曾沿北新道与乌孙有过正式联系，这是第一次开通，后来因匈奴侵扰，被迫裁撤。

据《后汉书》卷88《西域传》，和帝永元三年（91）：

> 班超遂定西域，因以超为都护，居龟兹。复置戊己校尉，领兵五百人，居车师前部高昌壁。又置戊部候，居车师后部候城，相去五百里。

这是第二次开通，后又因匈奴逼迫而撤。

《后汉书》卷47《班超传》云：安帝延光二年（123），"复以勇为西域长史，将兵五百人出屯柳中"，次年，班勇"发其兵步骑万余人到车师前王庭，击走匈奴伊蠡王于伊和谷，收得前部五千余人，于是前部始复开通"。延光四年，"勇发敦煌、张掖、酒泉六千骑及鄯善、疏勒、车师前部兵击后部王军就，大破之。首虏八千余人，马畜五万余头。捕得军就及匈奴持节使者，将至索班没处斩之"。顺帝永建元年（126），"更立后部故王子加特奴为王。勇又使别校诛斩东且弥王，亦更立其种人为王，于是车师六国悉平。其冬，勇发诸国兵击匈奴呼衍王，呼衍王亡走，其众二万余人皆降"。班勇大败匈奴，新道与北新道第三次得以开通。

东汉在新道以北还开通了伊吾道。《后汉书》卷88《西域传》道：永平十六年，"明帝乃命将帅北征匈奴，取伊吾卢地，置宜禾都尉以屯田，遂通西域"。东汉从匈奴手中夺得西域交通要道伊吾，并立即设置宜禾都尉，派兵屯田据守。《后汉书》卷23《窦融传》对此记载较详，曰："（窦）固、（耿）忠至天山，击呼衍王，斩首千余级。呼衍王走，追至蒲类海。留吏士屯伊吾卢城。"从伊吾北越天山，进入蒲类海（今新疆哈密巴里坤县一带），然后沿天山北麓一路向西，到达车师后部金蒲（满）城，与北新道相接；如果不越天山，也可以从伊吾出发，沿天山南麓一路向西，到达柳中，与新道相接。其实伊吾北线也可视为北新道的东段。

东汉虽多次开通了新道和北新道，但因遭到匈奴与西域强国的阻挠，东汉朝廷对西域的控制极不稳定，治理机构与屯田将兵也多次撤回关内，《后汉书》卷88《西域传》说道：

> 自建武至于延光，西域三绝三通。……自阳嘉以后，朝威稍损，诸国骄放，转相陵伐。元嘉二年（152），长史王敬为于寘所没。永兴元年（153），车师后王复反攻屯营。虽有降首，曾莫惩革，自此浸以疏慢矣。

至此，东汉已完全失去了对西域的掌控。所以整个东汉时期，北新道没有成为正式的官道。

这种情况到曹魏时发生了根本变化，一是西域局势变动，匈奴经过与东汉的多年缠斗，大部已向中亚西迁。据《汉敦煌太守裴岑纪功碑》，永和二年（137），敦煌太守裴岑率部与匈奴在巴里坤激战，一举击杀匈奴呼衍王。此战之后，未见匈奴在西域的大规模活动。匈奴西迁后，取代匈奴的鲜卑对西域的控制力远不及匈奴。二是曹魏统治者加大对河西走廊的控制与经营，并以此为基础，加大了对西域的管控。黄初三年（222），曹魏正式在西域设置戊己校尉，稍后又设置西域长史，实施对西域的实质管理。随着对交通要冲伊吾地区控制的强化，曹魏设置伊吾县，西晋升为伊吾郡，郡治在敦煌，由敦煌太守兼理[1]，这是西域地区郡县体制的首次出现。西域"大国龟兹、于阗、康居、乌孙、疏勒、月氏、鄯善、车师之属，无岁不奉朝贡"[2]，特别是车师后部"王治于赖城，魏赐其王壹多杂守魏侍中，号大都尉，受魏王印"[3]，影响最大。天

---

[1] 杨建新、卢苇：《历史上的欧亚大陆桥——丝绸之路》，兰州：甘肃人民出版社，1992年，第170页。

[2] 《三国志》卷30《魏书·乌丸鲜卑东夷传》，第840页。

[3] 《三国志》卷30《魏书·乌丸鲜卑东夷传》注引《魏略·西戎传》，第862页。

山以北西域诸国都是车师后部的属国，其王都于赖城在天山以北，是北新道的枢纽，车师后部接受曹魏册封，北新道正式开通。

西晋对西域的管理较曹魏有所强化，戊己校尉马循曾多次率部征讨鲜卑，迫使其降服，确保晋廷对西域的控制。西域诸国均接受册封，包括新道、北新道在内的西域交通得以正常运转。十六国时期，前凉、前秦、后凉、西凉、北凉等割据政权都能在西域实施实质管理。前凉在平定前戊己校尉赵贞叛乱之后，直接在高昌设郡，将高昌等地划归沙州管辖，从而加大了对高昌的控制，而高昌是新道与北新道的枢纽，这大大促进了新道与北新道的畅通。吐鲁番出土的北凉时期的文书有不少有关"守海"的记载，这个"海"便指"大沙海"或"大海道"，即新道，可见新道、北新道的重要性。北凉之后，楼兰古城被废弃，楼兰道无法通行①，新道、北新道显得更为重要。吕光建立后凉，便令其子吕覆为使持节、镇西将军、都督玉门以西诸军事、西域大都护，令大臣子弟与其一起镇守高昌。后继的西凉与北凉效法后凉，加大了对高昌与伊吾的控制。西凉被北凉灭亡后，其残部曾逃至伊吾，北凉被北魏灭亡后，其残部在高昌立国，可见北道对他们的重要性。

《魏书》卷102《西域传》云：

> 其出西域本有二道，后更为四：出自玉门，渡流沙，西行二千里至鄯善为一道；自玉门渡流沙，北行二千二百里至车师为一道；从莎车西行一百里至葱岭，葱岭西一千三百里至伽倍为一道；自莎车西南五百里葱岭，西南一千三百里至波路为一道焉。

后两道是南道的支线，自敦煌到西域其实是南、北两线，"自玉门渡流沙，北行二千二百里至车师"这条北线，必须经过伊吾路②，意味着原来的新道已不重要了。《周书》卷50《异域传下》"高昌"条明言：

> 自敦煌向其国，多沙碛，道里不可准记，唯以人畜骸骨及驼马粪为验，又有魍魉怪异。故商旅来往，多取伊吾路云。

《北史》卷38《裴佗传》曰：

---

① 石云涛：《三至六世纪丝绸之路的变迁》，北京：文化艺术出版社，2007年，第83～94页。
② 石云涛：《北魏西北丝路的利用》，《西域研究》2008年第1期。

> 时西域诸蕃多至张掖与中国交市，帝令矩掌其事。矩知帝方勤远略，诸胡至者，矩诱令言其国俗山川险易，撰《西域图记》三卷，入朝奏之。其序曰：……发自敦煌，至于西海，凡为三道，各有襟带。北道从伊吾经蒲类海、铁勒部、突厥可汗庭，度北流河水、至拂菻国，达于西海。其中道从高昌、焉耆、龟兹、疏勒，度葱岭，又经钹汗、苏勒沙那国、康国、曹国、何国、大小安国、穆国，至波斯，达于西海。其南道从鄯善、于阗、朱俱波、喝盘陀，度葱岭，又经护密、吐火罗、挹怛、忛延、漕国，至北婆罗门，达于西海。其三道诸国，亦各自有路，南北交通。其东女国、南婆罗门国等，并随其所往，诸处得达。故知伊吾、高昌、鄯善并西域之门户也，总凑敦煌，是其咽喉之地。

裴矩明言三道信息是从来华贸易的西域商人处获得的，所以三道应该在北朝后期就已定型，其中北道已明确为从敦煌出发，经伊吾北上，过天山，经蒲类海，然后沿天山北麓一路向西，最终可以到达东罗马帝国。

二、青海道的繁盛与草原路的复苏

丝绸之路东段在曹魏与西晋时期基本沿袭汉代格局，但在东晋十六国特别是南北朝时期，由于南北对峙与北方分裂，经过河西走廊的这条丝绸之路主干线受到影响，河西道南边的青海道与北边的草原路便得到了较大发展，这一时期，丝绸之路东段实际形成了河西道、青海道、草原路三线并存的局面。

（一）青海道的繁盛

青海道以今天的青海省为基地，西通新疆，北出河西，东达中原，南下四川。具体线路大致为：从今西宁向东顺湟水到今乐都，再东南行，过拉脊山，渡黄河，与陇右道相接；由西宁向西有两道：一道沿日月山经青海湖北西行，经柴达木盆地北缘到达大柴旦，然后北转当金山口至敦煌，由此进入新疆，一道过日月山南端山口，由青海湖南部向西至伏俟城（吐谷浑国都），后西北行，沿柴达木盆地南缘，至阿尔金山噶斯山口（今青海噶斯淖尔西北库布地方）进入若羌，与西域南道接；由西宁北上过大雪山扁都口（大斗拔谷）至张掖，与河西道相连；由西宁南下经龙涸（今四川松潘）进入益州，由此顺长江东下可到达建康①。

青海道最早由居住此地的羌族开通,汉魏时期称之为"羌中道",张骞出使西域回归时就曾筹划走此道。但自从汉武帝打败匈奴夺得河西后,以河西走廊为抗击匈奴与经营西域的通道而着力加以开发,河西社会经济得到了快速发展,从而为丝绸之路准备了坚实的物质基础,所以在整个汉代,丝绸之路一直走的是河西道,这种情况到曹魏、西晋也没有变化。而河西道南边的青海道条件要艰险得多,所以并没有引起人们的关注。西晋灭亡后,北方陷入混乱,晋皇室一支南迁后建立东晋,从此南北长期对峙。此时割据河西的前凉、西凉、北凉等政权视东晋为正统,东晋政权也想联合他们对抗北方强敌,而双方的联系通道便是青海道。如前凉,据《晋书》卷86《张轨传》云:"先是,骏遣傅颖假道于蜀,通表京师。李雄弗许。骏又遣治中从事张淳称藩于蜀,托以假道焉。……淳还至龙鹤,募兵通表,后皆达京师,朝廷嘉之。"咸和八年(333),东晋派出的使者到达凉州,"骏受诏,遣部曲督王丰等报谢,并遣(东晋使者贾)陵归,上疏称臣",第二年,东晋再次派使者"赍印板进骏大将军","自是每岁使命不绝";"后骏又遣护羌参军陈寓、从事徐虩、华驭等至京师"。西凉、北凉一如前凉,《晋书》卷87《凉武昭王李玄盛传》云:东晋义熙元年,西凉主李暠"遣舍人黄始、梁兴间行奉表",后"又以前表未报,复遣沙门法泉间行奉表"。北凉与东晋的交往比西凉更频繁,《晋书》卷129《沮渠蒙逊载记》曰:"晋益州刺史朱龄石遣使来聘,蒙逊遣舍人黄迅报聘益州。"《宋书》卷98《氐胡传》道:东晋义熙十四年,"蒙逊遣使诣晋,奉表称藩,以蒙逊为凉州刺史"。但青海道的完善与繁盛是南北朝时期,主要原因有:

首先,南北朝长期分裂,北朝政权实力雄厚,南朝政权与北方草原的柔然和高车、西域诸国、青海的吐谷浑等受到威胁,为了对抗共同的敌人,他们需要联合起来。同时,南方经过孙吴、东晋数百年的开发,到南朝时期社会经济取得了较大发展,江东地区已成为一个新的经济重心,荆楚地区经济也取得了长足发展,基础较好的巴蜀地区经济也有所发展,建康、江陵、成都分别成为长江下、中、上游的经济中心。北方大族大批南下,使南方文化迅速发展,一度成为中国的文化中心。南朝

---

① 唐长孺:《南北朝期间西域与南朝的陆道交通》,《魏晋南北朝史论拾遗》,北京:中华书局,1983年,第168~195页;杨建新、卢苇:《历史上的欧亚大陆桥——丝绸之路》,兰州:甘肃人民出版社,1992年,第151~153页;张绪山:《中国与拜占庭帝国关系研究》,北京:中华书局,2012年,第217、218页。

政权在政治上继承晋廷衣钵，成为正统，从而对西北诸少数民族政权甚至葱岭以西诸国具有一定的吸引力。南朝政权也有与西方诸国交往与贸易的需要。但由于从江南到塞北与西域的主要交通要道均为北朝政权阻隔，所以只能另辟途径，走吐谷浑政权控制的青海道，此时也称为"吐谷浑道"或"河南道"了。据陈良伟先生统计，吐谷浑、北凉高昌残余势力、柔然通过青海道分别向南朝政府遣使42次、4次、16次①。而据唐长孺先生统计，仅刘宋时期，柔然遣使建康就达10次之多②。《宋书》卷95《索虏传》柔然："自西路通京师，三万余里。僭称大号，部众殷强，岁时遣使诣京师，与中国亢礼，西域诸国焉耆、鄯善、龟兹、姑墨东道诸国，并役属之。"柔然此时已控制西域焉耆、鄯善、龟兹、姑墨等诸国，其南通刘宋无疑通过青海道，故称"西道"。而《南齐书》卷59《芮芮虏传》则明言"芮芮常由河南道而抵益州"。

南朝政权出使塞北也同样通过青海道，《资治通鉴》卷135《齐纪一》"建元元年"条云："上之辅宋也，遣骁骑将军王洪范使柔然，约与共攻魏。洪范自蜀出吐谷浑，历西域，乃得达。"据《南齐书》卷59《河南传》，永明三年（485），"遣给事中丘冠先使河南道，并送芮芮使。至六年乃还"。《南齐书》卷59《芮芮虏传》云：

> 自芮芮居匈奴故庭，（永明）十年，丁零胡又南攻芮芮，得其故地。芮芮稍南徙，魏虏主元宏以其侵逼，遣伪平元王驾鹿浑、龙骧将军杨延数十万骑伐芮芮，大寒雪，人马死者众。
>
> 先是益州刺史刘悛遣使江景玄使丁零，宣国威德。道经鄯善、于阗，鄯善为丁零所破，人民散尽。于阗尤信佛法。丁零僭称天子，劳接景玄使，反命。

丁零胡即高车③。益州刺史刘悛遣使江景玄从成都出发经青海道，到鄯善、于阗，然后到达高车。《梁书》卷54《诸夷传》更明言"其言语待河南人译然后通"，说明西域诸国到访南朝都是以吐谷浑政权为媒介的。

其次，青海道的繁盛与吐谷浑的苦心经营密不可分。

吐谷浑本是鲜卑慕容部的一支，西晋末年在首领吐谷浑的率领下迁

---

① 陈良伟：《丝绸之路河南道》，北京：中国社会科学出版社，2002年，第265~300页。
② 唐长孺：《南北朝期间西域与南朝的陆道交通》，《魏晋南北朝史论拾遗》，北京：中华书局，1983年，第168~195页。
③ 王素：《高昌史稿：交通编》，北京：文物出版社，2000年，第230页。

徙到青海地区，后以人名为族名和国名。吐谷浑经过几代人的苦心经营，到伏连筹（490~540）在位时，国力达到鼎盛。《魏书》卷101《吐谷浑传》云："伏连筹内修职贡，外并戎狄，塞表之中，号为强富。准拟天朝，树置官司，称制诸国，以自夸大。"其疆域据《梁书》卷54《诸夷传》记载，"东至垒川，西邻于阗，北接高昌，东北通秦岭，方千余里"，"西邻于阗，北接高昌"，说明吐谷浑已占有塔里木盆地南边的鄯善、且末等地。"垒川"为"叠川"之误，在今甘肃省甘南藏族自治州迭部县。这里的"秦岭"是广义秦岭，大致指岷山①。这样，吐谷浑疆域以今青海省为中心，西极新疆，东达甘南，南到川北。控制了整个青海道。在河西道无法通行时，青海道就成为了中西丝路贸易的重要通道。青海道与吐谷浑政权密不可分，因此，南北朝时期，青海道又被称为"吐谷浑道"。因吐谷浑王被南朝政府长期册封为"河南王"，青海道又被称为"河南道"。青海道可以说是吐谷浑一直在苦心经营的生命线。

一是吐谷浑与南、北政权交好，同时接受北魏与南朝政权的册封。

吐谷浑与北魏交往最为频繁，双方虽时和时战，但战争时期短暂，大部分时期和平交往。吐谷浑与北魏的首次交往始于南朝宋文帝元嘉八年（431）。这一年，吐谷浑击灭夏国，俘获赫连定，"吐谷浑王慕璝遣侍郎谢太宁奉表于魏，请送赫连定"，北魏册封慕璝为大将军、西秦王②。此后，吐谷浑向北魏频繁遣使，有时甚至一年遣使多次。据周伟洲先生统计，整个北魏时期，吐谷浑向北魏共遣使61次，远远超过西域或北魏邻近诸国的遣使次数③。北魏分裂为东魏、北齐与西魏、北周后，吐谷浑联合东魏、北齐共同对抗西魏、北周。《资治通鉴》卷158《梁纪十四》"大同六年"条云："吐谷浑自莫折念生之乱，不通于魏。伏连筹卒，子夸吕立，始称可汗，居伏俟城。……是岁，始遣使假道柔然，聘于东魏。"此后双方来往频繁，《北史》卷96《吐谷浑传》云："兴和（539~542）中，齐神武作相，招怀荒远，蠕蠕既附于国，夸吕遣使致敬。神武喻以大义，征其朝贡，夸吕乃遣使人赵吐骨真假道蠕蠕，频来东魏。"双方政治联姻，夸吕"荐其从妹，静帝纳以为嫔"，"夸吕又请婚，乃以济南王匡孙女为广乐公主以妻之"。据周伟洲先生统计，吐谷浑曾分别在兴和四年（542）、武定元年（543）、二年、三年、六年、七年

---

① 周伟洲：《吐谷浑史》，银川：宁夏人民出版社，1985年，第40页。
② 《资治通鉴》卷122《宋纪四》"元嘉八年"条，第3833页；周伟洲：《吐谷浑史》，银川：宁夏人民出版社，1985年，第31页。
③ 周伟洲：《吐谷浑史》，银川：宁夏人民出版社，1985年，第42页。

共 6 次遣使东魏。北齐取代东魏后，吐谷浑又分别在天保元年（550）、二年、四年共 3 次遣使①。吐谷浑与西魏、北周之间虽然争战频繁，但也有 9 次遣使之举②。

吐谷浑第一次向南朝遣使是刘宋少帝景平年间（423～424），"阿豺遣使上表献方物"，刘宋册封阿豺"督塞表诸军事、安西将军、沙州刺史、浇河公"。此后双方多次来往。文帝元嘉六年（429）吐谷浑王慕璝上表刘宋，请求"更授章策"，刘宋册封慕璝为"督塞表诸军事、征西将军、沙州刺史、陇西公"；元嘉九年，慕璝生擒夏国末代国王赫连定后向刘宋报捷，刘宋进爵陇西王；慕（利）延即位不久即遣使刘宋，元嘉十五年，册封慕（利）延"使持节、散骑常侍、都督西秦河沙三州诸军事、镇西大将军、领护羌校尉、西秦河二州刺史、陇西王"，十六年，改封河南王③。此后，历代吐谷浑王不断向南朝宋、齐、梁遣使，"其（指吐谷浑）使或岁再三至，或再岁一至"④，直到梁武帝大同六年（540）最后一次遣使，至少有 30 次，而南朝政府一直册封吐谷浑王为"河南王"。并且吐谷浑政权与南朝历届政府从未有过战争，一直和平交往⑤。吐谷浑与南朝政权交往密切，南朝的先进文化大大促进了吐谷浑的自身发展，《梁书》卷 54《诸夷传》"河南国"条云："其地与益州邻，常通商贾，民慕其利，多往从之，教其书记，为之辞译，稍桀黠矣。"

吐谷浑与南北政权同时交好，不断遣使表示臣属，这有利于政权稳定与社会安定。同时，遣使的主要目的是为了发展贸易往来⑥，这必定会促进青海道的繁荣。

二是拓展与维护丝路交通。

从青海北上越过祁连山口到达张掖或敦煌，然后通过河西走廊西段进入西域，这条道路早已走通，但从青海通过柴达木盆地直接进入西域，这条道路见于文献记载始于北魏太平真君六年（445）⑦。综合《魏书》卷 4 下《世祖纪下》与《北史》卷 96《吐谷浑传》的记载，太平真君六年，北魏太武帝拓跋焘派高凉王那等大举进攻吐谷浑，吐谷浑国王慕利延率部从首都曼头城一路西撤，先撤到白兰（今青海都兰巴隆一带），

---

① 周伟洲：《吐谷浑史》，银川：宁夏人民出版社，1985 年，第 48 页。
② 同上书，第 52 页。
③ 《宋书》卷 96《鲜卑吐谷浑传》，第 2371、2372 页。
④ 《梁书》卷 54《诸夷传》，第 810 页。
⑤ 周伟洲：《吐谷浑史》，银川：宁夏人民出版社，1985 年，第 59、60 页。
⑥ 同上书，第 60 页。
⑦ 同上书，第 135 页。

败后又沿柴达木盆地直接进入西域,"遂入于阗国,杀其王,死者数万人",并"南征罽宾"①。至此,青海路全线贯通。此后,从西域直接进入吐谷浑,通过青海道南下益州的西域使者、商旅日益增多。

吐谷浑对丝路交通十分重视,修整道路,架设桥梁。《水经注》卷2《河水二》"又东入塞,过敦煌、酒泉、张掖郡南"条引段国《沙州记》云:

> 吐谷浑于河上作桥,谓之河厉,长百五十步。两岸垒石作基陛,节节相次,大木纵横更镇压,两边俱平,相去三丈,并大材,以板横次之。施勾栏,甚严饰。桥在清水川东也。

这应该是黄河上的第一座桥梁。吐谷浑在交通要道设置城池,派兵保护。据《魏书》卷101《吐谷浑传》,夸吕即位后,在青海湖西十五里筑伏俟城,此后一直作为吐谷浑都城。很明显,定都伏俟城,与伏俟城地处丝路交通要道有关。据《南齐书》卷59《河南传》,吐谷浑"大戍有四,一在清水川,一在赤水,一在浇河,一在吐屈真川,皆子弟所治"。四大戍地最东清水川,最西吐屈真川,四大戍地从东往西基本在一条线②,都在丝路交通要道上,都筑有城池,派王室子弟驻守。另外,吐谷浑在原都城慕驾(贺)川(亦译为莫何川,今青海贵南)、交通要道的白兰等地同样筑有城池,有兵把守。鄯善长期是丝绸之路西域南线的中心,吐谷浑十分重视,吐谷浑占据鄯善(今新疆若羌)后,据《洛阳伽蓝记》卷5《城北》"凝玄寺"条注文云,宋云与惠生等一行西行取经,"从土谷浑西行三千五百里至鄯善城。其城自立王,为土谷浑所吞,今城内主是土谷浑第二息宁西将军,总部落三千以御西胡"。吐谷浑国王派遣自己的第二个儿子统兵三千驻守,以维护丝绸之路的交通安全。

吐谷浑鼓励贸易,《梁书》卷54《诸夷传》"河南"条云:"其地与益州邻,常通商贾,民慕其利,多往从之。"特别是对于过境的西域商团,吐谷浑都会引导护送,如《北史》卷96《吐谷浑传》载北周凉州刺史史宁在凉州附近赤泉捕获了一支由仆射乞伏触状、将军翟潘密统率的"商胡二百四十人,驼骡六百头,杂彩丝绢以万计"的庞大西域商队。《梁书》卷54《诸夷传》"滑国"条云"其言语待河南人译然后通",说

---

① 《魏书》卷101《吐谷浑传》,第2237页。
② 周伟洲:《吐谷浑史》,银川:宁夏人民出版社,1985年,第58页。

明当时西域商旅到南朝贸易时，都是通过吐谷浑引导护送的。

自从 5 世纪 40 年代左右，吐谷浑直接开通从青海到西域的交通后，从西域经青海路南下益州，顺长江而下直达建康的丝路贸易日益繁华，对此前节已述。钱伯泉先生根据萧绎所作《职贡图》残卷，认为"梁朝与西域之间存在着一条新的'丝绸之路'"①。这条新的丝绸之路东起南朝的政治、经济、文化中心建康，然后溯长江而上，经过江州（治今江西九江）、荆州（治今湖北江陵）、益州（治今四川成都），然后北上，过龙涸，进入吐谷浑境内的青海道（吐谷浑道或河南道），直接西入新疆鄯善、于阗，与传统丝绸之路南线汇合，然后到达西域各国。这条丝绸之路一度成为中西贸易的陆上主要交通要道。

除了南朝政权利用青海路与西域交通外，北方政权有时也通过青海路与西域来往。6 世纪初开始，北魏对河西走廊与西域的控制力减弱，出使西域往往也借道吐谷浑，如神龟元年（518），宋云与惠生一行前往西方取经，走的就是青海道。北魏分裂后，因河西道为西魏、北周所控制，东魏、北齐要想与西域交通，就只能借助吐谷浑了。所以南北朝时期，青海道一度是很兴盛的。

（二）草原路的复兴

草原路是漠北游牧民族开通的，汉代主要由匈奴控制，匈奴西迁后，鲜卑继起，鲜卑南下后，先后由柔然与突厥占据。游牧民族通过掠夺或贸易形式，从中原获得丝绸等商品，除自身消费外，大部分经他们之手，贩运到西部世界。自从张骞凿空西域，汉代加强对河西走廊的控制与经营，自然条件优越的河西道成为丝绸之路东段的主要通道，而草原路则相对沉寂下来。这种局面从两汉延续到魏晋没有变化。但西晋解体后，北方陷入混战，政权林立，河西道常被阻隔，北方政权又开始重新通过草原路与西部世界开展贸易，草原路得以复兴。其中以北魏前期与东魏、北齐最为明显。

1. 北魏前期对草原路的利用

北魏由鲜卑拓跋部建立，鲜卑本是草原游牧民族，对草原丝绸之路很熟悉。南下建立政权后，定都平城的时间长达百年②，随着北魏政权的巩固与影响力的扩大，平城一时成为丝路贸易的起点。而平城长期以

---

① 钱伯泉：《〈职贡图〉与南北朝时期的西域》，《新疆社会科学》1988 年第 3 期。
② 从道武帝天兴元年（398）到孝文帝太和十八年（494），共计 97 年。

来便是农耕区与游牧区的交界点，所以平城成为了草原丝绸之路与绿洲丝绸之路的交汇处。

北魏始光四年（427），太武帝拓跋焘率部从平城出发，渡过君子津①，攻占大夏国都城统万城②，神䴥四年（431）设立统万镇，自此以后，统万城成为河套地区的交通枢纽。同年，大夏末主赫连定为吐谷浑所俘，后被送至平城，大夏亡。与此同时，控制河西走廊的北凉主沮渠蒙逊不得不向北魏称臣，送子安周到平城为质。这样从平城出发，前往西域的交通全线贯通。北魏平城时期与西域交往频繁，太延元年（435），北魏"遣使者二十辈使西域"；二年，又"遣使六辈使西域"③。而遣使平城的西域国家则达到历史新高，除葱岭以东的鄯善、龟兹、疏勒、焉耆、车师等西域国家外，葱岭以西的西域国家也很多，包括中亚的粟特、嚈哒、乌孙、渴槃陀、悦般、破洛那、者舌等国，南亚的天竺，西亚的波斯，最西的国家则是普岚（东罗马帝国）。有的国家还多次遣使平城，据《魏书》本纪，粟特国、破洛那、波斯国、普岚分别有8次、5次、5次、3次遣使平城。北魏平城时期与西域的频繁交往，大部分是通过草原路进行的。王素先生指出：伊吾路，一般指由高昌出发，沿天山南麓东行，到达伊吾后，除了前往敦煌方向的主线外，还有二条支路：一条继续东行，经居延去中原；一条折向东北，经草原去中原。往居延方向，称为居延路；往草原方向，称为草原路④。

北魏平城时代，除了向西与西域国家交通外，向东与朝鲜半岛的高丽也交往频繁。双方交往始于太武帝太延元年，后因冯文通事件双方一度中断来往，但文成帝和平三年（462），高丽又"遣使朝献"，并从和平六年开始，高丽几乎年年向平城遣使，有时每年2次、3次甚至4次。这条丝绸之路从平城一路向东，经辽西重镇龙城、辽东，进入朝鲜半岛。

齐东方先生与徐苹芳先生根据出土文物的考古研究，对草原丝绸之路进行了大致勾划。齐东方先生指出：

> 近年来，在中国的北方连续发现了一些西方的输入品。……这

---

① 黄河渡口，位于今内蒙古呼和浩特市喇嘛湾以南附近。
② 今称白城子，在今内蒙古乌审旗南纳林河乡与陕西省靖边县红墩界乡交界处的无定河北岸流沙之中。
③ 《魏书》卷4上《世祖纪上》，第85、87页。
④ 王素：《高昌史稿：交通编》，北京：文物出版社，2000年，第176页。

些发现充分证实在中国北部存在着一条约从河西经包头、呼和浩特、大同、通过河北北部进入内蒙赤峰,到达辽宁朝阳的中西交通路线。这是一条大体上与兰州、西安、洛阳的"丝绸之路"的主干线的中路相平行的北路。这段北路尽管是从河西走廊叉开的支线,但应看作是历史上中国北部通西方的草原路。仅从考古发现的遗物上看,这条路自北魏到辽一直畅通。①

徐苹芳先生指出:"中国北方草原丝绸之路,考古学的发现说明它从公元前便已开始了,4、5世纪形成了在中国境内的这条路线。""公元4世纪北朝时期,北方草原上的东西国际交通日益重要,迨至北魏前期(约5世纪),以平城为中心,西接伊吾(今新疆哈密),东至辽东,逐渐形成一条贯通中国北方的东西国际交通路线。"其具体走向为"从新疆伊犁、吉木萨尔、哈密,经额尔济纳、河套、呼和浩特、大同、张北、赤城、宁城、赤峰、朝阳、义县、辽阳,东经朝鲜而至日本"②。对齐东方先生与徐苹芳先生根据考古所勾勒出的草原丝绸之路,王素先生认为较传世文献所见回鹘路偏南,可以称之为"南草原路";因其途经额尔济纳,即居延,所以可以视为"居延路的向东延伸";这条南草原路"都在现在的中国境内,对中国古代各中央王朝和地方割据政权而言,应是使用更多的一条草原交通路线"③。

太和十七年(493),孝文帝将北魏都城从平城迁至洛阳,洛阳再次成为北方的政治、经济、文化中心与丝绸之路的起点,河西路又成为了丝绸之路东段的主线;而平城逐渐衰落,草原路亦随之陷入萧条。

2. 东魏、北齐对草原路的利用

永熙三年(534),北魏分裂为东魏、西魏,后相继被北齐、北周取代。东魏、北齐的经济发展水平远高于西魏、北周,特别是高欢迁都之际,洛阳的人口、财物被悉数迁到邺城,邺城成为北方的政治、经济、文化中心,更是丝织业中心,当时"北邺之锦"是全国织锦精品的代名词,邺市是当时丝织品最有名的市场④;而东魏、北齐统治阶层十分奢华,对境外奢侈品具有强烈需求,因此迫切需要打开丝绸之路,因河西

---

① 齐东方:《李家营子出土的粟特银器与草原丝绸之路》,《北京大学学报(哲学社会科学版)》1992年第2期。
② 徐苹芳:《考古学上所见中国境内的丝绸之路》,《丝绸之路考古论集》,《徐苹芳文集》,上海:上海古籍出版社,2017年,第59、74、76、77页。
③ 王素:《高昌史稿·交通编》,北京:文物出版社,2000年,第214、215页。
④ 详见本书第三章第一节"魏晋南北朝丝路贸易起点的多元化·邺城"。

走廊已被西魏、北周控制，东魏、北齐与西域的交通就只能通过草原路，因此草原路再次兴盛，一度成为丝绸之路的主体。东魏、北齐与相继占据草原路的柔然与突厥交好，如《北史》卷98《蠕蠕传》云："及齐受东魏禅，（柔然）亦岁时往来不绝。""于是蠕蠕贡献不绝。"这条丝绸之路从东魏、北齐的邺都北上，经蒙古草原到达居延地区，从这里分开为两道，一道沿居延路到达伊吾，与丝绸之路中段北道相连；一道西行过河西走廊，经吐谷浑道，与丝绸之路中段南道相连。《魏书》卷101《吐谷浑传》云：

> 兴和（539~542）中，齐献武王作相，招怀荒远，蠕蠕既附于国，夸吕遣使致敬。献武王喻以大义，征其朝贡，夸吕乃遣使人赵吐骨真假道蠕蠕频来。

说明东魏与柔然、吐谷浑结盟，草原丝绸之路是畅通的。周伟洲先生指出："吐谷浑与东魏、北齐通使贸易，是横切河西走廊，由凉州西赤泉，北入柔然，然后至东魏、北齐。"①

3. 突厥时期草原路的极盛

西魏废帝元年（551），柔然大败，柔然主阿那环自杀，突厥成为漠北草原新霸主。突厥盛时控制了从中国到波斯的整个丝绸之路，中原的北齐、北周战争频仍，都想与突厥结盟，而突厥则采取两边交好的政策，以获取最大利益。《周书》卷50《异域传下》云：

> 朝廷既与和亲，岁给缯絮锦彩十万段。突厥在京师者，又待以优礼，衣锦食肉者，常以千数。齐人惧其寇掠，亦倾府藏以给之。（突厥可汗）他钵弥复骄傲，至乃率其徒属曰："但使我在南两个儿孝顺，何忧无物邪。"

突厥十分重视丝路贸易，在粟特人的导引下，绕过波斯，开通了从中国直通东罗马帝国的交通，将从中原获取的丝绸通过粟特人源源不断地输送到拜占庭。突厥强盛，控制了陆上丝绸之路，北齐、北周要想与西域交往，也往往得假其手而为之，故此时草原丝绸之路臻于极盛。

---

① 周伟洲：《吐谷浑史》，银川：宁夏人民出版社，1985年，第138页。

第三节 魏晋南北朝海上丝路贸易路线的演变

魏晋南北朝时期南北政权长期对峙，南方经济得到了较快发展，造船与航海技术取得长足进步，海上丝路贸易在秦汉基础上有明显发展，路线也有所变化，主要表现在两个方面：一是向东，孙吴正式开通了从建康出发直达朝鲜半岛的海上新航线，并沿朝鲜半岛西海岸可到日本，这条新航线在东晋南朝时期有所南移；二是向南，广州取代合浦、徐闻成为始发港，开通了从广州经南海直通东南亚的新航道，经马六甲海峡到达印度、斯里兰卡后，再向西延伸到波斯湾。而东汉正式开通的西南丝绸之路，虽然三国时人鱼豢所撰《魏略·西戎传》说：大秦"有水道通益州、永昌，故永昌出异物"[1]，但在魏晋南北朝时期，由于南北政权长期对峙，南方的政治、经济中心一直在长江下游，所以西南丝绸之路仅局限于零星的民间贸易，影响甚微。

一、魏晋南北朝时期南方造船与航海技术的进步

魏晋南北朝时期南北长期分裂，南方河流纵横交错，湖泊星罗棋布，交通及作战主要靠船只，因此南方造船业相当发达。

孙吴时期，浙江、福建沿海一些地方有专门的造船中心，由典船校尉、典船都尉等负责，《宋书》卷35《州郡志一》载："横阳令，晋武帝太康四年，以横屿（今浙江台州附近）船屯为始阳，仍复更名。"《宋书》卷36《州郡志二》载："原丰令，晋武帝太康三年，省建安（今福建福州附近）典船校尉立。""温麻令，晋武帝太康四年，以温麻（今福建霞浦附近）船屯立。"《三国志》卷48《吴书·三嗣主传》注引《晋阳秋》云晋灭吴时，收"舟船五千余艘"，可见船舶数量之多。

东晋南朝时期的造船规模更大，分布更广。东晋时，陶侃为荆州刺史，"官用竹皆令录厚头，积之如山。后桓宣武伐蜀，装船，悉以作钉"[2]。刘宋元嘉（424~453）末年，北魏大举南下，兵锋直抵长江边的瓜步，刘宋在长江严防死守，"游逻上接于湖，下至蔡洲，陈舰列营，周亘江畔，自采石至于暨阳，六七百里，船舰盖江，旗甲星烛"[3]。

---

[1] 《三国志》卷30《魏书·乌丸鲜卑东夷传》注引，第159页。
[2] [南朝宋]刘义庆撰，徐震堮著：《世说新语校笺》卷上《政事第三》，北京：中华书局，1984年，第99页。
[3] 《宋书》卷95《索虏传》，第2352页。

魏晋南北朝时期的造船技术在秦汉基础上也有了进一步发展，船只容量更大。据《武昌记》，孙权在武昌"尝装一舡名大舡，容敌士三千人"①，每个战士以 75 公斤计，这艘大船的载重量达到 225 吨。东晋末期，卢循、徐道覆领导的起义军建造"八艚舰九枚，起四层，高十二丈"②，这种"八艚舰"，据学者研究，"是用水密舱壁将船体分隔成八个舱的舰船"，即便"船体某处触礁破洞进水，将不致于漫延到邻舱"③，这是造船技术的重大进步。《荆州土地记》曰："湘州七郡，大艑之所出，皆受万斛。"④《颜氏家训》卷下《归心篇》道："昔在江南，不信有千人毡帐；及来河北，不信二万斛船，皆实验也。"可见在当时的南方，万斛甚至二万斛的大船并不罕见。锚——作为一种固定船的器具，几乎与船同时出现，但开始一般用石头为锚，而带"金"字旁的"锚"最早见于南朝梁、陈时人顾野王所撰《玉篇》⑤，可见最晚在南朝时，用金属为锚应已普及。

魏晋南北朝对风帆的构造和驭风技术有了明显改进。英国学者李约瑟对中国帆和帆具有过专门研究，他在《中国人对造船航海技术的贡献及其对欧洲之影响》一文中指出，"至迟从三世纪以来，中国文化区的船即装有多个桅杆"，"因为船壁便于沿船的纵向中心线放几面帆"；"中国人还使他们的船桅杆作横向交错，以避免一帆被另一帆窝风"，从而"使桅杆像扇骨那样呈辐射性倾斜"；"最初解决大型船只逆风航行问题，有赖于二及三世纪的中国人，或中印文化接触区的中国近邻马来亚和印度尼西亚，这包括纵帆的发展"，由纵帆发展到斜桁横帆，从而解决了逆风航行问题⑥。

海上航行，导航是关键，魏晋南北朝时期天文导航仍然占主体，东晋时人葛洪在《抱朴子》外篇卷 1《嘉遁》说道："并乎沧海者，必仰辰极以得反。"《太平广记》卷 246《诙谐二》"周舍"云："梁汝南周舍少好学，有才辩。顾谐被使高丽，以海路艰，问于舍。舍曰：'昼则揆日而行，夜则考星而泊。海大便是安流，从风不足为远。'"除了天文导航外，指南针也开始在海航中应用，《宋书》卷 18《礼志五》云："晋代又

---

① 《太平御览》卷 770《舟部三》引，第 3413 页。
② 《宋书》卷 1《武帝本纪上》，第 18 页。
③ 章巽主编：《中国航海科技史》，北京：海洋出版社，1991 年，第 35 页。
④ 《太平御览》卷 770《舟部三》引，第 3415 页。
⑤ 上海交通大学、上海市造船工业局《造船史话》编写组：《造船史话》，上海：上海科学技术出版社，1979 年，第 29~31 页。
⑥ 潘吉星主编：《李约瑟集》，天津：天津人民出版社，1998 年，第 473、474 页。

有指南舟。"《太平御览》卷769《舟部二》引《晋宫阁记》曰:"灵芝池有鸣鹤舟、指南舟。"这种指南舟明显装配有指南针;《抱朴子》外篇卷1《嘉遁》有云:"夫群迷乎云梦者,必须指南以知道。"说明在陆上运用指南针辩别方向已成为常识。既然陆地的水上船舶已出现指南针,则指南针运用于航海也将成为必然。唐志拔先生在《中国舰船史》中明确指出:"指南针导航始于东晋。""晋代有大批能载万斛的航海大舶,又有指南针导航,故航海业相当发达。"① 但这一时期指南针的技术可能还不成熟,航海运用还不普及。

二、海东丝绸之路的演变

海东地区指朝鲜半岛与日本,中国很早就与之交往,秦始皇曾"遣徐市发童男女数千人,入海求仙人"②,有学者认为,徐福(市)东渡传说标志着中国与朝鲜、日本间的海上交通路线——东海丝绸之路已经出现③。这条航线一般认为是从山东半岛横渡渤海到达辽东半岛,然后顺朝鲜半岛西海岸南下到达日本。秦汉之际,燕人卫满以中原流民为主体建立卫氏朝鲜政权。元封三年(前108),汉武帝派兵灭卫氏朝鲜,分置郡县,强化了与朝鲜半岛的联系,并通过朝鲜与日本交往,所以汉武帝以后,日本与中国有了正式官方往来。

魏晋南北朝时期,国家长期南北分裂,南北政权都与海东地区有着密切的联系。在北方,东汉末年,割据辽东的公孙氏加大了对朝鲜半岛的控制,曾在乐浪郡以南置带方郡,并很快成为朝鲜半岛影响力最大的郡,所谓"倭韩遂属带方"④。曹魏与西晋继承了这种体制,朝鲜半岛、日本往往通过带方郡与中国政府交往。这种局面一直持续到西晋末年乐浪、带方二郡为高句丽所灭为止。十六国、北朝与高丽交往频繁,据韩昇先生统计,高丽与十六国通使12次;高丽与北魏、东魏、北齐分别交往79次、15次、6次。而十六国、北朝政府与百济、新罗和倭国则几无来往,直到北朝末年,情况才有所改变,百济、新罗有过几次遣使行为,而倭国则在整个十六国、北朝时期没有一次交往。十六国、北朝政府与海东地区的交往虽有时也走海道,如百济、新罗仅有的几次遣使,应该

---

① 唐志拔:《中国舰船史》,北京:海军出版社,1989年,第67页。
② 《史记》卷6《秦始皇本纪》,第247页。
③ 王子今:《秦汉交通史稿》(增订版),北京:中国人民大学出版社,2013年,第203页;孙玉琴、常旭:《中国对外贸易通史》第一卷,北京:对外经济贸易大学出版社,2018年,第17页。
④ 《三国志》卷30《魏书·乌丸鲜卑东夷传》,第851页。

都是走海道，高丽也有可能走海路，都是先沿朝鲜半岛西海岸到达辽东半岛，然后横渡渤海到达中国，但也可能过鸭绿江走陆道，而十六国、北朝政府缺乏航海传统，派往朝鲜半岛的使者走陆道的可能性更大。

在南方，孙吴正式开通了从建康（邺）出发直达朝鲜半岛的海上新航线。这条新航线从建康顺长江而下，从长江出海口向北沿大陆沿岸线航行，到达山东半岛的威海附近海域，再向东北方向航行，渡过渤海到达辽东半岛南端的都里镇，从这里南下进入朝鲜半岛①，然后可以顺朝鲜半岛南下到达日本。孙吴开通的通往朝鲜半岛的海上新航线后来为东晋、南朝政府所承袭。东晋、南朝政府与海东各国全面交往，高丽共向东晋、南朝遣使47次，其中东晋3次，刘宋22次，萧齐5次，萧梁11次，南陈6次；百济在东晋简文帝咸安二年（372）第一次遣使建康，正式建立官方联系，此后共向东晋南、朝遣使33次，其中东晋6次，刘宋12次，南齐4次，萧梁7次，陈朝4次②；倭国在东晋安帝义熙九年（413）第一次遣使建康，此后在刘宋也有6次遣使之举；新罗是后起之国，在萧梁普通二年（521）第一次向建康遣使，此后与陈朝有过4次通使。倭国、新罗与百济关系密切，他们与东晋、南朝交往都会通过百济，而百济与高丽不和，这样，从建康出发前往海东的航线在东晋、南朝时期明显南移，由原来从山东半岛横渡渤海到辽东半岛南端，南移到从山东半岛横渡黄海到达朝鲜半岛西南部的百济，甚至有可能从长江口直渡黄海，东北向航行到百济，如《文献通考》卷324《四裔考一·倭》便道："其初通中国也，实自辽东而来，故其迂回如此。至六朝及宋，则多从南道浮海入贡及通互市之类，而不自北方。"当然高丽与东晋、南朝交往时应当还是走原来的路线。

三、海南丝绸之路的演变

海南丝绸之路的正式开通始于汉武帝时期，据《汉书》卷28下《地理志下》，汉代海南丝绸之路从日南障塞、徐闻、合浦出港，先沿印度支那半岛海岸线南下，后进暹罗湾，再南下至马来半岛东岸某港登陆，"步行可十余日"，过克拉地峡，到达西岸今缅甸境内的某个港口，再乘船向西航行，沿孟加拉湾海岸，直抵印度半岛东南海岸，再南下斯里兰

---

① 黎虎：《孙权对辽东的经略》，《北京师范大学学报（社会科学版）》1994年第5期。
② 韩昇：《"魏伐百济"与南北朝时期东亚国际关系》，《历史研究》1995年第3期。

卡返航①。

　　魏晋南北朝时期，海南丝绸之路得到了较大发展，这是中国与海南丝绸之路沿线国家共同努力的结果。在中国，这一时期造船与航海技术有了明显进步，而南方割据政权为了自身生存与发展，重视海外交往；与此同时，海南丝绸之路沿线出现了盛极一时的大国，特别是东南亚的扶南、南亚的笈多王朝、西亚的萨珊波斯，他们是海上丝路贸易的主要中介，并且丝路沿线国家造船与航海技术也进步显著，为海上丝路贸易的发展提供了物质基础。

　　魏晋南北朝时期东南亚、南亚等丝绸之路沿线各国造船技术也有很大进步，海船容量都很大，据东晋高僧法显所著《佛国记》，法显从斯里兰卡沿海上丝绸之路返国，沿途从斯里兰卡到耶婆提国（今印尼爪哇岛或苏门答腊岛）与从耶婆提国前往广州时所搭乘的商船仅商人都有二百多人②，加上所载货物、生活用品等，这种商船的载重量是相当大的。魏晋南北朝时期东南亚、南亚等丝绸之路沿线各国的驭风技术也有明显进步，海船上也装配多根桅杆与多面帆，《太平御览》卷771《舟部四》引《南州异物志》道："外徼人随舟大小，或作四帆。"引《吴时外国传》曰："从加那调州乘大伯舶，张七帆，时风一月余日，乃入秦，大秦国也。"不仅多达四帆、七帆，而且这些帆都是硬质帆。又引《南州异物志》云："有卢头木叶，如牖形，长丈余，织以为帆。"能随时调节帆的位置和帆角，所谓"其四帆不正，前向皆使邪移相聚，以取风吹。风后者激而相射，亦并得风力，若急则随宜增减之。邪张相取风气，而无高危之虑，故行不避迅风激波，所以能疾"，从而利用不同侧面的风力，解决逆风问题③，提高航速。魏晋南北朝时期丝绸之路沿线各国对信风已有明确认识，法显在印度搭乘商船前往斯里兰卡时，"泛海西南行，得冬初信风，昼夜十四日，到师子国"。到达耶婆提国后，在此停留五个月，目的就是等四月的东南信风，后乘商船，"以四月十六日发"，"东北行，趋广州"④。在西方，公元1世纪末，一位名为伊巴露斯的希

---

① 白寿彝总主编，白寿彝、高敏、安作璋主编：《中国通史》第4卷《中古时代·秦汉时期》（上册），上海：上海人民出版社，2013年，第405页。
② ［东晋］沙门释法显撰，章巽校注：《佛国记》，北京：商务印书馆、中国旅游出版社，2016年，第154页。
③ 章巽主编：《中国航海科技史》，北京：海洋出版社，1991年，第45页。
④ ［东晋］沙门释法显撰，章巽校注：《佛国记》，北京：商务印书馆、中国旅游出版社，2016年，第154页。

腊船员发现了印度洋上的季风,此后一直称之为"伊巴露斯风"①。此后,西方船员才逐渐掌握了驾驭信风的技巧。

罗马人对中国的丝绸痴迷有加,一直希望打通前往中国的通道,在陆上,"其王常欲通使于汉,而安息欲以汉缯彩与之交市,故遮阂不得自达"②,从而转向海路。先是开通到印度的航线,在公元2世纪,终于开通了前往中国的新航道,东汉末年,随着中央政权的解体,西域失控,陆上丝绸之路大受影响,海上丝绸之路日显重要,以致三国时人鱼豢有"大秦道……前世但论有水道,不知有陆道"③ 之说。此后,不断有罗马使团与商人循海道而来。《梁书》卷54《诸夷传》"中天竺"条记载大秦"其国人行贾,往往至扶南、日南、交趾"。而东南亚与南亚丝绸之路沿线各国,一方面与中国发展直接贸易,另一方面发展转手贸易,获取暴利,所谓"利有十倍"④。与此同时,不少的中国商人也循海西去,王仲荦先生指出,3世纪中叶到7世纪末,"这四百五十年的中间,中国人的航行东西洋之间是比较活跃的",公元5世纪前半叶(东晋末至刘宋元嘉之世),中国船舶远航至波斯湾⑤。魏晋南北朝时期,虽然有的商队走完了这条中西海上通道,但更多的是只走一段,中国商船以到东南亚、南亚为主,罗马商队往往只到南亚,而印度商队则西到波斯湾、红海,东到东南亚,东南亚特别是扶南商队多航行于印度到中国之间,这样南亚的印度与锡兰岛和东南亚特别是扶南属国顿逊成为两个中转贸易中心。

魏晋南北朝时期,随着海南丝路贸易的发展,广州港地位越来越重要,逐渐成为中国最大的对外贸易港口。广州本是一天然良港,对外贸易早就有一定基础,但直到汉代,由于海船容量较小,抗风险能力较差,一般不敢进行深海航行。同时,船体容量小,能装载的淡水、食物等生活必需品有限,需要沿途港口不断补给,往往只能沿北部湾及印度支那半岛沿岸航行,所以汉代徐闻、合浦、日南成为主要港口,而广州只是充当来自海上丝绸之路商品的转运功能,还不是丝路贸易的始发港⑥。这种情况到魏晋南北朝时期发生了根本变化。一方面,魏晋南北朝时期

---

① 〔法〕L. 布尔努瓦著,耿昇译:《丝绸之路》,乌鲁木齐:新疆人民出版社,1982年,第47、48页。
② 《后汉书》卷88《西域传》,第2920页。
③ 《三国志》卷30《魏书·乌丸鲜卑东夷传》注引《魏略·西戎传》,第861页。
④ 《后汉书》卷88《西域传》,第2919页。
⑤ 王仲荦:《魏晋南北朝史》(上册),上海:上海人民出版社,1979年,第489、503页。
⑥ 张难生、叶显恩:《海上丝绸之路与广州》,广东省人民政府外事办公室、广东省社会科学院编:《广州与海上丝绸之路》,广州:广东省社会科学院,1991年,第1~20页。

南北长期分裂，南方政治中心一直在长江下游的建康，这就要求海外财富向建康转移，而广州与长江下游的沿岸贸易一直很发达。另一方面，孙吴建国，"吴人以舟楫为舆马，以巨海为夷庚也"①，造船与航海技术明显提高，海船抗风险能力大为增强，可以直奔大海不必沿岸而行，这样孙吴就开通了从广州出发，经海南岛以东大海，直插西沙群岛洋面而抵达东南亚各国的路线。这条航线不再绕道北部湾，航程大为缩短，从而促进了丝路贸易的发展。这条航线开辟后，"自当摈弃沿岸航行、水陆接驳而通往印度的传统航道，改为穿过马六甲海峡，直驶波斯湾和红海地区"②，更无需"蛮夷贾船，转送致之"了③。

魏晋南北朝时期，因为广州已成为始发港，所以南海诸国往往以广州为坐标，如《梁书》卷54《诸夷传》道："狼牙修国，在南海中。其界东西三十日行，南北二十日行，去广州二万四千里。""婆利国，在广州东南海中洲上，去广州二月日行。"魏晋南北朝时期，广州已成为外来商船的主要目的地，东晋法显从耶婆提国搭乘商船"东北行，趋广州"时，商人议言："常行时，正可五十日便到广州。"所以他们出发时，"赍五十日粮"④，说明这条航线非常成熟了。南朝时期前往广州的商船更多，据《梁书》卷33《王僧孺传》，王僧孺为南海太守（南海郡，治番禺，今广州）时，"海舶每岁数至，外国贾人以通货易"；而据《南史》卷51《梁宗室上》，萧梁时期，前来广州的外国大型商船有十余批次。南朝时期有不少高僧搭乘商船经南海前来广州，如昙无竭，幽州黄龙人也，先从陆路到天竺寻取真经，"后于南天竺随舶汎海达广州"⑤；求那跋摩，罽宾人，"先已随商人竺难提舶，欲向一小国，会值便风，遂至广州"⑥；求那跋陀罗，中天竺人，"跋陀前到师子诸国……乃随舶汎海……元嘉十二年至广州"⑦；拘那罗陀，西天竺优禅尼国人，"以大同十二年八月十五日，达于南海"⑧。魏晋南北朝时期广州成为中国最大的贸易港口，对后世影响甚大。

---

① 《太平御览》卷768《舟部一》引《吴志》，3407页。
② 张难生、叶显恩：《海上丝绸之路与广州》，广东省人民政府外事办公室、广东省社会科学院编：《广州与海上丝绸之路》，广州：广东省社会科学院，1991年，第1~20页。
③ 《汉书》卷28下《地理志下》，第1671页。
④ ［晋僧］法显著，郭鹏、江峰、蒙云注译：《佛国记注译》，长春：长春出版社，1995年，第142、143页。
⑤ 《高僧传》卷3《译经下》"宋黄龙释昙无竭"，第94页。
⑥ 《高僧传》卷3《译经下》"宋京师祇洹寺求那跋摩"，第107页。
⑦ 《高僧传》卷3《译经下》"宋京师中兴寺求那跋陀罗"，第131页。
⑧ ［唐］道宣撰，郭绍林点校：《续高僧传》卷1《译经篇初》"陈南海郡西天竺沙门拘那罗陀传"，北京：中华书局，2014年，第18、19页。

第四章　魏晋南北朝丝路贸易的管理、形式及主要商品

第一节　魏晋南北朝丝路贸易管理

随着丝路贸易的全面展开，汉代逐渐形成了一整套贸易管理模式，魏晋南北朝丝路贸易的管理基本沿袭汉代而略有变化。

一、管理机构

汉代乃至整个中国古代社会，外贸与外交并无严格区分，特别是朝贡贸易更是政治与经济的高度结合，并且从二者的关系来看，外贸往往要服务于外交[①]，因此外贸管理机构也就是外交管理机构。汉代外交管理机构以大鸿胪为主、尚书主客曹为辅，而魏晋南北朝时期，随着尚书台省权力的上升，其属官主客曹不仅主管外交政务，而且分割鸿胪卿（寺）的外交接待事务，外交管理机构从而演变为以尚书主客曹为主、大鸿胪为辅的局面[②]。

（一）尚书主客曹

魏晋南北朝时期尚书省主管外交的机构，由曹魏、西晋初的客曹尚书逐渐过渡到主客郎中。《后汉书》卷26《百官志三》云："尚书六人，六百石。本注曰：成帝初置尚书四人，分为四曹：……客曹尚书主外国夷狄事。世祖（刘秀）承遵……又分客曹为南主客曹、北主客曹，凡六曹。"西汉成帝始设客曹尚书，主管外交事务。《晋书》卷24《职官志》云："及魏……又有……客曹……凡五曹尚书……及晋置……客曹……六曹，太康中……又无……客曹。"说明曹魏与西晋初承袭汉制，设客曹尚

[①] 沈光耀：《中国古代对外贸易史》，广州：广东人民出版社，1985年，第5、47、48页。
[②] 黎虎：《汉唐外交制度史》（增订本），北京：中国社会科学出版社，2019年，第200～241页。

书，但到西晋太康年间，予以废止，此后不复设，外交事务转由尚书主客曹郎负责①。主客曹郎最早见于曹魏，"至魏，尚书郎有……南主客……凡二十三郎。……及晋受命，武帝……置……左右主客……北主客、南主客，为三十四曹郎。……及江左……康穆以后……但有……主客……十八曹郎。后又省主客……余十五曹云"②。曹魏时置有南主客曹郎；西晋武帝分置左、右、南、北四个主客曹郎，说明西晋对外交事务十分重视；东晋一度置有一个主客曹郎，但后期又省罢，说明东晋无力从事外交事务。《宋书》卷39《百官志上》云："宋高祖初，加置……主客……四曹郎。"《唐六典》卷4《尚书礼部》"主客郎中一人"条注云："宋置主客，齐、梁、陈并因之。"说明刘宋恢复主客曹郎官职后，整个南朝均有设置③。而北朝，据上引《唐六典》注云："后魏《职品令》：太和中，吏部管南主客、北主客，祠部管左主客、右主客。北齐《河清令》，改左主客为主爵，南主客为主客，掌诸蕃杂客事。"说明北魏孝文帝太和官制改革，效仿西晋设置有南、北、左、右四个主客郎中，而北齐加以省并，由南主客"掌诸蕃杂客事"，主管外交事务④。

（二）大鸿胪的演变

大鸿胪是汉代外交的主管机构，魏晋南北朝时期，其外交职权虽受到尚书主客曹的分割，但仍是外交管理的重要机构，特别是外交接待事务多由其负责，这一机构在魏晋南北朝时期有过明显的变化⑤。《通典》卷26《职官八·诸卿中》"鸿胪卿"条曰："秦官有典客，掌诸侯及归义蛮夷。……武帝太初元年，更名大鸿胪……魏及晋初皆有之。自东晋至于宋、齐，有事则权置兼官，毕则省。梁除大字，但曰鸿胪卿……后魏曰大鸿胪。北齐曰鸿胪寺，有卿、少卿各一人，亦掌蕃客朝及吉凶吊祭。"说明曹魏西晋继承汉制，在列卿系列中置有大鸿胪，而东晋至南朝前期，"有事则权置兼官，毕则省"，大鸿胪已非常设机构，直到萧梁，大鸿胪卿改为鸿胪卿，才稳定设置⑥。在北朝，北魏仿西晋设有大鸿胪，而北齐则改大鸿胪为鸿胪寺。魏晋南北朝时期的大鸿胪职掌外交，《太平

---

① 黎虎：《汉唐外交制度史》（增订本），北京：中国社会科学出版社，2019年，第202页。
② 《晋书》卷24《职官志》，第732页。
③ 黎虎：《汉唐外交制度史》（增订本），北京：中国社会科学出版社，2019年，第202页。
④ 同上书，第204页。
⑤ 同上书，第225~241页。
⑥ 《梁书》卷2《武帝本纪中》道：天监七年（508），"五月己亥，诏复置……鸿胪……仍先为十二卿"。

御览》卷232《职官部三十》"鸿胪卿"引《山涛启事》曰:"鸿胪,职主胡事。"但从东晋开始,外交职能主要由大鸿胪属官典客令负责,据《晋书》卷78《孔坦传》,"时典客令万默领诸胡,胡人相诬,朝廷疑默有所偏助,将加大辟",从传记上下文来看,此事发生在东晋大兴三年(320)之后,咸和元年(326)之前。此后,南北朝时期,外交职能主要由大鸿胪属官客馆令(主客令)负责①,《南齐书》卷16《百官志》便道:"客馆令,掌四方宾客。"《通典》卷26《职官八·诸卿中》"鸿胪卿"条云:"鸿胪属官有大行令、丞。魏改大行令为客馆令,晋改为典客。宋分置南北客馆令,齐、梁、陈皆有客馆令、丞。后魏初曰典客监,太和中置主客令。北齐有典客署。后周置东南西北四掌客上士、下士。……掌二王后、蕃客辞见、宴接、送迎及在国夷狄。"

二、贸易统制

从汉代丝路贸易全面展开之始就确立了贸易统制原则,这一原则在魏晋南北朝乃至整个中国古代社会都得以沿袭②。魏晋南北朝时期丝路贸易统制原则贯穿于各个方面与整个过程。

(一)中央外交主管机构制定贸易政策,通行全国

对外贸易是对外政策的一部分,外贸与外交难以区分③,因此,外贸政策与制度由中央外交主管机构制定,然后行使于全国。《三国志》卷24《魏书·崔林传》云:

> 迁大鸿胪。龟兹王遣侍子来朝,朝廷嘉其远至,褒赏其王甚厚。余国各遣子来朝,间使连属,林恐所遣或非真的,权取疏属贾胡,因通使命,利得印绶,而道路护送,所损滋多。劳所养之民,资无益之事,为夷狄所笑,此曩时之所患也。乃移书敦煌喻指,并录前世待遇诸国丰约故事,使有恒常。

敦煌是丝路贸易的门户,接待任务繁多,而接待原则是由中央主管外交的大鸿胪制定的。

---

① 黎虎:《汉唐外交制度史》(增订本),北京:中国社会科学出版社,2019年,第230页。
② 沈光耀:《中国古代对外贸易史》,广州:广东人民出版社,1985年,第47、48页。
③ 同上书,第5、47、48页。

(二) 严格的过所管理制度

过所是行旅通过关津的凭证，《太平御览》卷598《文部十四》"过所"引《释名》曰："过所，至关津以示之。或曰：传，传也，转移所在，识以为信也。"先秦时期，行旅通过关津需凭符节，秦汉则用传，据《史记》卷11《孝景本纪》记载，景帝前元四年（前153），"复置津关，用传出入"。大概在汉武帝元鼎年间（前116～前111）传向过所演变，在两汉时期逐渐形成一套过所申请和勘验制度，魏晋南北朝时期过所制度得以沿袭①。

外商从边关入境时，必须向当地政府申请过所，《太平御览》卷598《文部十四》"过所"引《魏略》曰："仓慈为敦煌太守，胡欲诣国家，为封过所。"过所要注明外商持有者的国籍、年龄、体貌特征、携带的商品品种数量等信息，如新疆民丰尼雅河一带出土的一枚晋简过所有"月支国胡支柱，年卅九，中人，黑色□"的简文，而另一支有"□人三百一十九匹，今为住人买采四千三百廿六匹"的记载②。包括中外商人在内的所有行旅通过每个关津都要严格勘验，并抄写一份副券留存，以备复查，因此，《太平御览》卷598《文部十四》"过所"引《晋令》曰："诸渡关及乘船筏上下经津者，皆有（过）所，写一通，付关吏。"如果外商所携商品与过所不符，会被没收，悬泉汉简就有相关的明确记载，一简为"尉梨贵人乌丹，丹三裘衣，过毋致，没入"（悬泉汉简ⅡT0215③：133），另一简为"尉犁贵人乌丹，丹三裘，过致，没入"（悬泉汉简ⅡT0315②：17），前一简说的是超过了登记数量，后一简说的是没有登记，这些商品都要没收③。这虽是汉代情况，魏晋南北朝时期亦当如此。

（三）交易整个过程受到政府监管

外商入关时，当地政府官员要对外商所携商品进行审定，地方官员往往以此谋取私利，《南史》卷51《梁宗室传上》云："徙广州刺史……广州边海，旧饶，外国舶至，多为刺史所侵。""侵"到什么程度呢？《梁书》卷33《王僧孺传》道："旧时州郡以半价就市，又买而即卖，其

---

① 程喜霖：《汉唐过所与中日过所比较》，《敦煌研究》1998年第1期。
② 林梅村编：《楼兰尼雅出土文书》，《秦汉魏晋出土文献》，北京：文物出版社，1985年，第53、86页。
③ 张俊民：《悬泉汉简所见丝绸之路》，《档案》2015年第6期。

利数倍,历政以为常。"说明被地方官员侵吞了一半左右。无独有偶,《晋书》卷97《四夷传》曰:"初,徼外诸国尝赍宝物自海路来贸货,而交州刺史、日南太守多贪利侵侮,十折二三。至刺史姜壮时,使韩戢领日南太守,戢估较太半。""估较太半",说明侵吞了多半,以致有"广州刺史但经城门一过,便得三千万"之说①。当然,这种侵吞是非法的,是一种典型的贪腐行为,但因为吏治腐败,这种行为甚为常见,以致有"岭南之弊"之说②。

地方官员审定外商所携商品后,部分商品由政府收购,不允许流向市场,悬泉汉简有云:"客胡人持麴来者,辄亭次传诣廷,勿令有遗脱到民间者。"(悬泉汉简91DXF13C①:9)明确规定,胡商带来的"麴",政府收购后,由邮亭传送朝廷,不得流落民间。《三国志》卷16《魏书·苏则传》载道:"文帝问则曰:'前破酒泉、张掖,西域通使,敦煌献径寸大珠,可复求市益得不?'"敦煌太守从西域胡商手中购得"径寸大珠",贡献给文帝,文帝很是喜欢,还想续买。

凡是与外商交易者,均需政府批准,否则属于违法行为。《晋书》卷37《宗室传》云:"(其孙司马)奇亦好畜聚,不知纪极,遣三部使到交广商货,为有司所奏,太康九年,诏贬为三纵亭侯。"说明作为皇室成员的司马奇,因私自与外商交易而被贬。《南齐书》卷31《荀伯玉传》云:"世祖(萧赜)在东宫,专断用事,颇不如法。任左右张景真……又度丝锦与昆仑舶营货,辄使传令防送过南州津。"昆仑舶是来自东南亚的商船,说明贵为太子,也得遵守贸易统制政策,否则便是"不如法"。

这种特许经营,很可能需要交纳特许税。据新疆吐鲁番阿斯塔那514号墓出土的《高昌内藏奏得称价钱帐》③,当时的税率为金4.5两税钱1文,银1斤税钱1文,丝10斤税钱1文,这是高昌政府的一种交易税。在南方,《隋书》卷24《食货志》云:"晋自过江,凡货卖奴婢马牛田宅,有文券,率钱一万,输估四百入官,卖者三百,买者一百。无文券者,随物所堪,亦百分收四,名为散估。历宋齐梁陈,如此以为常。"这也是一种交易税,税率为4%,此外,"都西有石头津,东有方山津,各置津主一人,贼曹一人,直水五人,以检察禁物及亡叛者。其获炭鱼

---

① 《南齐书》卷32《王琨传》,第578页。
② 《晋书》卷90《良吏传》,第2341页;《宋书》卷92《良吏传》,第2263页。
③ 国家文物局古文献研究室等编:《吐鲁番出土文书》(第三册),北京:文物出版社,1981年,第318~325页。

薪之类过津者，并十分税一以入官"。① 这是一种关津税，每经过一个关津，都需交纳，税率高达10%。外商所携商品都是奢侈品，从边境入关时，地方政府官员要为之估价；进入内地后，无论经过关津还是进入市场交易，也许需要重新估价，然后交纳交易税或关津税，因为这种奢侈品的估价往往具有很大的随意性，因此，外商交纳的税收较一般商品税率要高，可以看作是一种特殊形态的特许税。

通过统制贸易，统治阶层可以获得大量的奢侈品，《三国志》卷47《吴书·吴主传》注引《江表传》曰："是岁魏文帝遣使求雀头香、大贝、明珠、象牙、犀角、玳瑁、孔雀、翡翠、斗鸭、长鸣鸡。"魏文帝所求的这些奢侈品多来自海外，而孙权竟说"彼所求者，于我瓦石耳"，可见孙权获得海外奢侈品之多。通过统制贸易，也可以获得税收，更可以利用价格差，获得巨额垄断利润，从而增加政府财政收入。《晋书》卷26《食货志》云："魏明帝世徐邈为凉州……及度支州界军用之余，以市金锦犬马，通供中国之费，西域人入贡，财货流通，皆邈之功也。"《周书》卷49《异域传上》序论道："厩库未实，则通好于西戎。"《宋书》卷97《夷蛮传》"史臣曰"提到南海诸国"舟舶继路，商使交属。……入充府实"。《南齐书》卷58《东南夷传》"史臣曰"也说道："商舶远届，委输南州，故交、广富实，牣积王府。"

三、畅通丝路

魏晋南北朝时期战乱频繁，丝路交通大受影响，但统治者为了保障丝绸之路的畅通，也采取了各种措施。

（一）恢复和强化对西域的控制

东汉末年，随着中央政权的瓦解，西域已完全失控。曹魏控制河西后，开始经营西域，黄初三年（222）恢复戊己校尉，稍后又复设西域长史，从而实现对西域的管控，保障了丝绸之路的畅通。西晋代魏后沿袭曹魏，在西域设置西域长史、西域校尉等军政机构，并派兵屯田驻守，以确保丝路畅通。西晋末期，北方大乱，但割据河西的"五凉"政权为了自身生存发展，积极向西域拓展，强化了对西域的控制。前凉张骏时，派兵擒获不愿归顺的前任戊己校尉赵贞，并废戊己校尉，在高昌直接设郡，此后在整个五凉时期，一直在西域东部咽喉的高昌置郡，维护丝路

---

① 《隋书》卷24《食货志》，第689页。

安全。北魏灭北凉统一北方后，于太平真君四年（443），派兵灭西域强国鄯善，太平真君九年，"以交趾公韩拔为假节、征西将军、领护西戎校尉、鄯善王，镇鄯善，赋役其民，比之郡县"①，这是鄯善历史上第一次以郡县的形式隶属于中原王朝②。后又大破焉耆、龟兹等强国，并在焉耆置镇③，从而强化了对西域的控制，保障了丝路交通的畅通。

（二）恢复和发展邮驿系统

秦始皇统一全国后，大规模修建官道和建设邮驿系统，汉代邮驿体系更为完善，特别是随着丝绸之路的开通，邮驿体系随之向西北伸展，据学者们研究，汉代从长安到敦煌设有驿置45个，其中敦煌9个，酒泉11个；据悬泉汉简，悬泉置有官卒37人，传马40匹和传车10辆，其他驿置配置也差不多，悬泉汉简有"郡当西域空道，案厩置九所，传马员三百六十四"（Ⅱ90DXT0115③：80）的记载④。完善的邮驿系统成为丝路畅通的制度保障，所谓"立屯田于膏腴之野，列邮置于要害之路。驰命走驿，不绝于时月；商胡贩客，日款于塞下"⑤。魏晋南北朝时期长期战乱使邮驿体系时有损坏，但统治者仍着力恢复并尽力发展。

魏晋南北朝时期政府加大了对邮驿系统的管理，汉代邮驿归太尉属官法曹管理，《后汉书》卷24《百官志一》云："掾史属二十四人。……法曹主邮驿科程事。"魏晋时期，随着尚书台省权力的上升，由法曹转归尚书属官驾部，《通典》卷23《职官五·尚书下》道："魏晋尚书有驾部郎。宋时驾部属左民尚书。齐亦有之。后魏与北齐并曰驾部郎中。后周有驾部中大夫……掌舆辇、车乘、邮驿、厩牧，司牛马驴骡，阑遗杂畜。"为了加强对邮驿的管理，曹魏制定了中国历史上第一部邮驿专法，《晋书》卷30《刑法志》曰："秦世旧有厩置、乘传、副车、食厨，汉初承秦不改，后以费广稍省，故后汉但设骑置而无车马，则律犹著其文，则为虚设，故除《厩律》，取其可用合科者，以为《邮驿令》。"

西晋末期的战乱使邮驿大受破坏，前秦苻坚统一北方后，便着力恢复，《晋书》卷113《苻坚载记上》云："自长安至于诸州，皆夹路树槐柳，二十里一亭，四十里一驿，旅行者取给于途，工商贸贩于道。"北魏

---

① 《魏书》卷4下《世祖纪下》，第102页。
② 余太山主编：《西域通史》，郑州：中州古籍出版社，1996年，第97页。
③ 《魏书》卷4下《世祖纪下》，第103页。
④ 张德芳：《从出土汉简看汉王朝对丝绸之路的开拓与经营》，《中国社会科学》2021年第1期；张俊民：《悬泉汉简所见丝绸之路》，《档案》2015年第6期。
⑤ 《后汉书》卷88《西域传》，第2931页。

与北齐通过法制手段确保驿役来源,《魏书》卷111《刑罚志七》规定:"小盗赃满十匹已上,魁首死,妻子配驿,从者流。"《隋书》卷25《刑法志》所录《齐律》道:"盗及杀人而亡者,即悬名注籍,甄其一房配驿户。"

魏晋南北朝时期,南方的六朝政府为了强化对地方的控制、促进经济联系,利用政权力量,修建了以首都建康为中心的南方水陆交通网,南方邮驿体系从水、陆两方面得到了快速发展。《宋书》卷14《礼志一》载刘宋大明三年(459)九月尚书右丞徐爰的上书:"……今圣图重造,旧章毕新,南驿开涂,阳路修远。……"这是徐爰对孝武帝发展邮驿的建议。《宋书》卷59《张畅传》云:"时太祖遣员外散骑侍郎徐爰乘驿至彭城取米谷定最。"《宋书》卷76《宗悫传》道:"大明三年,竟陵王诞据广陵反,悫表求赴讨,乘驿诣都,面受节度。"时宗悫为豫州刺史,豫州治寿阳(今安徽寿县);《宋书》卷83《宗越传》云:"太宗初即位,四方反叛,遣念乘驿还雍州。"雍州治襄阳;《宋书》卷84《邓琬传》云:"太宗遣荆州典签邵宰乘驿还江陵。"说明刘宋时驿置遍布各地①。魏晋南北朝时期南方水驿也有一定发展,建康附近的石头津与方山津便是当时最重要的水上驿站,《金陵古迹图考》引杜佑言:"东晋至陈,西有石头津,东有方山埭,兵屯驿路,并属冲要。"②《隋书》卷24《食货志》云:"都西有石头津,东有方山津,各置津主一人,贼曹一人,直水五人,以检察禁物及亡叛者。"寻阳(今江西九江)是长江上的重要驿站,《宋书》卷52《庾悦传》载刘毅上书道:"(江)州郡边江,民户辽落,加以邮亭崄阔,畏阻风波,转输往还,常有淹废。"魏晋南北朝时期,广州成为海上丝路贸易的起点城市,联结建康与广州的大庾岭路已很成熟,该路从建康溯长江西上至江州,后沿赣水越大庾岭抵始兴,再顺北江南下到广州③,这应该也是条重要驿道。

官驿之外,魏晋南北朝时期私驿也有了明显发展④,西晋时期,私驿已有过度发展的态势,并引起了政府关注,《晋书》卷55《潘岳传》道:"时以逆旅逐末废农。""敕当除之。"主张以官驿取代,"十里一官檎,使老小贫户守之,又差吏掌主,依客舍收钱",后潘岳据理力争才

---

① 刘希为:《六朝江南交通发展的新态势及其特点》,《社会科学战线》1994年第1期。
② 朱偰:《金陵古迹图考》,南京:南京出版社,2019年,第26页。
③ 刘希为:《六朝江南交通发展的新态势及其特点》,《社会科学战线》1994年第1期。
④ 交通部中国公路交通史编审委员会编:《中国丝绸之路交通史》,北京:人民交通出版社,2000年,第174页。

作罢。

魏晋南北朝时期邮驿的恢复与发展为丝路贸易的发展提供了坚实的保障。

（三）扫除交通障碍

为了保障丝绸之路的畅通，魏晋南北朝历朝政府对阻碍交通的各方障碍都设法予以清除，如北凉长期对北魏采取两面政策，表面上对北魏称臣纳贡，背地里却阻挠西域诸国与北魏来往，成为丝路贸易的重要阻碍，北魏太延五年（439），拓跋焘派兵灭北凉，历数北凉十二罪，其中第四条便是"知朝廷志在怀远，固违圣略，切税商胡，以断行旅"①。在南方，林邑是东南亚实力最强的国家，对中国也采取两面手法，一方面遣使入贡，但又时不时攻击日南郡，阻挠扶南等东南亚国家与中国来往，并劫掠中外商船，严重阻碍了海上丝绸之路的畅通，南朝政权多次予以打击，其中影响最大的是刘宋元嘉二十三年（446）的那一次，《南史》卷79《夷貊下》史论道："至于南徼东边，界壤所接，洎宋元嘉抚运，爰命干戈，象蒲之捷，威震冥海。于是鞮译相系，无绝岁时。以洎齐、梁，职贡有序。"重击林邑之后，林邑势力大衰，从而扫清了海上丝绸之路的最大障碍，促进了丝路贸易的发展。

四、招徕与优待外商

魏晋南北朝时期各个政权为了扩大自身政治影响，增加政府的财政收入，都积极招徕外商，并给予外商各种便利与优惠，以便促进丝路贸易的发展。

（一）积极招徕外商

魏晋南北朝时期各政权常常出境招徕外商，在南方，孙吴黄武五年（226），孙权派吕岱剿灭士燮家族势力，控制交州后，吕岱便"遣从事南宣国化"，从而"徼外扶南、林邑、堂明诸王，各遣使奉贡"②。据《梁书》卷54《诸夷传》，黄武五年，孙权曾隆重接待一位叫秦论的大秦商人，其目的明显是为了吸引更多的外商前来。在北方，前秦灭前凉，控制河西后，凉州刺史梁熙秉承苻坚旨意，"遣使西域，称扬（苻）坚

---

① 《魏书》卷99《卢水胡沮渠蒙逊传》，第2207页。
② 《三国志》卷60《吴书·吕岱传》，第1385页。

之威德,并以缯彩赐诸国王",达到了"朝献者十有余国"的目的①。北魏强大后,太武帝拓跋焘着手经营西域,派遣"董琬、高明等多赍锦帛,出鄯善,招抚九国,厚赐之",并令其"便道之国,可往赴之"②,从而吸引了大批西域国家。

(二) 优待外商

为了吸引外商,魏晋南北朝时期各政权给予外商以各种优惠。

第一,厚待外国使团。

外国使团入关伊始,便由边境地方政府全方位接待,并由专人护送至京。对待外国使团,往往褒赏甚厚,政治上,册封遣使国主为王,来使为将军;经济上,回赐物品的价值要远高于朝贡商品价值。曹魏对倭女王一次遣使的待遇足以说明中国政府的态度,《三国志》卷30《魏书·乌丸鲜卑东夷传》道:

> 景初二年(238)六月,倭女王遣大夫难升米等诣郡,求诣天子朝献,太守刘夏遣吏将送诣京都。其年十二月,诏书报倭女王曰:"制诏亲魏倭王卑弥呼:带方太守刘夏遣使送汝大夫难升米、次使都市牛利奉汝所献男生口四人,女生口六人,班布二匹二丈,以到。汝所在逾远,乃遣使贡献,是汝之忠孝,我甚哀汝。今以汝为亲魏倭王,假金印紫绶,装封付带方太守假授汝。其绥抚种人,勉为孝顺。汝来使难升米、牛利涉远,道路勤劳,今以难升米为率善中郎将,牛利为率善校尉,假银印青绶,引见劳赐遣还。今以绛地交龙锦五匹、绛地绉粟罽十张、蒨绛五十匹、绀青五十匹,答汝所献贡直。又特赐汝绀地句文锦三匹、细班华罽五张、白绢五十匹、金八两、五尺刀二口、铜镜百枚、真珠、铅丹各五十斤,皆装封付难升米、牛利还到录受。悉可以示汝国中人,使知国家哀汝,故郑重赐汝好物也。"

倭女王的这次使团由带方太守刘夏派专人护送,倭女王册封为"亲魏倭王,假金印紫绶",来使分别授予"率善中郎将"和"率善校尉",倭女王贡献的商品为"男生口四人,女生口六人、班布二匹二丈",而曹魏

---

① 《晋书》卷113《苻坚载记上》,第2900页。
② 《魏书》卷102《西域传》,第2260页。

回赐的商品分为两部分，一为"绛地交龙锦五匹、绛地绉粟罽十张、蒨绛五十匹、绀青五十匹"，"答汝所献贡直"，即与贡品价值相当的商品，另一部分则是额外赏赐，所谓"特赐汝绀地句文锦三匹、细班华罽五张、白绢五十匹、金八两、五尺刀二口、铜镜百枚、真珠、铅丹各五十斤"。给予外国使团的待遇大都与此相类，以致成为政府负担，《魏书》卷65《邢峦传》道："逮景明（500～503）之初，承升平之业，四疆清晏，远迩来同，于是蕃贡继路，商贾交入，诸所献贸，倍多于常。虽加以节约，犹岁损万计，珍货常有余，国用恒不足。若不裁其分限，便恐无以支岁。自今非为要须者，请皆不受。"由于回赐过多，导致国家财政紧张。

第二，完善客馆制度。

随着中外联系的加强，魏晋南北朝时期有大批外国使团、商旅前来中国，有的定居在中国，为了妥善安置他们，这一时期的客馆制度得到了进一步的发展与完善。汉代在长安槁街置有蛮夷邸①，统一安置外国商、使与侨民，到南北朝时期开始分国置馆②，《南齐书》卷58《东南夷传》云："房置诸国使邸，齐使第一，高丽次之。"《三国史记》卷18《高句丽本纪六》"长寿王纪"道："七十二年（484）冬十月，遣使入魏朝贡，时魏人谓我方强，置诸国使邸，齐使第一，我使者次之。"说明北魏根据各国强弱与重要性，各设使馆。南朝也是如此，《太平御览》卷194《居处部二十二·馆驿》引《建康地记》云："显仁馆，在江宁县东南五里青溪中桥东湘宫巷下，古高丽使处。"说明显仁馆是专为高丽设置的使馆。《舆地纪胜》卷17《江南东路·建康府》引《宫苑记》载："国馆六：一曰显仁，处高丽使；二曰集雅，处百济使；三曰显信，处吐蕃（应为吐谷浑）使；四曰来远，处蠕蠕使；五曰职官，处事陀（应为干陀利）使；六曰行人，处北方使。五馆并相近，而行人在篱门外。"《续高僧传》卷1《译经篇初》"梁扬都正观寺扶南国沙门僧伽婆罗传"云："僧伽婆罗，梁言僧养，亦云僧铠，扶南国人也。……以天监五年被敕征召，于扬都寿光殿、华林园、正观寺、占云馆、扶南馆等五处传译，讫十七年，都合一十一部四十八卷。"扶南馆应是专为扶南设置的使馆。使馆之外，为安置侨民，各国在首都往往还会设置其他馆里，其中以北魏的四夷馆里最为有名，《洛阳伽蓝记》卷3《城南》道：

---

① 《汉书》卷70《陈汤传》，第3015页。
② 黎虎：《汉唐外交制度史》（增订本），北京：中国社会科学出版社，2019年，第234、235页。

> 永桥以南，圜丘以北，伊洛之间，夹御道：东有四夷馆，一名金陵，二名燕然，三名扶桑，四名崦嵫。道西有四夷里：一曰归正，二曰归德，三曰慕化，四曰慕义。吴人投国者，处金陵馆，三年已后，赐宅归正里。……北夷来附者，处燕然馆，三年已后，赐宅归德里。……东夷来附者，处扶桑馆，赐宅慕化里。西夷来附者，处崦嵫馆，赐宅慕义里。

除了金陵馆与归正里是为了安置南方降民外，其他三馆三里均为安置境外侨民。首都之外，一些重要城市也会设置类似馆里，《北史》卷89《艺术传上》载道："昔在晋阳为监馆，馆中有一蠕蠕客，同馆胡沙门指语怀文云：'此人别有异算术。'"晋阳为东魏霸府，北齐别都，这里外国侨民甚多，为此也设置了客馆，并有专人管理。

第三，尊重外商宗教信仰。

许多西域胡商特别是粟特商人信仰祆教，北朝政府予以充分尊重，《隋书》卷7《礼仪志二》云："后主末年，祭非其鬼，至于躬自鼓儛，以事胡天。邺中遂多淫祀，兹风至今不绝。后周欲招来西域，又有拜胡天制，皇帝亲焉。其仪并从夷俗，淫僻不可纪也。""拜胡天"是祆教的重要宗教仪式，北齐与北周皇帝均亲自参与，甚至"躬自鼓儛"，"其仪并从夷俗"，完全遵循仪规而行，目的便是"招来西域"。

第四，给予胡商一定的社会政治地位。

《魏书》卷110《食货志六》云："正光（520～525）后，四方多事，加以水旱，国用不足……有司奏断百官常给之酒……远蕃使客不在断限。"北魏政府严禁饮酒之际，而"远蕃使客"不受限制。

魏晋南北朝时期南北长期分裂，诸多割据政权为方便贸易往来，纷纷利用胡商为互市人，因此胡商能在诸多割据政权之间自由来往。《出三藏记集》卷9所收《渐备经十住梵名并书叙》道：

> 元康七年（297）十一月二十一日，沙门法护在长安市西寺中出《渐备经》，手执梵本，译为晋言。……不知何以遂逸在凉州，不行于世。……释慧常以酉年，因此经寄互市人康儿，展转至长安。长安安法华遣人送至互市，互市人送达襄阳，付沙门释道安。

朱雷先生据此还原出前凉之姑臧、前秦之长安、东晋之襄阳皆有互市机

构,由"互市人"从事过境贸易,而担任"互市人"角色便是粟特胡商①。《北齐书》卷9《穆后传》云:

> 武成时,为胡后造真珠裙袴,所费不可称计,被火所烧。后主既立穆皇后,复为营之。属周武遭太后丧,诏侍中薛孤、康买等为吊使,又遣商胡赍锦彩三万匹与吊使同往,欲市真珠为皇后造七宝车,周人不与交易,然而竟造焉。

北周与北齐对峙之际,胡商则充当了彼此之间的互市人角色。

魏晋南北朝时期许多粟特胡商沿丝绸之路东来,在一些城镇形成聚落,这些聚落首领音译为萨簿、萨保、萨甫、萨宝等,原意为商队头领,粟特人多信仰祆教,聚落又是祆教信仰中心,萨宝成为政教大头领。北朝为了控制这些聚落,同时也为了拉拢这些头领,把萨宝纳入官僚体制之中②。《新唐书》卷75下《宰相世系表五下》云:"后魏有难陀孙婆罗,周、隋间,居凉州武威为萨宝。"北周安伽墓志盖顶篆书阳刻"大周同州萨保安君之墓志记"十二个字③,说明北周已设置萨宝无疑。《隋书》卷27《百官志中》道:"后齐制官……又有京邑萨甫二人,诸州萨甫一人。"《康元敬墓志》称:

> 君讳元敬,字留师,相州安阳人也。原夫吹律命氏,其先肇自康居毕万之后。因从孝文,遂居于邺。祖乐,魏骠骑大将军,又迁徐州诸军事。父伡相,齐九州摩诃大萨宝,寻改授龙骧将军。④

康元敬父亲伡相担任北齐九州摩诃大萨宝,这一职务很可能是负责北齐境内胡人政教事务的最高首领⑤。

---

① 朱雷:《东晋十六国时期姑臧、长安、襄阳的"互市"》,《敦煌吐鲁番文书论丛》,兰州:甘肃人民出版社,2000年,第327~336页;荣新江:《欧亚大陆视野下的汉唐丝绸之路》,李肖主编:《丝绸之路研究》第一辑,北京:生活·读书·新知三联书店,2017年,第59~68页,有更为详细的论述。

② 荣新江:《中古中国与外来文明》,北京:生活·读书·新知三联书店,2001年,第109页。

③ 陕西省考古研究所:《西安北郊北周安伽墓发掘简报》,《考古与文物》2000年第6期。

④ 转引自荣新江:《中古中国与外来文明》,北京:生活·读书·新知三联书店,2001年,第100页。

⑤ 荣新江:《中古中国与外来文明》,北京:生活·读书·新知三联书店,2001年,第100页。

魏晋南北朝时期政府给予外商各种便利与优惠，成为吸引外商、推动丝路贸易发展的重要因素。

第二节 魏晋南北朝时期的官方贸易与民间贸易

一、官方贸易与民间贸易的关系

从贸易主体来说，丝路贸易可分为官方贸易与民间贸易，官方贸易由政府组织或以政府为背景，而民间贸易则由民间商团组织。在传统时期，丝路贸易一直以官方贸易为主，民间贸易为辅；但在魏晋南北朝时期，因为长期战乱与分裂，国家国力衰弱，官方贸易比重有所下降，而民间贸易比重有所上升。但事实上，官方贸易与民间贸易是难以区分的。

第一，许多官方贸易代表团成员由民间商人充任，甚至有些民间商团冒称政府使团。这种情况自从张骞"凿空"西域，正式开通丝绸之路伊始便是如此。《史记》卷 123《大宛列传》云：

> 自博望侯开外国道以尊贵，其后从吏卒皆争上书言外国奇怪利害，求使。天子为其绝远，非人所乐往，听其言，予节，募吏民毋问所从来，为具备人众遣之，以广其道。……其使皆贫人子，私悬官赍物，欲贱市以私其利外国。

可见，汉代出使西域的使者多是想凭借政府财物谋取私利的商人。

《汉书》卷 28 下《地理志下》道："有译长，属黄门，与应募者俱入海市明珠、璧流离、奇石异物，赍黄金杂缯而往。"说明出使南海诸国的使者也是从民间招募而来。

域外出使汉朝的使团更是如此，汉成帝时的杜钦分析道："奉献者皆行贾贱人，欲通货市买，以献为名，故烦使者送至县度。"① 魏晋南北朝时期与汉代没有什么不同。三国曹魏时期，崔林任职大鸿胪，主管对外交流，他便感觉西域诸国"恐所遣或非真的，权取疏属贾胡，因通使命，利得印绶，而道路护送，所损滋多"②。北魏时期，据《魏书》卷 103《高车传》记载，北魏孝文帝太和十四年（490），高车首领"阿伏至罗

---

① 《汉书》卷 96 上《西域传》上，第 3886 页。
② 《三国志》卷 24《魏书·崔林传》，第 680 页。

遣商胡越者至京师",则明言以商人为使了。西魏时期,据《北史》卷99《突厥传》,西魏大统十一年(545):"周文帝遣酒泉胡安诺槃陀使焉。其国皆相庆曰:'今大国使至,我国将兴也。'"周文帝派遣出使突厥的使者为"酒泉胡安诺槃陀",此人明显是粟特商人。

第二,民间商团需要政府的支持,而政府也可以从国际贸易的商团中获取经济利益,因此,政府对从事丝路贸易的国际商团加以管控。从事丝路贸易的国际商团,路途艰险,他们需要官府保护,因此商团头领往往由官府任命,具有政府官员身份,沿途代表政府从事一些政事活动。同时,政府代表团的外事活动,为丝路贸易打开了方便之门,而政府则可以从中获取巨额经济利益。因此,政府往往召集商人组成商团,而商团又依附于政府,二者往往合而为一。《周书》卷50《异域传下》载道:西魏废帝二年,"(吐谷浑国王)夸吕又通使于齐氏。凉州刺史史宁觇知其还,率轻骑袭之于州西赤泉,获其仆射乞伏触扳、将军翟潘密、商胡二百四十人,驼骡六百头,杂彩丝绢以万计"。吐谷浑出使北齐的代表团中有仆射乞伏触扳、将军翟潘密等政府高官,但更多的是粟特胡商。所以《魏书》卷65《邢峦传》便道"蕃贡继路,商贾交入"了,"蕃贡"与"商贾"已融为一体了。

二、官方丝路贸易

(一)贡赐贸易

官方贸易常见的是贡赐贸易,贡赐贸易是一种低级的、不等价的贸易。中国历朝以天朝大国自居,对其他国家前来中国,称之为"贡"或"献",而中国政府往往给予巨额回报,称之为"赐"。丝路贸易的发展与国家实力呈正比,每当国力强盛时,丝路贸易就能得到较大发展,反之则会衰退,官方贸易更是如此。由于魏晋南北朝时期南北长期分裂,国力远不及两汉及隋唐,因此,魏晋南北朝时期的官方贸易总体上相对较弱。但在太武帝拓跋焘之后的北魏与南朝的刘宋和萧梁时期,官方丝路贸易一度也出现过高潮。

北魏太武帝拓跋焘多次出兵,大败北方游牧民族柔然,基本解除了丝路交通威胁;后又着力经营西域,一度几尽控制塔里木盆地诸绿洲国家;并多次遣使出使中亚、西亚、南亚丝路沿线诸国,丝路交通大开。到孝文帝迁都洛阳后,北魏对外交往更为频繁。有学者统计,葱岭以西与北魏有官方往来的西域国家多达97个,规模远超两汉,其中不少是第一次与北魏政府建立关系的①。丝路贸易最西到东罗马帝国，据史籍记载，罗马帝国在北魏之前与中国仅有两次来往，一次在东汉桓帝时期，一次在西晋太康时期，并且两次都是通过海上丝绸之路而来。而据《魏书》本纪记载，译为"普岚"的东罗马帝国曾3次向北魏遣使朝献，并且都是通过陆上丝绸之路。北魏与葱岭以西各国交往频繁，特别是与中亚强国嚈哒、南亚的天竺与西亚的波斯交往更为突出。据《魏书》本纪与《北史》卷5《魏本纪第五》记载，嚈哒至少有14次派遣使者出使北魏，波斯则有10次，天竺也有6次。除了向西发展外，北魏与朝鲜半岛的高丽关系也十分密切，据学者统计，高丽与北魏交往多达79次②。

南朝的刘宋与萧梁的对外交往先后出现高潮。刘宋与萧梁对外交往的重点是海南诸国。据《宋书》卷97《夷蛮传》与《宋书》本纪，遣使刘宋的海南国家有林邑、扶南国、呵罗单国、诃罗陀国、婆皇国、盘盘国、婆达国、阇婆婆达国、天竺迦毗黎国、师子国、苏摩黎国、斤陀利国、婆利国，加上《梁书》卷54《诸夷传》提到干陀利国曾遣使刘宋，共计14国，大大超过了两汉时的数量。据《梁书》卷54《诸夷传》与《梁书》本纪，与萧梁来往的海南国家，在刘宋基础上又新增了丹丹国和狼牙修国。很多国家都是多次来朝，如林邑遣使刘宋10次，萧梁9次，扶南国遣使萧梁11次，婆皇国遣使刘宋7次，盘盘国遣使萧梁7次等。刘宋与萧梁还开通了与西北诸国的交通路线，据《梁书》本纪与《诸夷传》，通过青海道南下的有西亚的波斯、中亚的嚈哒及周边小国周古柯国、呵跋檀国、胡蜜丹国、白题国、渴盘陀国、末国等，另外还有西域的龟兹、于阗、高昌等。很多国家都是多次前来。刘宋与萧梁同时也发展了与东亚诸国的联系。据韩昇先生统计，高丽向刘宋、萧梁分别遣使22次与11次，而百济则分别为12次与7次③。另外，据《宋书》卷97《倭国传》与《宋书》本纪，倭国向刘宋遣使多达7次。

除北魏与南朝的刘宋、萧梁之外，其他政权的对外交往也并不是毫无建树。如三国时期的曹魏，"西域虽不能尽至"，但"其大国龟兹、于阗、康居、乌孙、疏勒、月氏、鄯善、车师之属，无岁不奉朝贡，略如汉氏故事"④，孙吴则开通了江南与朝鲜半岛的海上交通线。西晋时期，中亚的大宛、欧洲的罗马帝国、东南亚的林邑与扶南都曾遣使洛阳，扶

---

① 石云涛：《三至六世纪丝绸之路的变迁》，北京：文化艺术出版社，2007年，第156页。
② 韩昇：《"魏伐百济"与南北朝时期东亚国际关系》，《历史研究》1995年第3期。
③ 同上。
④ 《三国志》卷30《乌丸鲜卑东夷传》，第840页。

南在晋武帝一朝来朝就多达 4 次。东晋时期，东亚朝鲜半岛的高丽、百济与日本列岛的倭国、东南亚的林邑与扶南、南亚的师子国、欧洲的罗马帝国都曾遣使建康。北魏灭亡后，东魏、北齐与西魏、北周对峙，东魏、北齐继续维持与东亚诸国的联系，据韩昇先生统计，高丽与东魏、北齐分别交往 15 次、6 次①。而西魏、北周则维持与西域各国的来往，据《周书》卷 50《异域传下》，中亚的嚈哒、粟特，西亚的波斯都曾遣使长安，嚈哒国多达 3 次。即便南朝的末代王朝陈朝，与之来往的海南国家也有扶南、干陀利、林邑、狼牙修、丹丹、天竺、盘盘、头和等 8 国，既有东南亚国家，也有南亚国家，有的国家还多次遣使来朝，如丹丹国就达 4 次之多，扶南国也有 3 次。朝鲜半岛上的高丽、百济分别与陈朝来往 6 次、4 次。

　　整体上来说，魏晋南北朝时期由于国家分裂，国力寡弱，历朝政府对周边国家与地区缺乏实质控制力，汉代的定期朝贡制度在这一时期也难以制度化，这一时期的遣使交往，虽然也有政治、军事等因素，但更重要的是经济因素。北魏"通西域"的目的是"可以振威德于荒外，又可致奇货于天府"②，《魏书》卷 110《食货志》便说："西域、东夷贡其珍物，充于王府。……神龟、正光之际，府藏盈溢。"北周"厩库未实，则通好于西戎"③。南方各朝政府对海外的交往也是如此，《宋书》卷 97《夷蛮传》"史臣曰"：南海诸国"山琛水宝，由兹自出，通犀翠羽之珍，蛇珠火布之异，千名万品，并世主之所虚心，故舟舶继路，商使交属。……人充府实"。《南齐书》卷 58《东南夷传》"史臣曰"："至于南夷杂种，分屿建国，四方珍怪，莫此为先。藏山隐海，环宝溢目。商舶远届，委输南州，故交、广富实，牣积王府。"域外国家遣使中国更是如此，《三国志》卷 24《魏书·崔林传》载道："龟兹王遣侍子来朝，朝廷嘉其远至，褒赏其王甚厚。余国各遣子来朝，间使连属。"可见，各国"遣子来朝"的目的便是为了赏赐。因此北魏为了打通西域，太武帝拓跋焘派遣董琬、高明出使西域时，便"多赍锦帛"。这一招果然奏效，乌孙国"其王得朝廷所赐，拜受甚悦"，并引导其出使破洛那、者舌等中亚各国。因得北魏厚赏，董琬、高明回国时，"乌孙、破洛那之属遣使与琬俱来贡献者十有六国。自后相继而来，不间于岁"④。

---

① 韩昇：《"魏伐百济"与南北朝时期东亚国际关系》，《历史研究》1995 年第 3 期。
② 《魏书》卷 102《西域传》，第 2259 页。
③ 《周书》卷 49《异域传上》，第 884 页。
④ 《魏书》卷 102《西域传》，第 2260 页。

魏晋南北朝时期各王朝受传统外交思想的影响，都讲究厚往薄来，因此，贡赐贸易虽然也使魏晋南北朝时期各王朝得到不少经济利益，但整体上往往赏赐的商品价值远高于"贡献"的商品价值，甚至成为政府的沉重负担①，而不得不加以限制。

（二）互市贸易

朝贡贸易和互市贸易都是官方组织的贸易形式，二者关系密切，但二者也有所区别。朝贡贸易具有较为明显的政治意图，这种交易行为一般发生在政府首都；层次较低，一般是物物交换；交易具有明显的不平等性。而互市贸易则主要是经济行为，交易虽也有发生在都城的可能，但更多在边境城市；这种贸易形式相对平等；互市贸易既有以货易货，也有使用国际货币交易的可能。

地处中原的历朝政府一直具有与周边少数民族政权互市贸易的传统，所谓"贸迁起于上古，交易行于中世，汉与胡通，亦立关市"②。《唐六典》卷22《少府军器监》"诸互市监"条载道："汉、魏已降，缘边郡国皆有互市，与夷狄交易，致其物产也。并郡县主之，而不别置官吏。"

魏晋南北朝时期互市贸易频繁。据《三国志》卷30《魏书·乌丸鲜卑东夷传》，曹魏时期，鲜卑"素利、弥加、厥机皆为大人，在辽西、右北平、渔阳塞外，道远初不为边患，然其种众多于比能。建安中，因阎柔上贡献，通市，太祖皆表宠以为王"。这些鲜卑部落政权既向曹魏"贡献"，发展贡赐贸易，同时又"通市"。《三国志》卷26《魏书·田豫传》云：

> 文帝初，北狄强盛，侵扰边塞，乃使豫持节护乌丸校尉，牵招、解俊并护鲜卑。自高柳以东，濊貊以西，鲜卑数十部，比能、弥加、素利割地统御，各有分界；乃共要誓，皆不得以马与中国市。豫以戎狄为一，非中国之利，乃先构离之，使自为雠敌，互相攻伐。素利违盟，出马千匹与官，为比能所攻，求救于豫。

当鲜卑各部意识到互市贸易使曹魏获得大批战马而军力提升时，便相互盟约，不与曹魏互市贸易。曹魏官员田豫还设计离间诸部，使素利部违

---

① 《魏书》卷65《邢峦传》，第1438页。
② 《魏书》卷18《太武五王传》，第425页。

背盟约，继续与曹魏互市。曹魏时期，凉州守将利用便利条件，积极发展与西域各国的互市贸易，《三国志》卷27《魏书·徐邈传》载道：明帝时期，徐邈为凉州刺史，"乃支度州界军用之余，以市金帛犬马，通供中国之费"。

北魏时期，互市贸易得到更大发展，《魏书》卷100《库莫奚传》载世宗诏曰：

> 库莫奚……今虽款附，犹在塞表，每请入塞与民交易。若抑而不许，乖其归向之心。听而不虞，或有万一之警。不容依先任其交易，事宜限节，交市之日，州遣上佐监之。

库莫奚虽然发生过"叛逆"行为，北魏仍然允许库莫奚前来互市贸易，只是要求地方政府加以监管而已。北魏与北方的柔然虽有多年战争，但互市也一直存在，《魏书》卷18《太武五王传》道：

> 蠕蠕王阿那瑰既得返国，其人大饥……诏孚为北道行台，诣彼赈恤。孚陈便宜，表曰："……今北人阻饥，命悬沟壑，公给之外，必求市易。彼若愿求，宜见听许。"

北魏与东北各族也是一边发展朝贡贸易，一边发展互市贸易，《魏书》卷100《契丹传》曰：

> 真君以来，求朝献，岁贡名马。显祖时，使莫弗纥何辰奉献，得班飨于诸国之末。归而相谓，言国家之美，心皆忻慕，于是东北群狄闻之，莫不思服。悉万丹部、何大何部、伏弗郁部、羽陵部、日连部、匹洁部、黎部、吐六于部等，各以其名马文皮入献天府，遂求为常。皆得交市于和龙、密云之间，贡献不绝。

契丹国"以其名马文皮入献天府""贡献不绝"是典型的朝贡贸易，而"皆得交市于和龙、密云之间"则是典型的互市贸易了。突厥取代柔然，成为北方草原新的一代霸主后，中原的西魏、北周与东魏、北齐争相与其发展朝贡贸易与互市贸易。《周书》卷50《异域传下》云：土门继任突厥首领后，"始至塞上市缯絮，愿通中国"，发展互市贸易；同时又"遣使献方物"，发展朝贡贸易，此后一直如此，双方的绢马贸易十分发达。

南朝历代政府也是如此，《宋书》卷97《夷蛮传》载西南夷诃罗驼国在元嘉七年（430）向刘宋进献的奉表道：

> 伏愿圣王，远垂覆护，并市易往反，不为禁闭。若见哀念，愿时遣还，令此诸国，不见轻侮，亦令大王名声普闻，扶危救弱，正是今日。今遣二人，是臣同心，有所宣启，诚实可信。愿敕广州时遣舶还，不令所在有所陵夺。愿自今以后，赐年年奉使。今奉微物，愿垂哀纳。

从上奏表中可以发现，诃罗驼国既向刘宋"奉微物"，彼此之间存在朝贡贸易；同时，诃罗驼国与刘宋之间在广州存在着互市贸易。

《南齐书》卷58《东南夷传》曰：

> 宋末，扶南王姓侨陈如，名阇耶跋摩，遣商货至广州。天竺道人那伽仙附载欲归国，遭风至林邑，掠其财物皆尽。那伽仙间道得达扶南，具说中国有圣主受命。
>
> 永明二年，阇耶跋摩遣天竺道人释那伽仙上表称扶南国王臣侨陈如阇耶跋摩叩头启曰："……并献金镂龙王坐像一躯，白檀像一躯，牙塔二躯，古贝二双，瑠璃苏鉝二口，瑇瑁槟榔柈一枚。"
>
> 上报以绛紫地黄碧绿纹绫各五匹。

扶南王阇耶跋摩一方面"商货至广州"，发展互市贸易；同时"献金镂龙王坐像一躯，白檀像一躯，牙塔二躯，古贝二双，瑠璃苏鉝二口，瑇瑁槟榔柈一枚"，南齐则"报以绛紫地黄碧绿纹绫各五匹"，发展朝贡贸易。

魏晋南北朝时期各割据政权之间彼此存在着互市贸易。《三国志》卷8《魏书·公孙度传》注引《魏略》曰：

> （孙权）比年已来，复远遣船，越渡大海，多持货物，诳诱边民。边民无知，与之交关。长吏以下，莫肯禁止。至使周贺浮舟百艘，沉滞津岸，贸迁有无。既不疑拒，赍以名马，又使宿舒随贺通好。

这是孙吴政权与东北公孙氏政权之间的互市贸易。

《晋书》卷112《苻健载记》云："于丰阳县立荆州，以引南金奇货、弓竿漆蜡，通关市，来远商，于是国用充足，而异贿盈积矣。"说明苻健为了与东晋政府发展互市贸易，特在丰阳县设置荆州。

《周书》卷31《韦孝宽传》曰：北周武帝保定（561~565）初年，"齐人遣使至玉壁，求通互市"。说明北齐与北周之间一直存在着互市贸易。

南北朝时期南北政权长期对峙，但互市贸易一直存续，《宋书》卷75《颜竣传》云："（元嘉）二十八年，虏自彭城北归，复求互市。"说明刘宋与北魏之间一直存在着互市贸易，只因元嘉二十七年开始，双方战争激烈，一度中断而已。

魏晋南北朝时期各割据政权之间的互市贸易不仅有彼此特产的交流，还有海外奢侈品的交易。据《北齐书》卷9《穆后传》，"武成时，为胡后造真珠裙袴，所费不可称计，被火所烧。后主既立穆皇后，复为营之"。为此，"遣商胡赍锦彩三万匹与使同往，欲市真珠为皇后造七宝车"，北齐所要购买的真珠很明显来自西域。《北齐书》卷37《魏收传》载道：魏收"托附陈使封孝琰，牒令其门客与行，遇昆仑舶至，得奇货猓然褥表、美玉盈尺等数十件，罪当流，以赎论"。昆仑舶是来自东南亚的商船，魏收门客直接与外国商人交易而获得域外奢侈品，这虽是一种个人的越境走私行为，但可见南北政权之间的互市存在着海外奢侈品的交易。

三、民间丝路贸易

外国使者的"朝贡"可以满足中原王朝的天朝大国心理，所以历代正史记载较为详尽；而轻商的传统文化，对民间贸易不屑于载录，以至于造成一种错觉，丝路贸易只有官方贸易特别是贡赐贸易，而没有民间贸易。其实，民间丝路贸易一直存在，两汉与隋唐，国家强大，以国家为背景的官方贸易比重极大，而魏晋南北朝时期国家长期动荡，国力衰弱，以国家为背景的官方贸易比重有所降低，而民间贸易比重则相应上升。

（一）魏晋南北朝时期民间丝路贸易的兴衰

整体上看，民间丝路贸易在三国西晋时期逐渐恢复，东晋十六国时期陷入低迷，南北朝时期得到了较快发展。

1. 三国西晋时期民间丝路贸易的逐渐恢复

东汉末年长期战乱，中原经济崩溃，社会失序，丝路贸易失去了发展基础。同时，东汉政权的瓦解，失去了对西域、南海地区的控制力，丝路交通受阻。所以汉魏之际，丝路贸易陷入低潮。随着曹魏统一北方，三国鼎立局面形成，社会渐趋稳定，经济逐渐复苏，丝路贸易也随之恢复。

《三国志》卷16《魏书·仓慈传》云：汉魏之际，丝路重镇敦煌"以丧乱隔绝，旷无太守二十岁，大姓雄张，遂以为俗"，"常日西域杂胡欲来贡献，而诸豪族多逆断绝；既与贸迁，欺诈侮易，多不得分明。胡常怨望"，丝路贸易造成严重影响。曹魏明帝太和（227～233）年间仓慈任敦煌太守后，"抑挫权右"，对西域胡商，皆以慰勉，对于想前往洛阳贸易的胡商，仓慈"为封过所"，为其办理通行证；对于想在敦煌从事贸易的胡商，仓慈则要求官府与其公平交易，并由官府护送胡商出境。仓慈的行为深得胡商好评，以致"西域诸胡闻慈死，悉共会聚于戊己校尉及长吏治下发哀，或有以刀画面，以明血诚，又为立祠，遥共祠之"。《三国志》卷27《魏书·徐邈传》记载了仓慈之后，徐邈为凉州刺史，他整顿社会秩序，发展社会经济，积极发展与西域的关系，导致"西域流通，荒戎入贡"。仓慈、徐邈的举措，必将促进丝路贸易的发展。西晋时期，丝路贸易在曹魏基础上有所发展，今新疆民丰县尼雅遗址中出土了不少西晋政府颁发给商人的"过所"，详细记录了商人的体貌特征、所持商品的品种、数量等信息，其中有一支月支胡的"过所"残简记载"□入三百一十九匹今为住人买綵四千三百廿六匹"①（235号）。前面的"三百一十九匹"可能是丝绸，也可能是牲畜，后面的"买綵四千三百廿六匹"则是彩色丝织品，可见这次贸易量之巨②。西晋都城洛阳更是"商贾胡貊，天下四会"③。20世纪初英国人斯坦因于敦煌以西的长城烽燧遗址发现的古粟特文信札也反映了西晋时期的民间丝路贸易现状，其中已译读完成的Ⅱ号信札显示，粟特人将"从金城到敦煌地区"的河西走廊打造成丝路贸易基地，然后派遣贸易商团，前往中原洛阳和邺城等地区④。

---

① 林梅村编：《楼兰尼雅出土文书》，《秦汉魏晋出土文献》，北京：文物出版社，1985年，第53页。
② 李明伟主编：《丝绸之路贸易史》，兰州：甘肃人民出版社，1997年，第119、120页。
③ 《三国志》卷21《魏书·傅嘏传》注引《傅子》，第624页。
④ 〔美〕安妮特·L. 朱丽安娜、朱迪思·A. 莱莉著，苏银梅译：《古粟特文信札（Ⅱ号）》，《考古与文物》2003年第5期。

除陆上丝路贸易之外，海上丝路贸易从东汉末年开始有所发展。安息王朝与代之而起的萨珊波斯王朝一直垄断对罗马的丝绸贸易，为了打破这一垄断，罗马帝国一直在努力寻找新的通道。在东汉末期，罗马帝国终于打通了通向印度的海上丝绸之路。东汉末年的动乱导致陆上丝路贸易受阻，但海上丝路贸易影响甚少，《三国志》卷30《魏书·乌丸鲜卑东夷传》注引《魏略·西戎传》曰："大秦道既从海北陆通，又循海而南，与交趾七郡外夷比，又有水道通益州、永昌，故永昌出异物。前世但论有水道，不知有陆道。"三国时期，罗马商人一方面到南亚的天竺、师子国从事丝绸贸易，也有的到东南亚从事丝绸贸易。据《梁书》卷54《诸夷传》，孙权黄武五年（226）有罗马（大秦）商人秦论来到交趾从事贸易。西晋地方吏治腐败，对海上丝路贸易有所影响，但仍有一定发展，据《晋书》卷97《四夷传》记载，西晋时期"徼外诸国尝赍宝物自海路来贸货"，如后来夺取林邑王位的范文，"随商贾往来，见上国制度，至林邑，遂教逸（林邑王）作宫室、城邑及器械"，而成为范逸亲信。

2. 东晋十六国时期民间丝路贸易的低落

西晋末年先有"八王之乱"，后有"永嘉之乱"，随之出现所谓"五胡十六国"。西晋末年的动乱对社会的破坏力是空前的，黄河流域几成废墟，丝路贸易失去了存在的基础。古粟特文信札（Ⅱ号）就提道："洛阳已不是昔日的洛阳，邺城已经不是昨日的邺城。"他们派遣到中原的商人很多没有了音信，"那里的印度人和粟特人都死于饥荒"，即便大本营在河西走廊的粟特商人也面临死亡威胁①。但在如此恶劣的条件之下，仍有不少的胡商在坚守，如《晋书》卷69《刘隗传》载西晋末年，刘畴"曾避乱坞壁，贾胡百数欲害之，畴无惧色，援笳而吹之，为《出塞》《入塞》之声，以动其游客之思。于是群胡皆垂泣而去之"。说明在晋末的一个坞壁仍有数百胡商。至于丝绸之路沿线的楼兰、高昌和河西走廊等地，胡商更多，如楼兰出土的一件汉文木简上有"建兴十八（330）年三月十七日粟特胡楼兰一万石钱二百"的记录。从一万石的数量来看，前凉时期楼兰地区的粟特胡商数量之庞大②。《北凉承平八年翟绍远买婢

---

① 〔美〕安妮特·L. 朱丽安娜、朱迪思·A. 莱莉著，苏银梅译：《古粟特文信札（Ⅱ号）》，《考古与文物》2003年第5期。
② 荣新江：《古代塔里木盆地周边的粟特移民》，《西域研究》1993年第2期。

券》① 中贩卖女奴的商人为石阿奴，则是一位从事长途贩运的粟特胡商②。河西走廊则更多，《魏书》卷102《西域传》"粟特国"条云："其国商人先多诣凉土贩货，及克姑臧，悉见虏。高宗初，粟特王遣使请赎之，诏听焉。"

西晋亡国之际，南北世家大族联合推举皇室疏支司马睿在建康重建晋廷，史称东晋。东晋王朝势力寡弱，加之世家大族的垄断统治，吏治腐败，严重影响丝路贸易的发展，但海上丝路贸易仍有一定规模。东晋安帝元兴三年（404），"涛水入石头，是时贡使商旅，方舟万计，漂败流断，骸胔相望"③。"贡使商旅，方舟万计"，可见前来建康的外国使节、商旅规模之大。法显从印度获取佛经后回国，从天竺到师子国，再从师子国到耶婆提国，最后从耶婆提国回到中国，每次都是搭乘载有二百多人的大商船，而这正是东晋时期海上丝绸之路繁盛的具体写照。

3. 南北朝时期民间丝路贸易的高涨

南北朝时期，民间丝路贸易得到了较快发展，达到了历史的一个新高度。在北方，北魏统一北方特别是孝文帝迁都洛阳之后，民间丝路贸易达到高潮。《魏书》卷65《邢峦传》道："逮景明（500~503）之初，承升平之业，四疆清晏，远迩来同，于是蕃贡继路，商贾交入，诸所献贸，倍多于常。"既有"蕃贡""献"的形式出现的贡赐贸易，更多的是"商贾交入""贸"的形式出现的民间贸易。

北方民间丝路贸易最繁盛的地区一是河西走廊，二是北魏时期的洛阳。另外，东魏、北齐时期的邺城，西魏、北周时期的长安，也有一定的规模。河西走廊自魏晋以来一直是西域胡商的大本营，南北朝时期，这一带的贸易更是发达。《周书》卷37《韩褒传》云：西魏文帝大统十二年（546），韩褒为西凉州刺史，他指出："羌胡之俗，轻贫弱，尚豪富。豪富之家，侵渔小民，同于仆隶。故贫者日削，豪者益富。"为了解决贫富悬殊的状况，韩褒采取的重要措施便是"每西域商货至，又先尽贫者市之"，结果"贫富渐均，户口殷实"。通过让穷人优先参与西域胡商贸易，便能在一定程度解决贫富悬殊问题，可见，凉州地区胡商贸易

---

① 国家文物局古文献研究室等编：《吐鲁番出土文书》（第一册），北京：文物出版社，1981年，第187页。
② 林梅村：《粟特文买婢契与丝绸之路上的女奴贸易》，《文物》1992年第9期；刘惠琴、陈海涛：《商业移民与部落迁徙——敦煌、吐鲁番著籍粟特人的主要来源》，《敦煌学辑刊》2005年第2期。
③ 《宋书》卷33《五行志四》，第956页。

之发达、利润之丰厚。正因为丝路贸易发达,来自西域的金银货币,包括罗马金币与波斯银币在河西地区能得以流通。《隋书》卷24《食货志》提到北周时期"河西诸郡,或用西域金银之钱,而官不禁"。敦煌遗书S.4528《佛说仁王般若波罗蜜多经》卷下有时任瓜州刺史的元荣的写经题记:

> 大代建明二年(531)四月十五日,佛弟子元荣,既居末劫,生死是累,离乡已久,归慕常心,是以身及妻子、奴婢、六畜,悉用为比沙门天王布施三宝,以银钱千文赎,钱一千文赎身及妻子,一千文赎奴婢,一千文赎六畜。入法之钱,既用造经,愿天王成佛,弟子家眷、奴婢、六畜,所益荫命,乃至菩提,悉蒙还阙,所愿如是。①

"以银钱千文赎",说明北魏时期,金银货币在河西地区一定程度上充当流通货币的功能②。姜伯勤先生通过对敦煌吐鲁番文书的研究得出结论:在公元4~7世纪,从波斯以东到中国河西走廊的丝绸之路沿线,"萨珊波斯银币和一部分西域银币仍起着国际通货的作用"③。

北魏迁都洛阳后,洛阳一时成为了国际性大都市,《洛阳伽蓝记》卷3《城南》道:"自葱岭已西,至于大秦,百国千城,莫不欢附,商胡贩客,日奔塞下,所谓尽天地之区已。"为此,北魏在城南伊洛之间设置四夷馆里,其中居住在"崦嵫馆""慕义里"的不少人当是参与丝路贸易的国际商人。东魏、北齐时期的邺城,丝路贸易也很发达,据《周书》卷50《异域传下》,西魏废帝二年(552),凉州刺史史宁破获的一个到北齐的越境贸易使团,其规模达到"商胡二百四十人,驼骡六百头,杂彩丝绢以万计"。西魏、北周时期的长安,丝路贸易也有一定发展,《周书》卷50《异域传上》"序"便描述道:"商胡贩客,填委于旗亭。"

在南方,丝路贸易最发达的是交、广地区与以建康为中心的江东地区,另外,巴蜀地区也有一定发展。交、广地区是海上丝路贸易最发达的地区,《宋书》卷97《夷蛮传》"史臣曰"提到:

---

① 黄永武主编:《敦煌宝藏》第36册,台北:新文丰出版公司,1981年,第472页;马德:《中国佛学院学报:法源》(总第19期),2001年。
② 张忠山主编:《中国丝绸之路货币》,兰州:兰州大学出版社,1999年,第27页;李瑞哲:《魏晋南北朝隋唐时期陆路丝绸之路上的胡商》,四川大学博士学位论文,2007年。
③ 姜伯勤:《敦煌吐鲁番文书与丝绸之路》,北京:文物出版社,1994年,第199页。

若夫大秦、天竺，迥出西溟，二汉衔役，特艰斯路，而商货所资，或出交部，泛海陵波，因风远至。又重峻参差，氏众非一，殊名诡号，种别类殊，山琛水宝，由兹自出，通犀翠羽之珍，蛇珠火布之异，千名万品，并世主之所虚心，故舟舶继路，商使交属。

《南齐书》卷58《东南夷传》"史臣曰"也说道：

至于南夷杂种，分屿建国，四方珍怪，莫此为先。藏山隐海，环宝溢目。商舶远届，委输南州，故交、广富实，牣积王府。

萧梁时期，海上丝路贸易达到新的高度，《梁书》卷54《诸夷传》"序"说道："自梁革运，其奉正朔，修贡职，航海岁至，逾于前代矣。"据《梁书》卷33《王僧孺传》，王僧孺在萧梁天监（502～519）年间出任南海太守，"海舶每岁数至，外国贾人以通货易"。据《南史》卷51《梁宗室传上》，萧梁宗室萧劢为广州刺史时，"广州边海，旧饶，外国舶至，多为刺史所侵，每年舶至不过三数。及劢至，纤毫不犯，岁十余至"。说明每年到达广州的国外大商船最多可达十余批次。正因为交、广地区海外贸易发达，以致萧梁时期，"交、广之域，全以金银为货"①。这种作为流通货币的金银当是来自海外的罗马金币与波斯银币之类。因为中国在国际贸易中处于出超地位，作为国际硬通货金银就会流入中国，以致在一定程度上影响了像交、广这种国际贸易发达地区的货币流通。

建康是南方丝路贸易的中心城市，据《高僧传》，天竺商人竺难提拥有自己的商船，曾分别于元嘉六年（429）、元嘉十年两次专程护送比丘尼至建康②，说明天竺商人对从天竺到建康的航线是很熟悉的，意味着前往建康的天竺商人应不在少数。《高僧传》卷3《译经下》"齐建康正观寺求那毗地"云："求那毗地，此言安进，本中天竺人。……齐建元（479～482）初，来至京师，止毗耶离寺……南海商人咸宗事之，供献皆受，悉为营法。"这些供奉求那毗地的南海商人明显就是从事海上丝路贸易的。正因为有利可图，一些皇室贵族也参与丝路贸易，据《南齐书》卷31《荀伯玉传》，建元年间，萧赜为太子时，"度丝锦与昆仑舶营货"，"昆仑舶"正是到中国购买丝织品的东南亚商船。

---

① 《隋书》卷24《食货志》，第689页。
② 《高僧传》卷3《译经下》"宋京师祇洹寺求那跋摩"，北京：中华书局，1992年，第107页。

自从 5 世纪 40 年代左右，吐谷浑开通从青海到西域的交通，大批西域商人从青海路南下益州，然后顺长江而下直达建康。此后，益州地理位置日显重要，《南齐书》卷 15《州郡志下》"益州"条云："西通芮芮河南，亦如汉武威、张掖，为西域之道也。"益州也就成为了胡商的重要聚居地。《南齐书》卷 59《芮芮虏传》道：柔然"献师子皮袴褶，皮如虎皮，色白毛短。时有贾胡在蜀见之，云此非师子皮，乃扶拔皮也"，《续高僧传》卷 26《感通上》"隋蜀部灌口山竹林寺释道仙传"曰："释道仙，一名僧仙，本康居国人，以游贾为业。梁、周之际，往来吴、蜀、江、海上下，集积珠宝，故其所获赀货乃满两船，时或计者，云直钱数十万贯。"可见南北朝时期益州丝路贸易之发达。

(二) 魏晋南北朝时期的胡商

丝路贸易中华商出境相对较少，主要在境内特别在边境如河西走廊、交广地区与胡商贸易，因为，一方面，中国出口商品特别是丝织品具有国际竞争力，中国处于出超地位；另一方面，中国具有轻商传统。但魏晋南北朝时期也有一部分华商出境的，主要是为了追逐奢侈品，这部分华商以权贵为主，数量不多。如北魏时期，河间王琛：

> 在秦州，多无政绩，遣使向西域求名马，远至波斯国，得千里马，号曰"追风赤骥"。次有七百里者十余匹，皆有名字。……琛常会宗室，陈诸宝器，金瓶银瓮百余口，瓯檠盘盒称是。自余酒器，有水晶钵、玛瑙杯、琉璃碗、赤玉卮数十枚，作工奇妙，中土所无，皆从西域而来。①

河间王琛为了追逐奢侈品，组织的商团通过陆上丝绸之路远走波斯。而活跃在海上丝绸之路的华商似乎更多，据《太清金液神丹经卷下》"抱朴子序述"，中国商船"行迈靡靡，泛舟洪川，发自象林，迎箕背辰，乘风因流，电迈星奔，宵明莫停，积日倍旬，乃及扶南"，"舶舡发寿灵浦口，调风昼夜不解帆十五日，乃到典逊。一日一夕，帆行二千里"，"昔中国人往扶南，复从扶南乘船，船入海，欲至古奴国（今印度某地），而风转不得达，乃他去。昼夜帆行不得息，经六十日乃到岸边，不

---

① [北魏] 杨衒之撰，范祥雍校注：《洛阳伽蓝记校注》卷 4《城西》，上海：上海古籍出版社，1978 年新 1 版，第 207、208 页。

知何处也。上岸索人而问之，云是大秦国"。到大秦国后，他假冒扶南使节，并"以船中所有彩绢千匹，奉献大王"。说明这名中国商人携带大量的彩色丝织品前往印度某地销售。

魏晋南北朝时期从事长途贩运的主要是胡商，所谓胡商包括欧洲的罗马（东罗马）商人、西亚的波斯商人、中亚的粟特商人、南亚的天竺及师子国商人、东南亚的扶南等国商人，今新疆境内的于阗、高昌等绿洲国家商人，北方柔然、突厥等草原游牧民族商人等，其中以波斯、粟特商人为主，深入中国境内更多的是粟特商人。

1. 罗马（东罗马）商人

罗马帝国和后来的东罗马帝国是魏晋南北朝时期丝路贸易的最西端，这一时期到达中国境内的罗马（东罗马）商人较汉代应有所增加。在陆路，北朝时期，译为"普岚"的东罗马帝国三次向北魏遣使朝献，标志着东罗马帝国与北魏之间开始了直接贸易，罗马商人也会随之而来，据《洛阳伽蓝记》卷3《城南》，北魏都城洛阳的"附化之民，万有余家"中，便有"至于大秦"之人，但因为波斯的阻碍和粟特人对丝绸贸易的垄断，东罗马帝国与北魏之间的贸易应以贡赐贸易为主，民间贸易应难以发展。

罗马人开通到达中国的海上丝绸之路较陆路要早得多，据《梁书》卷54《诸夷传》，海上丝绸之路早在东汉后期便已开通。魏晋南北朝时期罗马（东罗马）商人通过海上丝绸之路到达中国的更多，据《梁书》卷54《诸夷传》，孙权黄武五年（226）有罗马（大秦）商人秦论来到交趾从事贸易，后被交趾太守吴邈将其遣送孙权，此后"其国人行贾，往往至扶南、日南、交趾"；《晋书》卷3《武帝纪》太康五年（284）十二月，大秦国"遣使来献"；《宋书》卷97《夷蛮传》"史臣曰"："若夫大秦、天竺，迥出西溟……而商货所资，或出交部，泛海陵波，因风远至。"但因为海上丝绸之路较陆路更为凶险（东晋高僧法显根据亲身经历所著《佛国记》对此有详细描述），魏晋南北朝时期由海上丝绸之路到达中国的罗马（东罗马）商人不会太多。据《梁书》卷54《诸夷传》"中天竺国"云：

> 中天竺国，在大月支东南数千里，地方三万里，一名身毒。……其西与大秦、安息交市海中，多大秦珍物，珊瑚、琥珀、金碧珠玑、琅玕、郁金、苏合。……贾人……以转卖与佗国也。

说明海上丝绸之路，罗马（东罗马）商人主要在印度西海岸与印度商人交易。

2. 天竺商人与师子国商人

魏晋南北朝时期印度商人通过陆、海两路到达中国，在陆路，书写于西晋末年的粟特文古信札就提到了在中原的印度商人；而据《魏书》本纪，天竺有6次遣使北魏。但也因为粟特商人对丝绸贸易的垄断，从陆路到达中原的印度商人不会太多，印度与北朝之间主要也是贡赐贸易。而印度与南朝之间的海上丝路贸易则较为发达。印度作为丝绸之路的贸易中转站，在西海岸与罗马（东罗马）、波斯商人交易，而向东则或绕过印度支那半岛到中国交易，或在印度支那半岛西海岸与东南亚的扶南等国家贸易。《梁书》卷54《诸夷传》"扶南国"条云：扶南属国"顿逊之东界通交州，其西界接天竺、安息徼外诸国，往还交市"，"其市，东西交会，日有万余人"，说明印度商人在印度支那半岛东海岸与东南亚商人的交易十分频繁。另外，也有不少印度商人直接到中国境内从事贸易，如《高僧传》提到的竺难提便是一位天竺大商人，他拥有庞大的商船船队，经常往返印度与中国之间，甚至还两次专程护送比丘尼至建康。冯承钧先生也指出："《高僧传》卷二《佛驮跋陀罗传》载跋陀在长安预言本乡有五舶俱发，后适江陵遇外国舶主，既而讯访，果是天竺五舶。虽预言之偶合，要足证长江中有外国船舶往来。"① 说明不仅建康，地处长江中游的中心城市江陵也有印度商船的存在。

师子国，今斯里兰卡，也是海上丝绸之路的重要中转站，其商人主要从事中转贸易。《梁书》卷54《诸夷传》"师子国"条云："师子国，天竺旁国也。……诸国商估来共市易。"《太平御览》卷787《四夷部八·南蛮三》"师子国"引《法显记》曰：

> 师子国本无人，止有鬼神及龙居之。诸国商人来共市易，鬼神自现身，但出宝物，显其时直，商人则依价值取物。诸国人闻其土乐，悉亦复来，于是遂成大国。

说明师子国本就是因商业而兴起的国家。魏晋南北朝时期，师子国商人除从事中转贸易外，也应到达过东南亚甚至中国，与中国直接贸易。如法显从师子国到耶婆提国，就搭乘了载有二百多人的大商船，而耶婆提

---

① 冯承钧：《中国南洋交通史》，北京：商务印书馆，2011年，第29页。

国在今印度尼西亚爪哇岛或苏门答腊岛。据《梁书》卷54《诸夷传》"师子国"条，师子国曾在东晋义熙初年，宋元嘉六年、十二年，梁大通元年，多次到建康"遣使贡献"，说明师子国与东晋南朝政府之间一直存在着贡赐贸易，而这必然会带动民间贸易的发展。

3. 扶南等东南亚商人

扶南是魏晋南北朝时期东南亚地区的大国，《洛阳伽蓝记》卷4《城西》"永明寺"条载有歌营国沙门菩提拔陀所言：

> （歌营国）北行一月日至句稚国，北行十二日至典孙国，从典孙国北行三十日至扶南国。方五千里，南夷之国，最为强大。民户殷富，多出明珠金玉及水晶珍异，饶槟榔。

扶南造船业发达，以扶南为主的东南亚国家的航海技术在魏晋南北朝时期也有明显进步，《太平御览》卷771《舟部四·帆》引《南州异物志》曰：

> 外徼人随舟大小，或作四帆，前后沓载之。有卢头木叶，如牖形，长丈余，织以为帆。其四帆不正，前向皆使邪移相聚，以取风吹。风后者激而相射，亦并得风力，若急则随宜增减之。邪张相取风气，而无高危之虑，故行不避迅风激波，所以能疾。

说明扶南等国已掌握了随风向而调整风帆的技术。扶南等国一方面在印度支那半岛西海岸与印度等国交易，《洛阳伽蓝记》卷4《城西》"永明寺"歌营国沙门菩提拔陀讲道：

> 凡南方诸国，皆因城郭而居，多饶珍丽。民俗淳善，质直好义，亦与西域、大秦、安息、身毒诸国交通往来。或三方四方，浮浪乘风，百日便至。

一方面到中国境内，与中国直接贸易，《晋书》卷97《四夷传》就提到："徼外诸国尝赍宝物自海路来贸货。"《南齐书》卷58《东南夷传》"史臣曰"也说道："至于南夷杂种，分屿建国，四方珍怪，莫此为先。藏山隐海，环宝溢目。商舶远届，委输南州。"其中"宋末，扶南王姓侨陈如，名阇耶跋摩，遣商货至广州"。据《宋书》《梁书》本纪，扶南在刘宋、萧梁时期分别遣使建康 3 次、11 次，贡赐贸易的发展自然会促进民间贸易的发展。

4. 波斯商人

自从汉代丝绸之路正式开通以来，波斯商人就非常活跃。波斯帝国阻挠汉朝与罗马的直接接触，垄断对罗马帝国的丝绸贸易。《后汉书》卷 88《西域传》"大秦国"条云："其王常欲通使于汉，而安息欲以汉缯彩与之交市，故遮阂不得自达。"以致西域"都护班超遣甘英使大秦，抵条支。临大海欲度，而安息西界船人谓英曰：'海水广大，往来者逢善风三月乃得度，若遇迟风，亦有二岁者，故入海人皆赍三岁粮。海中善使人思土恋慕，数有死亡者。'英闻之乃止"。阻止东汉使臣甘英出使大秦。魏晋南北朝时期，代安息而起的萨珊波斯仍然垄断对罗马（东罗马）帝国的陆上丝绸贸易，阻止突厥与粟特的联合商团过其境内，最终导致突厥与东罗马帝国的夹击。与此同时，波斯向东积极发展与中国的贸易，同时发展与南北政权的交往，据《魏书》本纪，波斯向北魏遣使贡献多达 10 次；而据《梁书》本纪，波斯也向萧梁遣使 3 次。现存萧绎所作《职贡图》残卷中就有波斯国朝贡图，其题记引释道安《西域诸国志》残文，提到"中大通二年遣中（使）经犍陀越奉表献佛牙"，说明波斯出使南朝的使者所走路线是经西域过吐谷浑境，而后南下益州，再顺长江而下到建康。但是自 4 世纪初开始，粟特商人垄断了波斯以东的丝绸贸易，波斯商人很难组织前往中国的庞大商团①，他们要么跟随波斯政府代表团前往，要么依附于粟特商团。荣新江先生通过对安伽墓石棺床图像的研究，指出：

> 普通的人都是深目高鼻，有的卷发，有的短发，都穿胡服，说明聚落中几乎全都是胡人，而没有汉人。从不同的胡人形象看，聚落中应当以粟特胡最多，但也有其他西域胡人。因此，所谓"粟特聚落"，过去我们理解为纯由粟特人组成，现在应当修正为以粟特人为主的西域胡人聚落。②

其中当有波斯商人的存在，如北周萨保安伽墓石棺床后屏左边第五幅上部绘有粟特萨保拜见突厥首领，侍从中有的头戴波斯冠，有的戴突厥皮

---

① 荣新江：《波斯与中国：两种文化在唐朝的交融》，《中国学术》2002 年第 4 期。
② 荣新江：《中古中国与外来文明》，北京：生活·读书·新知三联书店，2001 年，第 132 页。

帽。下部绘有三个穿紧身长袍的胡人，其中一个背负包袱，一个手持胡瓶①。头戴波斯冠的侍从很可能就是波斯商人，身穿紧身长袍的胡人中或许也有波斯商人的可能。

波斯以东的陆路丝绸贸易基本被粟特商人垄断，波斯商人便发展与中国的海上丝绸贸易。中国境内发现了数量众多的波斯银币，据夏鼐先生统计，到1974年，共发现1174枚②，近年来又有所发现，总数量多达1900枚③。这些波斯银币主要发现于中国北部和西北地区，因为波斯以东陆上丝绸之路被粟特人垄断，所以这些银币主要是由粟特人带入的④。但在东南沿海，特别是广东地区也发现了数量可观的波斯银币，如广东遂溪20枚，曲江9枚，英德3枚，这些银币集中在沙普尔三世（383～388）、伊斯提泽德二世（438～457）和卑路斯（459～484）统治时期，其中广东遂溪的20枚波斯银币发现于南朝窖藏金银器中，与其同时面世的还有一批萨珊银器，说明南朝时期，波斯与中国的海上丝绸贸易开始活跃，已有一批波斯商船到达广州地区⑤，当然，波斯商船大规模到东南沿海贸易，还是到7世纪中叶以后⑥。

5. 粟特商人

魏晋南北朝时期丝绸之路上最活跃的是粟特商人。粟特人生活在中亚的阿姆河与锡尔河之间，即古代的索格狄亚那地区。粟特人建立了系列小国，长期受到强国控制。但粟特人擅长经商，《新唐书》卷221下《西域传下》"康国"条云："康者……善商贾，好利，丈夫年二十，去傍国，利所在无不至。"说明成年粟特人都会外出经商。汉代丝绸之路开通以来，就有粟特商人东来贸易。随着东汉帝国解体，中国进入动荡的魏晋南北朝时期，对西域乃至河西走廊的控制力弱化，粟特人在丝绸之路的影响力日渐扩大。根据荣新江先生的研究，公元3世纪开始，古代塔里木盆地周边的丝绸之路重镇楼兰、于阗、疏勒、龟兹、焉耆等地就

---

① 荣新江：《北周史君墓石椁所见之粟特商队》，《文物》2005年第3期。
② 夏鼐：《综述中国出土的波斯萨珊朝银币》，《考古学报》1974年第1期，又见夏鼐：《夏鼐文集》下卷，北京：社会科学文献出版社，2000年，第51～70页。
③ 孙莉：《萨珊银币在中国的分布及其功能》，《考古学报》2004年第1期。
④ 荣新江：《波斯与中国：两种文化在唐朝的交融》，《中国学术》2002年第4期；张绪山：《萨珊波斯帝国与中国——拜占庭文化交流》，《全球史评论》2010年第3期。
⑤ 夏鼐：《综述中国出土的波斯萨珊朝银币》，《考古学报》1974年第1期；孙莉：《萨珊银币在中国的分布及其功能》，《考古学报》2004年第1期；姜伯勤：《广州与海上丝绸之路上的伊兰人：论遂溪的考古新发现》，广东省人民政府外事办公室、广东省社会科学院编：《广州与海上丝绸之路》，广东省社会科学院，1991年，第21～33页。
⑥ 荣新江：《波斯与中国：两种文化在唐朝的交融》，《中国学术》2002年第4期。

陆续出现粟特人聚落，并且从楼兰出土的汉文木简上"建兴十八年（330）三月十七日粟特胡楼兰（中残）一万石钱二百"的记录，可以推断粟特胡人数之庞大①。《三国志》卷 33《蜀书·后主传》注引《诸葛亮集》载有蜀汉建兴五年（227），后主刘禅给北伐的诸葛亮诏书有云："凉州诸国王各遣月支、康居胡侯支富、康植等二十余人诣受节度，大军北出，便欲率将兵马，奋戈先驱。"这里的"月支、康居胡侯支富、康植"应该就是居住在凉州附近的粟特胡商集团头领②，说明三国时期粟特胡商在凉州地区实力就不容小觑。据粟特文古信札，粟特商人在河西走廊建立了商业大本营，派出的粟特商人已到达洛阳、邺城等中原地区，而粟特文古信札书写于西晋末年的 313 年左右③。十六国北朝时期，到达中国的粟特商人更多，《魏书》卷 102《西域传》"粟特国"条云："其国商人先多诣凉土贩货，及克姑臧，悉见虏。高宗初，粟特王遣使请赎之，诏听焉。"从此可见姑臧粟特商人之多。洛阳出土的《唐康续墓志》追述其先祖道："东晋失图，康国跨全凉之地。控弦飞镝，屯万骑于金城；月满尘惊，辟千营于沙塞。"虽为夸大之词，但在一定程度也反映十六国时期凉州粟特势力之盛④。

粟特商人擅于处理与丝绸之路沿线游牧民族如柔然、嚈哒、突厥等的关系，从而得到他们的保护，并借助其力量打开新的市场。近年相继在西安发现的北周萨保安伽墓和史君墓对此有充分体现，如 2000 年发现的安伽墓石棺床后屏左边第五幅上部，绘有粟特商队头领萨保拜见突厥首领的画面；2003 年发现的史君墓石椁北面的第一幅图的上部，则绘有粟特商队头领萨保拜见游牧民族（嚈哒或突厥）首领的画面⑤。现存梁元帝萧绎所作《职贡图》残卷"滑国"条题记有云："普通元年……王妻□□亦遣使康符真，同贡物。"作为嚈哒国王妻子的特使康符真显然是粟特人⑥。粟特人经常作为嚈哒和突厥等特使发展与中国的贡赐贸易，帮助他们从中国获取大量丝织品，并把这些丝织品向西贩运到波斯、印

---

① 荣新江：《古代塔里木盆地周边的粟特移民》，《西域研究》1993 年第 2 期；刘波：《敦煌所出粟特语古信札与两晋之际敦煌姑臧的粟特人》，《敦煌研究》1995 年第 3 期。
② 荣新江：《中古中国与外来文明》，北京：生活·读书·新知三联书店，2001 年，第 69 页。
③ 荣新江：《波斯与中国：两种文化在唐朝的交融》，《中国学术》2002 年第 4 期。
④ 刘波：《敦煌所出粟特语古信札与两晋之际敦煌姑臧的粟特人》，《敦煌研究》1995 年第 3 期。
⑤ 荣新江：《北周史君墓石椁所见之粟特商队》，《文物》2005 年第 3 期。
⑥ 刘波：《敦煌所出粟特语古信札与两晋之际敦煌姑臧的粟特人》，《敦煌研究》1995 年第 3 期。

度，并最终大部分贩运到罗马，为他们获得巨额利润。粟特人因此获得嚈哒和突厥的保护，从而更容易拓展丝绸贸易市场，获得更大的商业利润。进入中原后，粟特人又依附于中原政治势力，甚至在东魏、北齐时，一度出现所谓"商胡丑类，擅权帷幄"① 的现象，为他们打开中原市场提供便利。粟特胡商常常为中原各政权之间承担互市角色，如北齐武成帝高湛时，为"市真珠为（穆）皇后造七宝车"，"遣商胡赍锦彩三万匹"前往北周交易②。东魏、北齐与西魏、北周对峙时，都想以突厥为援，争相贿赂突厥，而承担出使突厥的特使也往往是粟特人，如西魏大统十一年（545），权臣宇文泰"遣酒泉胡安诺盘陀使"突厥③，这个"酒泉胡安诺盘陀"就是定居酒泉的粟特胡人。

粟特人的经商活动都是集体行为，少则数十人，多则数百人，由粟特本土出发，沿着丝绸之路一路向东，有的在适宜的地区留居来下来，形成粟特聚落；有的继续前行，去寻找新的合适地点，建立新的粟特聚落④。经过粟特人的苦心经营，从公元4世纪初开始，在粟特本土和中国东北的营州之间，在中原王朝和北方游牧部落之间，从西到东，从南到北，粟特人逐渐形成了自己的商业贸易网络，从而基本垄断了波斯以东到中国中原的陆上丝绸贸易⑤。如新疆吐鲁番阿斯塔那514号墓出土的《高昌内藏奏得称价钱帐》残存了35项交易记录，其中33项有交易者双方姓名，从中可以判断，有粟特人参与的便有29项⑥。

与此同时，粟特人还积极发展粟特本土以西、以南地区的贸易，向南构建了与印度之间的贸易网络⑦；向西在企图通过萨珊波斯与东罗马帝国直接贸易的努力失败后，568年，在突厥的帮助下，粟特人正式开通了绕过波斯而经高加索地区直达东罗马帝国的贸易通道⑧。

值得注意的是，粟特人无论是组织商队，还是建立聚落，都不是排他性的，而是吸纳了丝绸之路沿线各国商人，同时也包含了游牧民族成

---

① 《北齐书》卷14《上洛王思宗传》，第185页。
② 《北齐书》卷9《穆后传》，第128页。
③ 《周书》卷50《异域传下》"突厥"条，第908页。
④ 荣新江：《中古中国与外来文明》，北京：生活·读书·新知三联书店，2001年，第108页。
⑤ 荣新江：《波斯与中国：两种文化在唐朝的交融》，《中国学术》2002年第4期。
⑥ 李方：《古代民族政权与绿洲丝绸之路》，《中央民族大学学报（哲学社会科学版）》2017年第3期。
⑦ 荣新江：《欧亚大陆视野下的汉唐丝绸之路》，李肖主编：《丝绸之路研究》第一辑，北京：生活·读书·新知三联书店，2017年，第59~68页。
⑧ 荣新江：《波斯与中国：两种文化在唐朝的交融》，《中国学术》2002年第4期。

员。如安伽墓石棺床后屏左边第五幅上部绘有粟特萨保拜见突厥首领，粟特萨保戴波斯冠，有可能便是波斯商人。据荣新江先生研究，史君墓石椁图像中的人物无论穿戴服饰还是面貌特征都不太一样，虽无法分辨所属人种，但应不是一个种族。而在 Miho 的图像中，除粟特商胡之外，还有披发的嚈哒和突厥人随行，这些游牧民族很可能在粟特商队中承担护卫任务。1996 年山东青州龙兴寺出土的卢舍那佛造像上的一组胡人形象，似乎也是一个多种族商队的缩影，其中右侧最前面戴帽者，像一个粟特胡商首领；其身后的那位长髯者很像波斯人；最后一个披发者，像游牧民；对面前面那位秃顶者像罗马人。这组胡人图像，虽是佛教图像的一部分，但却表现出了丝绸之路上不同国家商人组成一个多民族的混合商队的情景①。

四、魏晋南北朝丝路贸易规模

魏晋南北朝丝路贸易起起伏伏，但整体上仍在波动中曲折发展，南北朝时期规模已超过汉代，这体现在多个方面。

（一）中国政府交往的国家数量增加

南北朝时期，与中国政府有官方来往的丝路沿线国家数量远超汉代，交往也更频繁。北朝的北魏时期与南朝的刘宋、萧梁时期是魏晋南北朝丝路贸易的高潮，与中国政府交往最频繁的也是这个时期。在北魏，向西，与葱岭以西 97 个以上国家建立了官方关系②，数量远超两汉，与沿线大国如中亚的嚈哒、西亚的波斯交往频繁，据《魏书》本纪与《北史》卷 5《魏本纪第五》，嚈哒至少有 14 次，波斯至少有 10 次派遣使者出使北魏；北魏派往西域各国使者也很多，《魏书》卷 102《西域传》便道"国使亦数十辈"，著名的有王恩生、许纲使团，董琬、高明使团，宋云、惠生使团，另有韩羊皮出使波斯等。向东，北魏强化了与朝鲜半岛高丽等国的联系，据韩昇先生统计，高丽向北魏遣使多达 79 次③，有时甚至一年数次，北魏派遣的使者数量也基本对等。

在南朝，向东，强化了与朝鲜半岛各国的联系，据韩昇先生统计，高丽、百济分别向南朝政府遣使 44 次、27 次④。据《宋书》本纪，倭国

---

① 荣新江：《北周史君墓石椁所见之粟特商队》，《文物》2005 年第 3 期。
② 石云涛：《三至六世纪丝绸之路的变迁》，北京：文化艺术出版社，2007 年，第 156 页。
③ 韩昇：《"魏伐百济"与南北朝时期东亚国际关系》，《历史研究》1995 年第 3 期。
④ 同上。

至少 7 次向刘宋遣使。向南，南朝政府与海上丝绸之路沿线国家交往达到了历史新高，其数量与频率都远超汉代。据我们对《宋书》本纪与《宋书》卷 97《夷蛮传》的统计，与刘宋朝廷有官方交往的南亚与东南亚国家有 14 个，而萧梁更超刘宋，丹丹国和狼牙修国都是在萧梁时期第一次到访中国，很多国家是多次来往，如扶南在萧梁遣使多达 11 次。

官方交往虽有政治、军事等因素，但本身包含朝贡贸易，并且这种交往都会推动贸易发展。

（二）定居中国的外国侨民人数增加

侨民成份复杂，有使节、降附、质子、僧侣，但更多的当是商人。早在汉代就有外国侨民前来中国定居，西汉的长安、东汉的洛阳最为集中。魏晋南北朝时期前来定居的外国侨民人数更多。侨民增加，是中外交流特别是贸易发展的结果，反过来又会促进贸易发展。

侨民往往集中于各朝都城，以北魏洛阳与东晋、南朝的建康最为明显。洛阳，东汉、曹魏、西晋皆为都城，那时就聚集了一批侨民，西晋时就有所谓"其民异方杂居""商贾胡貊，天下四会"之说①，但晋末"永嘉之乱"后当消散殆尽。北魏孝文帝迁都洛阳后，洛阳有过多次扩建，规模远大于魏晋；随着全面汉化，社会经济文化快速发展，吸引了大批外国侨民前来定居，杨衒之在《洛阳伽蓝记》卷 3《城南》道："自葱岭已西，至于大秦，百国千城，莫不欢附……乐中国土风，因而宅者，不可胜数。是以附化之民，万有余家。"说明外国侨民至少达一万多家。此外，寺庙中还有大量外国僧侣，如《洛阳伽蓝记》卷四《城西》提到永明寺有"百国沙门，三千余人"。

建康是魏晋南北朝时期南方政治、经济、文化中心，东晋、南朝时期，吸引了不少侨民前来定居。早在东晋时期，就已"贡使商旅，方舟万计"②，南朝时期更多。陈寅恪先生在《四声三问》中指出：南朝时期，"盖建康京邑，其地既为政治之中心，而扬州又属滨海区域，故本多胡人居住"③。正是定居建康的外国侨民众多，以致陈亡之际，还能临时组建一支侨民军队抵御隋军④，据《南史》卷 77《恩倖传》记载：隋军兵临建康城下，"后主多出金帛，募人立功，（孔）范素于武士不接，莫

---

① 《三国志》卷 21《魏书·傅嘏传》注引《傅子》，第 624 页。
② 《宋书》卷 33《五行志四》，第 956 页。
③ 陈寅恪：《金明馆丛稿初编》，上海：上海古籍出版社，1980 年，第 333 页。
④ 王仲荦：《魏晋南北朝史》（上册），上海：上海人民出版社，1979 年，第 503、504 页。

有至者,唯负贩轻薄多从之。高丽、百济、昆仑诸夷并受督"。能临时招募一支由"高丽、百济、昆仑诸夷"组建的军队来抵御隋军,可见建康城外国侨民之多。

魏晋南北朝时期外国侨民的增加还表现在粟特聚落的大量出现,对此,荣新江先生作过系列研究①。据荣先生研究,粟特人迁移主要是经济原因,三国西晋时期,粟特商胡始见于记载,他们沿着丝绸之路由西向东进入塔里木盆地、河西走廊、北方中原、蒙古高原等地区。粟特商胡随处而居,形成聚落,一部分人再继续东行,形成新的聚落。十六国到北朝,大量粟特商胡聚居在河西走廊;北朝后期开始,大量粟特人进入漠北和中原地区。河西地区的胡商聚落前已列举,此不赘述。东魏、北齐时期的邺城,粟特胡人也不少,很多经商致富,有的甚至位高权重,开府封王。《北史》卷92《恩幸传》道:"武平(570~575)时有胡小儿,俱是康阿驮、穆叔儿等富家子弟,简选黠慧者数十人以为左右,恩昒出处,殆与阉官相埒。亦有至开府仪同者。"商胡后裔和士开也一度执掌政柄②。还有的胡商子弟因善乐而受宠,《北史》卷92《恩幸传》道:"其曹僧奴、僧奴子妙达,以能弹胡琵琶,甚被宠遇,俱开府封王。"为了管理全国特别是邺城的胡人聚落,北齐还设置有九州摩诃大萨宝一职③。不仅在北方,而且在南方的成都、襄阳等地,粟特胡商也形成了聚落。在成都,《北史》卷82《儒林传下》云:"何妥字栖凤,西城(域)人也。父细脚胡,通商入蜀,遂家郫县,事梁武陵王纪,主知金帛,因致巨富,号为西州大贾。"陈寅恪先生、唐长孺先生都以此为中心论证了成都平原粟特胡商聚落的存在④。在襄阳,《梁书》卷18《康绚传》云:

---

① 代表性成果有荣新江:《北朝隋唐粟特人之迁徙及其聚落》,《中古中国与外来文明》,北京:生活·读书·新知三联书店,2001年,第37~110页;荣新江:《欧亚大陆视野下的汉唐丝绸之路》,李肖主编:《丝绸之路研究》第一辑,北京:生活·读书·新知三联书店,2017年,第59~68页等。
② 陈连庆:《汉唐之际的西域贾胡》,敦煌文物研究所编:《1983年全国敦煌学术讨论会文集:文史·遗书(上册)》,兰州:甘肃人民出版社,1987年,第99、100页。
③ 荣新江:《北朝隋唐粟特人之迁徙及其聚落》,《中古中国与外来文明》,北京:生活·读书·新知三联书店,2001年,第100页。
④ 陈寅恪:《隋唐制度渊源略论稿》,北京:中华书局,1963年,第78~80页;唐长孺:《南北朝期间西域与南朝的陆道交通》,《魏晋南北朝史论拾遗》,北京:中华书局,1983年,第194、195页;荣新江:《魏晋南北朝隋唐时期流寓南方的粟特人》,韩昇主编:《古代中国:社会转型与多元文化》,上海:上海人民出版社,2007年,第138~152页。

康绚字长明，华山蓝田人也。其先出自康居。初，汉置都护，尽臣西域。康居亦遣侍子待诏于河西，因留为黔首，其后即以康为姓。晋时陇右乱，康氏迁于蓝田。……宋永初中，穆举乡族三千余家，入襄阳之岘南。宋为置华山郡蓝田县，寄居于襄阳……绚世父元隆，父元抚，并为流人所推，相继为华山太守。

康绚家族在襄阳形成了一个典型的粟特聚落。荣新江先生对襄阳粟特聚落进行了详细论证，指出：粟特人早在曹魏就已定居襄阳；东晋时，襄阳有粟特胡商充当互市人与前秦长安从事贸易。因襄阳位处交通枢纽，北通长安，南达江陵，因此，粟特商人、僧侣多经停此地，加之康绚家族迁居于此，从而使襄阳成为粟特人聚居地[①]。

（三）输入中国的国际货币罗马金币与波斯银币增多

随着丝路贸易的发展，魏晋南北朝时期，具有国际货币功能的罗马金币与波斯银币大量流入中国。到目前为止，在我国境内共发现罗马（东罗马）金币百枚左右[②]，从铸造时间来看，最早的是格拉蒂安努斯（378~383在位）时期，集中在5世纪到7世纪中叶，又以6世纪上半叶最多[③]，这一时期既是东罗马帝国的鼎盛期，也是北魏王朝的鼎盛期，双方贸易增加，东罗马金币大量输入中国。波斯银币，至今共发现1900多枚，波斯银币上都铸有国王名字，最早的是沙普尔二世（309~379在位），最晚是末代国王伊斯提泽德三世（634~651在位），时间跨度很长，分属十二个国王，以卑路斯（459~484在位）和库思老二世（590~628在位）时期最多，说明从魏晋南北朝到唐初，波斯银币一直在源源不断地流入中国。大批国际货币的输入导致贸易门户河西走廊与交、广地区的流通货币发生一定程度的改变，《隋书》卷24《食货志》云："后周之初，尚用魏钱。及武帝保定元年七月，及更铸布泉之钱，以一当五，与五铢并行。时梁、益之境，又杂用古钱交易。河西诸郡，或用西域金银之钱，而官不禁。"又云："梁初，唯京师及三吴、荆、郢、江、湘、梁、益用钱。其余州郡，则杂以谷帛交易。交、广之域，全以金银为

---

① 荣新江：《魏晋南北朝隋唐时期流寓南方的粟特人》，韩昇主编：《古代中国：社会转型与多元文化》，上海：上海人民出版社，2007年，第138~152页。
② 张绪山：《中国与拜占庭帝国关系研究》，北京：中华书局，2012年，第19页。
③ 金德平、于放：《考说在中国发现的罗马金币——兼谈中国钱币博物馆17枚馆藏罗马金币》，《中国钱币》2005年第1期；张绪山：《中国与拜占庭帝国关系研究》，北京：中华书局，2012年，第20页。

货。"说明南北朝后期,内地多以铜钱交易,而"河西诸郡,或用西域金银之钱","交、广之域,全以金银为货"。这些充当交换媒介的"金银之钱"或"金银"自然包括罗马金币与波斯银币①。

(四)海上丝路贸易规模大为拓展

魏晋南北朝时期海上丝路贸易规模较汉代大为拓展。

首先,贸易路线有所扩展。向东,孙吴开通了从江南直达朝鲜半岛的海上新航线,这条新航线在东晋南朝时期相当活跃;向南,广州首次成为中国最大贸易港口,开通了从广州经南海直通东南亚的新航道,经马六甲海峡到南亚后,再西延至波斯湾。这条航线在东晋就已成熟,高僧法显从天竺与师子国取得真经后,决定从师子国走海路归国,他先搭乘商船从师子国到耶婆提国,后搭乘商船从耶婆提国回广州,在船上商人还议论道"常行时正可五十日便到广州"②,说明大家对这条航道是很熟悉的。

其次,海上贸易繁盛。东晋、南朝时期,海上贸易相当繁盛。英国学者裕尔在《东域纪程录丛》指出:伊斯法罕人哈姆萨与马苏第的文章中都提到,5世纪上半叶,经常看见有中国与印度商船沿幼发拉底河上溯到巴比伦古城西南方的希拉城,并在此停泊③。拉库伯里提出:"5世纪初中国船只尚未到达爪哇,此后不久中国航海事业迅速展开,中国船大约在450年航行至锡兰,并远至波斯湾头的希拉。"④李约瑟也说道:"中国船只大约在公元350年航至马来亚的槟榔屿,4世纪末到达锡兰,大约在5世纪到达幼发拉底河口并访问亚丁湾。"⑤饶信梅先生《广州贸易发达分析观》云:"南北朝广东海洋交通益盛,(梁)简文帝时,粤人移居新加坡者极多。"⑥

魏晋南北朝海上贸易发达,还表现在海上贸易两大枢纽——东南亚的顿逊与南亚锡兰岛贸易的繁盛。顿逊贸易的繁盛,《梁书》卷54《诸

---

① 夏鼐:《咸阳底张湾隋墓出土的东罗马金币》,《考古学报》1959年第3期。
② [东晋]沙门释法显撰,章巽校注:《佛国记》,北京:商务印书馆、中国旅游出版社,2016年,第154~158页。
③ 〔英〕裕尔撰,〔法〕考迪埃修订,张绪山译:《东域纪程录丛——古代中国闻见录》,北京:中华书局,2008年,第65、66页。
④ T. Lacouperie, *Western Origin of the Early Chinese Civilization*, London, 1894, p. 261,转引自张绪山:《中国与拜占庭帝国关系研究》,北京:中华书局,2012年,第283页。
⑤ J. Needham, *Science and Civilization in China*, vol. I, p. 179,转引自张绪山:《中国与拜占庭帝国关系研究》,北京:中华书局,2012年,第283页。
⑥ 转引自梁嘉彬:《广东十三行考》,广州:广东人民出版社,1999年,第28页。

夷传》"扶南国"条有云："顿逊之东界通交州，其西界接天竺、安息徼外诸国，往还交市。……其市，东西交会，日有万余人。珍物宝货，无所不有。"每日交易人数多达万余人，可见交易之繁盛。顿逊是扶南属国，而扶南与中国、印度关系都十分密切。扶南早在孙吴就与中国建立官方关系，两晋南朝时期与中国来往频繁，萧梁时达到高潮，据我们对《梁书》本纪与《诸夷传》统计，扶南对萧梁遣使贡献多达 11 次；扶南与印度关系也很密切，据《梁书》卷54《诸夷传》，早在孙吴时，"扶南王范旃遣亲人苏物"出使印度，印度"差陈、宋等二人以月支马四匹报旃，遗物等还"，说明最迟此时已建立官方关系。以后更为紧密，扶南甚至一定程度天竺化，所谓"复改制度，用天竺法"。正是因为与中国、印度关系密切，从而使扶南属地顿逊成为中国与印度的海上贸易中转站。

锡兰岛的贸易繁盛，科斯马斯在 6 世纪中期所著《基督教风土志》道：

> 塔普罗巴奈岛（锡兰岛）……有良港，乃商贸中心。此岛是这一地域的重要商业中心。……该岛地处中心位置，从印度、波斯和埃塞俄比亚各地很多船只经常访问该岛，同样它自己的很多船只也远航他方。从遥远的地区——我指的是秦尼斯达和其他输出地——输入塔普罗巴奈岛的是丝绸、沉香、丁香、檀香木和其他产品。这些产品又从该岛运往这一边的其他市场①。

锡兰岛作为贸易中心大概兴起于魏晋南北朝时期，锡兰岛的师子国与中国的第一次官方来往是东晋义熙（405～418）初年，此后，双方有过多次来往；锡兰岛与萨珊波斯关系也很密切，波斯国王曾求婚于锡兰岛上的斯调国，后还在锡兰建立了定居点②。锡兰岛与中国、波斯关系密切，成为中国与波斯的重要贸易中转站。

最后，广州港的繁盛。广州港是魏晋南北朝时期最大的贸易港口，每年有不少海外商船前来贸易，《南史》卷51《梁宗室传上》道："广州边海，旧饶，外国舶至，多为刺史所侵，每年舶至不过三数。及劢至，纤豪不犯，岁十余至。"说明萧梁时期，每年前来广州的外国商船多时达到十余批次。当时每艘海船规模都较大，据前引《佛国记》，法显无论

---

① 〔英〕裕尔撰，〔法〕考迪埃修订，张绪山译：《东域纪程录丛——古代中国闻见录》，北京：中华书局，2008 年，第 195、196 页。
② 张绪山：《中国与拜占庭帝国关系研究》，北京：中华书局，2012 年，第 277 页。

从师子国到耶婆提国，还是从耶婆提国回广州，搭乘的商船都有两百多商人。正是因为交、广地区外贸发达，因此非常富有，所谓"商舶远届，委输南州，故交、广富实，牣积王府"①，也有所谓"广州刺史但经城门一过，便得三千万"之说②。当时广州已有国外商人前来定居，张星烺先生《南洋史地》指出："西历第三世纪时（三国、西晋初）阿拉伯商人在广州已有居留地，颇为繁盛。"③ 正是因为交、广地区海外贸易发达，以致"交、广之域，全以金银为货"，交易媒介都发生了改变。

第三节 魏晋南北朝丝路贸易的主要商品

魏晋南北朝时期的丝路贸易中，中国出口的商品主要是丝绸，另外还有陶瓷、铜镜、药材、纸张等，进口商品主要是马匹、玻璃器、金银器、香料、药材等。中国出口商品品种较少，进口商品品种较多，但中国丝绸在国际市场影响力巨大，其价值量远大于进口价值量，所以国际贸易中处于明显的出超状态，从而导致国际货币罗马金币与波斯银币的大量流入中国。

一、丝绸

魏晋南北朝时期的蚕桑业与丝织业有一定的发展，一是蚕桑业的种植区域大为拓展，除了黄河中下游与巴蜀地区自汉代以来蚕桑业就很发达外，北方的河北地区与南方的江东地区成为新的蚕桑业发达地区，边远的西北河西走廊与东北辽河下游的蚕桑业也有一定的推广；二是丝织业中心大为增加，除了洛阳、长安、成都等自汉代以来就已形成的丝织业中心外，在河北形成了以邺城为中心，在江东形成了以建康为中心的一批新的丝织业中心；三是丝织技术有所提升，最为明显的是马钧改进织绫机，"旧绫机五十综者五十蹑，六十综者六十蹑，先生患其丧功费日，乃皆易以十二蹑"④，既提高了速度，又可以织出不同花色。南北朝时期，随着社会的相对稳定，丝织品数量迅速增加，以致价格有所下降，据《魏书》卷110《食货志》，丝织品价格由北魏初期的"绢匹千钱"，到孝文帝迁都洛阳后降至"绢匹为钱二百"。魏晋南北朝时期的蚕桑业

---

① 《南齐书》卷58《东南夷传》"史臣曰"，第1018页。
② 《南齐书》卷32《王琨传》，第578页。
③ 转引自梁嘉彬：《广东十三行考》，广州：广东人民出版社，1999年，第27、28页。
④ 《三国志》卷29《魏书·方技传》注引傅玄序，第807页。

与丝织业的发展，为丝绸出口奠定了基础。

中国丝绸的外输主要通过贡赐贸易、边境贸易，特别是中原政权与北方少数民族之间的"绢马贸易"和以粟特商人、波斯商人等为主的长途贩运。同时中原政权向北方少数民族的贿赂也导致丝绸的大量输出。魏晋南北朝时期，由于国家的分裂与动荡，中原政权经常受到北方少数民族的威逼，为求安宁，中原政权不得不向北方少数民族大肆贿赂，如曹魏与西晋政权就曾以丝绸贿赂鲜卑，《魏书》卷1《序纪》云："魏人奉遗金帛缯絮，岁以万计。""晋遗帝锦、罽、缯、彩、绵、绢、诸物，咸出丰厚。"东魏、北齐与西魏、北周对峙时期，他们更是争相贿赂突厥，《北史》卷99《突厥传》云："自俟斤以来，其国富强，有凌轹中夏之志。朝廷既与之和亲，岁给缯絮、锦彩十万段。……齐人惧其寇掠，亦倾府藏以给之。"这些流入北方游牧民族的丝绸除少数自用外，大部分会成为商品"转销到西方各国去了"①。

中国丝绸在国际上已非一般奢侈品，而是各国社会上层等级与身份的象征，市场需求量极大，经营丝绸利润丰厚，各国都对境内丝绸垄断经营。罗马（东罗马）帝国是中国丝绸的最大消费者，特别是东罗马帝国的丝绸消费量远大于罗马帝国，所以中国的丝绸主要向西贩运，通过陆上和海上丝绸之路，多国商人的层层转手，最终集中到罗马（东罗马）帝国。由于造船和航海技术的限制，当时通过陆上丝绸之路贩运的丝绸远多于海路，希腊人科斯马斯在其所著《世界基督教诸国风土记》里说道：

> 秦尼策国在左边最远之境。丝货由陆道经历诸国，辗转而至波斯，所需时日比较上实甚短促。若由波斯而经海道往彼，所需时日实甚久也。……由是观之，自秦尼策由陆道往波斯，实行经短捷路程。而在波斯得见有大宗丝货者。②

当时陆上丝绸贸易很频繁，交易量也相当大，《高昌内藏奏得称价钱帐》有30笔交易能分辨出交易商品名称，其中涉及丝交易4笔，数量分别为50斤、10斤、80斤、60斤，共计200斤③；价值也比较高，当时高昌政

---

① 莫任南：《突厥在中西交通史上的地位和作用》，《湖南师范大学社会科学学报》1990年第6期。
② 张星烺编注，朱杰勤校订：《中西交通史料汇编》（第一册），北京：中华书局，1977年，第54、55页。
③ 国家文物局古文献研究室等编：《吐鲁番出土文书》（第三册），北京：文物出版社，1981年，第318~325页。

府对交易商品根据其价值收税，一般金 4.5 两税钱 1 文，银 1 斤税钱 1 文，丝 10 斤税钱 1 文，由此可推，当时高昌地区，10 斤丝价值相当于 4.5 两黄金、1 斤白银。尼雅遗址出土的一件西晋政府颁发给月支胡"过所"残简有"口入三百一十九匹，今为住人买彩四千三百二十六匹"的文字，前面的"三百一十九匹"可能是丝绸，也可能是马匹，而后面的"买彩四千三百二十六匹"则明显是彩色纺织品了①。一次交易量就达到"四千三百二十六匹"，可见规模之大了。无论是海路还是陆路，中国丝绸要到达罗马（东罗马）帝国，都得通过波斯帝国。双方之间为了争夺丝源，展开了多年战争。后来双方达成协议，以关税城形式进行丝绸贸易，最早的关税城是尼西比纳，后又增加了卡利尼克、阿尔塔萨，通过垄断贸易，萨珊波斯获取了巨额利益②。

值得注意的是，魏晋南北朝时期丝绸之路上贩运的丝绸除了来自中国外，丝绸之路沿线一些国家也逐渐掌握了中国的丝绸技术，并结合本国传统加以创新，生产出独具特色的丝织品，其中波斯最为成功。《梁书》卷 54《诸夷传》"滑国"条云："普通元年，又遣使献黄师子、白貂裘、波斯锦等物。""滑国"即中亚强国嚈哒，向萧梁进献的波斯锦当来自萨珊波斯王朝。吐鲁番哈拉和卓 90 号墓出土的柔然永康十七年（482）《高昌口归等买鍮石等物残帐》和阿斯塔那 170 号墓《高昌章和十三年孝姿随葬衣物疏》文书，都提到了"钵（波）斯锦"，并且中国锦的单位用"匹"，波斯锦用"张"，说明波斯锦与中国的锦明显不同。萨珊波斯帝国利用中国的生丝织成波斯锦，大量销往东罗马帝国，甚至还有少部分向东销往今中国新疆地区。

魏晋南北朝时期，由于国际社会对中国丝绸需求大增，扩大了丝织品出口，这有利于中国丝织业的发展；同时丝绸贸易也推动了养蚕缫丝技术的对外传播，促进了沿线各国丝织业发展。

二、陶瓷与铜镜

（一）陶瓷

魏晋南北朝是我国陶瓷发展的重要时期，瓷器烧制技术已达到成熟

---

① 李明伟主编：《丝绸之路贸易史》，兰州：甘肃人民出版社，1997 年，第 119、120 页。
② 〔法〕L. 布尔努瓦著，耿昇译：《丝绸之路》，乌鲁木齐：新疆人民出版社，1982 年，第 131、132 页。

阶段①，瓷器已逐渐取代陶器，成为日常生活用品②。瓷器业以江南地区最为发达，尤以浙江水平最高，著名的瓷器制造中心有越窑、瓯窑、婺州窑、德清窑③。北方制瓷业在北魏开始已有一定规模，先后在河北景县的封氏与高氏墓中出土了大量精美瓷器，特别在河南安阳北齐范粹墓中出土了大批白瓷，这是我国出土的最早白瓷实物④，而范粹墓中出土的黄釉瓷扁壶更是惊艳世界。

随着中国陶瓷业的发展，魏晋南北朝时期的陶瓷出口较汉代有了更大发展，特别是对朝鲜半岛的出口数量激增。魏晋南北朝时期，朝鲜半岛呈现出高丽、百济、新罗鼎立之势，其中百济与中国经济关系最为紧密，因此，在百济地区出土的中国陶瓷数量最多，对此，中、韩学者有过专门研究⑤。据统计，百济地区出土的中国陶瓷100多件，从时间跨度上讲，最早的不晚于西晋，说明百济与中国的交往早于正史记载的东晋简文帝咸安二年（372）。朝鲜半岛的中国西晋时期陶瓷主要发现于汉城及附近西海岸不大的范围内，而东晋南朝时期则遍布整个百济境内。其中著名的有汉城的风纳土城、梦村土城、石村洞古墓，忠清南道天原郡花城里古墓、洪城郡结城面神拎城遗址、天安市郊外龙院里古墓、公州市武宁王陵、公州市水村里古墓、扶余扶苏山城遗址、扶余东南里寺庙遗址、江原道原州法泉里古墓、全罗南道益山笠占里古墓、扶安竹幕洞祭祀遗迹等地。另外在忠清北道清州出土的一件青瓷鸡首壶和在朝鲜开城附近出土的一件青瓷虎子也很精美。陶瓷种类有盘口壶、附耳壶、鸡首壶、碗、砚、大型施釉陶器、羊形器、虎子等，属于六朝时期常用器类。从来源上说，主要分为两个系统，一种是德清窑黑釉瓷，一种是越窑青釉瓷。百济末期开始出现北朝陶瓷，说明从百济威德王14年（567）百济与南朝交往的同时，与北朝的交往也取得了明显进展。出土北朝陶瓷器的墓葬规格都较大，说明墓主都是百济权贵，陶瓷被当作权力、地位和财富的象征。出口到百济的陶瓷，一是通过贡赐贸易，二是民间贸易，可能后者还是主体。百济与东晋、南朝交往十分频繁，正史

---

① 高敏主编：《魏晋南北朝经济史》（下册），上海：上海人民出版社，1996年，第879页。
② 王仲荦：《魏晋南北朝史》，上海：上海人民出版社，2016年，第456页；蒋福亚：《魏晋南北朝社会经济史》，天津：天津古籍出版社，2005年，第98页。
③ 许辉、蒋福亚主编：《六朝经济史》，南京：江苏古籍出版社，1993年，第328、329页。
④ 高敏主编：《魏晋南北朝经济史》（下册），上海：上海人民出版社，1996年，第881页。
⑤ 赵胤宰：《略论韩国百济故地出土的中国陶瓷》，《故宫博物院院刊》2006年第2期；成正镛、李昌柱、周裕兴：《中国六朝与韩国百济的交流——以陶瓷器为中心》，《东南文化》2005年第1期，有关朝鲜半岛陶瓷的论述资料均来源于这两篇论文。

记载甚多，而民间贸易官府则少有记载。百济之外，在新罗和高丽境内也所发现，如属古新罗地区的庆州皇南大塚北坟出土 1 件黑釉鸡首壶，在原高丽地区的集安禹山下古坟群遗址 3319 号墓出土了 1 件附两耳青瓷盘口壶，就很有名。

陶瓷出口满足了丝路沿线各国人民的生活需要，带动了陶瓷技术的对外传播，促进了各国陶瓷业的发展；同时，陶瓷出口对中国陶瓷业的发展也会起到一定的推动作用。

（二）铜镜

陶瓷之外，中国的铜镜、刀具等也输出国外。中国的铜镜在汉代就远销海外，魏晋南北朝时期则更多。《三国志》卷 30《魏书·乌丸鲜卑东夷传》云：景初二年（238）十二月，曹魏赏赐倭女王的物品便有铜镜百枚；正治（始）元年（240），又赏赐倭王"金、帛、锦罽、刀、镜、采物"。这种铜镜实物在日本也有发现，如 1972 年在日本岛根县大原郡出土刻有"魏景初三年陈是作镜"铭文的铜镜，或与曹魏所赐铜镜有关。在日本还出土刻有孙吴"赤乌元年""赤乌七年"等年号与"丹阳"等地名的铜镜，其图像也与孙吴时期的铜镜十分相似，这些铜镜很可能来自孙吴①。据王仲殊先生研究，在日本出土的吴镜还有冈山市新庄上庚申山出土的对置式神兽镜，神户市兵库区梦野町丸山古坟出土的重列式神兽镜，京都府椿井大缘山古坟和熊本县船山古坟出土的画文带对置式神兽镜，京都府八幡市车缘古坟、奈良县新山古坟、熊本县宇土郡国越古坟、静冈县清水寺梅谷古坟和香川县棱歌郡蛇缘古坟出土的画文带环状乳神兽镜，熊本县船山古坟出土的神人车马画像镜和大阪府茨木市出土的二神二兽画像镜等②。而日本长野县御猿堂古坟、冈山县王墓山古坟、千叶县鹤卷古坟等若干古坟出土的"画文带佛兽镜"则是西晋时在吴的故地所产③。

铜镜出口满足了丝路沿线各国人民的生活需求，带动了铜镜制造技术的对外传播，有利于各国制镜业的发展。

---

① 张学锋：《六朝建康都城圈的东方——以破冈渎的探讨为中心》，《魏晋南北朝隋唐史资料》2015 年第 2 期。
② 王仲殊：《日本三角缘神兽镜综论》，《考古》1984 年第 5 期。
③ 王仲殊：《关于日本的三角缘佛兽镜——答西田守夫先生》，《考古》1982 年第 6 期；杨泓：《吴、东晋、南朝的文化及其对海东的影响》，《考古》1984 年第 6 期。

三、马匹

魏晋南北朝时期输入的商品价值量最大的应是马匹,与这一时期战乱频仍、战马需求量极大有关。马匹可能是魏晋南北朝时期丝路贸易中价值量仅次于丝绸的商品。马匹输入主要通过贡赐贸易与互市贸易的形式。

(一)北方草原游牧民族是中原政权马匹的主要来源

北方草原游牧民族是中原政权马匹的主要来源,曹魏时期,政府就与鲜卑族之间存在着贡赐贸易与互市贸易,而马匹是曹魏输入的主要商品。《三国志》卷30《魏书·乌丸鲜卑东夷传》云:"广阳阎柔,少没乌丸、鲜卑中,为其种所归信。"建安(196~220)年间,鲜卑"素利、弥加、厥机皆为大人……因阎柔上贡献,通市,太祖皆表宠以为王"。而《三国志》卷8《魏书·公孙瓒传》对此记载道:"太祖与袁绍相拒于官渡,阎柔……将部曲及鲜卑献名马以奉军。"说明阎柔率鲜卑等部"贡献"的主要是马匹。《三国志》卷3《魏书·明帝纪》也载道,曹魏明帝太和五年(231),"鲜卑附义王轲比能率其种人及丁零大人儿禅诣幽州贡名马",说明曹魏常常通过贡赐贸易方式从鲜卑、丁零等草原民族获得马匹。与此同时,曹魏还通过互市贸易方式从鲜卑获取马匹,如前引《三国志》卷26《魏书·田豫传》,曹魏从鲜卑各部大规模引进战马,引起鲜卑各部的警觉,曹魏官员田豫为获取战马资源,设计离间诸部,使素利部违背盟约,一次就将战马上千匹贩卖给曹魏。西晋时期,鲜卑继续向中原政权输出战马,据《晋书》卷62《刘琨传》,永嘉三年(309),"遵与箕澹等帅(猗)卢众三万人,马牛羊十万,悉来归琨";《晋书》卷5《孝愍帝纪》,建兴二年(314)九月,"单于代公猗卢遣使献马"。

鲜卑南下建立北魏政权后,柔然成为了北方草原的新主人,北魏与柔然之间虽然战争连连,但彼此之间贸易频繁。据《魏书》卷4上《世祖纪上》,北魏太武帝延和三年(434)二月,"蠕蠕吴提奉其妹,并遣其异母兄秃鹿傀及左右数百人朝贡,献马二千匹"。这是典型的贡赐贸易。北魏分裂为东魏、西魏时,柔然面临新兴的突厥势力的威胁,加强了与东魏的联系,《魏书》卷103《蠕蠕传》云:"阿那瑰遣使朝贡,求婚。献武王方招四远,以常山王妹乐安公主许之,改为兰陵公主。瑰遣奉马千匹为娉礼,迎公主,诏宗正元寿送公主往北。"通过和亲形式,柔然马匹输入东魏,这是一种特殊的贡赐贸易。《魏书》卷18《太武五王传》道:"蠕蠕王阿那瑰既得返国,其人大饥……诏孚为北道行台,诣彼赈恤。孚陈便宜,表曰:'……今北人阻饥,命悬沟壑,公给之外,必求市易。彼若愿求,宜见听许。'"而这种互市贸易,草原民族输出的商品最重要的无疑是马匹了。突厥取代柔然成为北方草原新霸主后,中原的西魏、北周与东魏、北齐争相与其发展贸易,双方之间的绢马贸易十分发达,通过这种方式输入中原的战马数量惊人,据《周书》卷50《异域传下》,突厥可汗科罗一次向北周"献马五万匹"。

(二)西域是魏晋南北朝各政权马匹的重要来源

自汉代以来,西域良马便是统治者梦寐以求的宝物,魏晋南北朝时期,西域马匹主要通过贡赐贸易方式输入内地。曹魏与西晋虽无法全面控制西域,但仍沿汉制在西域设置西域长史,西域良马沿丝绸之路源源不断地输送到内地。据《梁书》卷54《诸夷传》,于阗国"魏文帝时,王山习献名马";《三国志》卷4《魏书·三少帝纪》载道:咸熙二年(265)九月,"康居、大宛献名马";《晋书》卷3《武帝纪》曰:泰始六年(270)九月,"大宛献汗血马";《晋书》卷97《四夷传》"康居国"条道:泰始中,"其王那鼻遣使上封事,并献善马"。十六国时期,控制过河西走廊的前凉与前秦都得到过西域良马,据《晋书》卷86《张轨传》,前凉张骏时期,"西域诸国献汗血马";据《晋书》卷113《苻坚载记上》,苻坚灭前凉后,以梁熙为凉州刺史,"梁熙遣使西域,称扬坚之威德,并以缯彩赐诸国王,于是朝献者十有余国。大宛献天马千里驹,皆汗血、朱鬣、五色、凤膺、麟身"。南北朝时期,输入中原的西域良马更多,北魏太武帝拓跋焘太延三年(437)十一月,"破洛那、者舌国各遣使朝献,奉汗血马"[1];孝文帝太和二年(478),"龟兹国遣使献大马"[2];北周武帝保定四年(564)七月,"焉耆遣使献名马",建德三年(574)十一月,"于阗遣使献名马"[3]。吐谷浑直接开通从青海到西域的交通后,西域良马在输往中原的同时,也通过青海路南下益州,顺长江而下到达南方。《宋书》卷95《索虏传》曰"粟特大明中遣使献生狮子、火浣布、汗血马",《梁书》卷54《诸夷传》"高昌国"条云:梁武帝大同(535~546)年间,高昌国王"子坚遣使献鸣盐枕、蒲陶、良

---

[1] 《魏书》卷4上《世祖纪上》,第88页。
[2] 《魏书》卷7上《高祖纪上》,第146页。
[3] 《周书》卷5《武帝纪上》,第70、86页。

马、氍毹等物"。

（三）吐谷浑、契丹是魏晋南北朝各政权马匹的新来源

吐谷浑兴起于4世纪初的青海地区，其培育的良马很著名，《梁书》卷54《诸夷传》"河南国"条云："有青海方数百里，放牝马其侧，辄生驹，土人谓之龙种，故其国多善马。"吐谷浑利用便利的交通，积极发展与南北各政权的贸易，南北诸政权因此得其马匹。在北方，早在十六国前秦时期，据《晋书》卷113《苻坚载记上》，"吐谷浑碎奚以杨纂既降，惧而遣使送马五千匹"；《周书》卷50《异域传下》，"大统中，夸吕再遣使献马及羊牛等"。在南方，《梁书》卷3《武帝本纪下》道，梁武帝大同六年（540），"河南王遣使献马及方物"。

契丹国兴起于十六国时期的东北地区，北魏时期，契丹国与北魏政府关系密切。《魏书》卷100《契丹国传》契丹国："真君以来，求朝献，岁贡名马。显祖时，使莫弗纥何辰奉献，得班飨于诸国之末。归而相谓，言国家之美，心皆忻慕，于是东北群狄闻之，莫不思服。悉万丹部、何大何部、伏弗郁部、羽陵部、日连部、匹絜部、黎部、吐六于部等，各以其名马文皮入献天府，遂求为常。皆得交市于和龙、密云之间，贡献不绝。"双方之间既有朝贡贸易，也有互市贸易，而契丹国输入北魏政权的商品无疑主要是马匹了。

此外，三国时期，割据交州地区的士燮向孙吴输送过马匹，《三国志》卷49《吴书·士燮传》曰："（士）壹时贡马凡数百匹。"这些马匹很可能是士燮集团通过海上丝绸之路获取后转送给孙吴的。

朝鲜半岛的高丽政权也向南朝输出过马匹。《宋书》卷97《夷蛮传》云："高句骊王高琏，晋安帝义熙九年，遣长史高翼奉表献赭白马。……琏每岁遣使。十六年，太祖欲北讨，诏琏送马，琏献马八百匹。"

（四）魏晋南北朝时期各割据政权之间的互市贸易中的马匹交易

魏晋南北朝时期各割据政权之间互市贸易一直存在，而南方政权因此获得马匹。三国时期，孙吴政权与东北公孙氏政权之间的互市贸易，《三国志》卷8《魏书·公孙度传》注引《魏略》曰："（孙权）比年已来，复远遣船，越渡大海，多持货物，诳诱边民。边民无知，与之交关。长吏以下，莫肯禁止。至使周贺浮舟百艘，沉滞津岸，贸迁有无。既不疑拒，赍以名马，又使宿舒随贺通好。"孙吴政权从公孙氏政权得到一定数量的战马。南北朝时期，北魏与刘宋之间虽然战争激烈，但双方一直

存在互市贸易。《宋书》卷75《颜竣传》云:"(元嘉)二十八年,虏自彭城北归,复求互市。"刘宋政府主张恢复互市贸易的理由便是"互市之利在得马"。

除了官方贸易外,一些贵族的私人贸易也参与其中,如北魏河间王琛"在秦州,多无政绩,遣使向西域求名马,远至波斯国,得千里马,号曰'追风赤骥'。次有七百里者十余匹,皆有名字"①。

魏晋南北朝时期大量马匹从境外输入内地,为改进内地马种,促进畜牧业发展作出了巨大贡献。

四、玻璃器、金银器等器具

魏晋南北朝时期外国不少器具以奢侈品形式输入中国,其中以玻璃器与金银器最为常见。

(一)玻璃器

玻璃是古埃及人发明的,后腓尼基人从埃及学得玻璃制造方法,叙利亚逐渐成为古代玻璃制造中心,拜占庭帝国时期,君士坦丁堡的玻璃制造业也发达起来②。因叙利亚成为罗马帝国的属地,玻璃器具以罗马帝国最为有名,《后汉书》卷88《西域传》"大秦国"条云:"宫室皆以水精为柱,食器亦然。"《晋书》卷97《四夷传》道:"屋宇皆以珊瑚为棁栭,琉璃为墙壁,水精为柱础。"法国学者布尔努瓦在《丝绸之路》一书中指出:

> 罗马出口最多和最远的物资是琉璃制品,尤其是彩色琉璃,由叙利亚及意大利波佐利车间生产的有各种琉璃器皿、雕刻琉璃和作项链用的琉璃珠子。从英吉利海岸一直到安南海岸,人们到处都可以看到这类项链珠,甚至在中亚和乌克兰也有所发现。人们有时将它制成珠形,有时又制成椭圆形,还有梨形、圆柱形、圆盘形和双耳尖底形。所用之琉璃既有不透明的,也有半透明的,还有蓝色和绿色的,还有一些奇怪的珠子,它们是以交错使用蓝色和金褐色的

---

① [北魏]杨衒之撰,范祥雍校注:《洛阳伽蓝记校注》卷4《城西》,上海:上海古籍出版社,1978年新1版,第207、208页。
② 齐思和:《中国和拜占廷帝国的关系》,《北京大学学报(人文科学版)》1955年第1期。

琉璃及白瓷造成的。①

萨珊波斯的玻璃制造业也很发达，萨珊玻璃工艺在继承罗马玻璃工艺的基础上，发展出自身特点，萨珊玻璃器皿常用连续的圆形作为装饰，并磨琢出凹球面或突起的凹球面，形成多个小凹透镜，透过凹球面装饰，可以看到对面的小圆形装饰，从而突显其变幻之美②。《周书》卷50《异域传下》"波斯国"条提到其特产有"离珠""颇黎""琉璃""水晶"等，《北史》卷97《西域传》"波斯国"条提到其特产有"颇梨""琉璃""水精"等。"玻璃"为梵语音，随佛经东传而翻译而来，最初译作"颇黎"或"颇梨"③，玻璃传入时，我国不明其制造原理，常常与水晶、琉璃相混。

玻璃制品早在西汉中期就已传入中国，而魏晋南北朝时期输入的品种与数量都大为增加④。魏晋南北朝时期人们视玻璃器具为宝物，可能有两个原因⑤，一是颜色的多样性，《三国志》卷30《魏书·乌丸鲜卑东夷传》注引《魏略·西戎传》曰"大秦多……赤白黑绿黄青绀缥红紫十种流离"，《太平御览》卷808《珍宝部七》引《玄中记》曰："大秦国有五色颇黎，红色最贵。"色彩斑斓给人产生巨大的视觉冲击。二是透明性，《艺文类聚》卷84《宝玉部下》引晋潘尼《琉璃碗赋》赞美其透明性道："光映日曜，圆盛月盈，纤瑕罔丽，飞尘靡停。灼烁旁烛，表里相形，凝霜不足方其洁，澄水不能喻其清。"卷73《杂器物部》引道："举兹碗以酬宾，荣密坐之曲晏，流景炯晃以内澈，清醴瑶琰而外见。"刘宋时人刘义庆《世说新语》卷下《排调第二十五》提到："王公与朝士共饮酒，举琉璃碗，谓伯仁曰：'此碗腹殊空，谓之宝器，何邪？'答曰：'此碗英英，诚为清彻，所以为宝耳。'"这种碗晶莹剔透类似宝玉，

---

① 〔法〕L. 布尔努瓦著，耿昇译：《丝绸之路》，乌鲁木齐：新疆人民出版社，1982年，第54、55页。
② 安家瑶：《丝绸之路上的玻璃器》，荣新江、罗丰主编：《粟特人在中国：考古发现与出土文献的新印证》（上册），北京：科学出版社，2016年，第4页。
③ 石云涛：《域外器物的输入与中古社会》，《中国高校社会科学》2018年第6期。
④ 安家瑶：《丝绸之路上的玻璃器》，荣新江、罗丰主编：《粟特人在中国：考古发现与出土文献的新印证》（上册），北京：科学出版社，2016年，第3页。
⑤ 安家瑶：《丝绸之路上的玻璃器》，荣新江、罗丰主编：《粟特人在中国：考古发现与出土文献的新印证》（上册），北京：科学出版社，2016年，第3页；王志高：《六朝墓葬出土玻璃容器漫谈——兼论朝鲜半岛三国时代玻璃容器的来源》，江苏省六朝史研究会等：《"六朝历史文化与镇江地域发展学术研讨会"论文汇编》，2010年，第225~231页。

因此具有强大的吸引力。使用玻璃器具是一种典型的奢侈行为,《太平御览》卷 808《珍宝部七》引《晋书》曰:"王济豪侈。帝常幸济宅,供馔甚丰,悉贮琉璃器中。帝甚美。"王济用玻璃器皿盛装菜肴招待晋武帝,令武帝大为惊叹。

魏晋南北朝时期玻璃器具输入中国有海、陆两条丝路,晋人潘尼《琉璃碗赋》提到其传入中国的路线为:"济流沙之绝险,越葱岭之峻危。"明显走的是经过西域的陆上丝绸之路。《三国志》卷 53《吴书·薛综传》载薛综给孙权的上疏提到日南郡"贵致远珍名珠"中便有"琉璃";《艺文类聚》卷 84《宝玉部下》"琉璃"引《吴历》曰:"黄武四年,扶南诸外国来献琉璃。"日南郡、扶南的玻璃明显是通过海上丝绸之路而来。魏晋南北朝时期玻璃器具输入中国有贡赐贸易与民间贸易两种形式。魏晋南北朝时期的史籍中常见海外国家对各朝政府贡献玻璃器的记载,因正史对民间贸易关注不多,所以记载较少,但其他史料却有不少这方面的记载,如《洛阳伽蓝记》卷 4《城西》提到北魏河间王琛"常会宗室,陈诸宝器",其中便有"水晶钵""琉璃碗"等,这些东西都是他派人从西域贩运而来。《太平御览》卷 808《珍宝部七》"颇黎"引《梁四公子记》曰:

> 扶南大舶从西天竺国来,卖碧颇黎镜,面广一尺五寸,重四十斤,内外皎洁。置五色物于其上,向明视之,不见其质。问其价,约钱百万贯。文帝令有司算之,倾府库当之不足。其商人……举国不识,无敢酬其价者。

扶南商人在海上丝绸之路是很活跃的。

魏晋南北朝时期输入中国的玻璃器具种类繁多,有玻璃碗、玻璃杯、玻璃盘、玻璃钵、玻璃卮、玻璃钟、玻璃爵、玻璃罂、玻璃苏鉝、玻璃唾壶、玻璃笔管、玻璃屏风等。

1. 玻璃碗

《太平御览》卷 760《器物部五》"碗"引《交州杂记》曰:"太康四年,刺史陶璜表送林邑王范熊所献青白石碗一口、白水精碗二口。""白水精碗"便是白色的玻璃碗,这是林邑王范熊通过海上丝绸之路获取后贡献给西晋交州刺史的。又引《诸葛恢集·诏答恢》曰:"今致琉璃碗一枚。"这是孙吴政府通过海上丝绸之路获取后赏赐给部下的。魏晋南北朝时期,玻璃碗是玻璃器具中使用较为广泛的,如《洛阳伽蓝记》

卷4《城西》提到：北魏河间王琛"常会宗室，陈诸宝器"，其中"自余酒器，有水晶钵、玛瑙杯、琉璃碗、赤玉卮数十枚，作工奇妙，中土所无，皆从西域而来"，《艺文类聚》卷42《乐部二》"乐府"引宋鲍照《代淮南王》的乐府诗有道："琉璃药碗牙作盘。"《世说新语》卷下《排调》篇记载："王公（王导）与朝士共饮酒，举琉璃碗谓伯仁曰：……"《世说新语》卷下《纰漏》篇云："王敦初尚主，如厕，见……琉璃碗盛澡豆。"《艺文类聚》卷56《杂文部二》"诗赋"引《文士传》曰："潘尼曾与同僚饮，主人有琉璃碗，客使赋之，尼于坐立成。"这便是上文提到的《琉璃碗赋》的由来。

这一时期的玻璃碗在地下考古也有所发现，在南方：1984年在江苏镇江句容春城镇袁相村一座南朝刘宋元嘉十六年（439）墓出土一件完整的玻璃碗①。1997年在南京城东富贵山南麓M4东晋早期砖室墓墓室中部出土一件修复完整的玻璃碗②。1998年在南京东郊仙鹤观东晋高崧家族M6墓地出土一件修复完整的玻璃碗③。2001年在广东肇庆市端州区黄岗镇大路田村西侧坪石岗的一座东晋太宁三年（325）墓中出土一件完整的玻璃碗④。在北方：1965年在辽宁省北票市西官营子村将军山东麓的北燕冯素弗墓出土淡绿色玻璃碗1件⑤。1983年在宁夏固原县郊乡深沟村南的北周李贤夫妇墓出土的一件完整的碧绿色的凸钉玻璃碗，具有典型的萨珊波斯特色⑥。1988年在山西大同南郊北魏墓群M107出土一件北魏时期的淡黄绿色的磨花玻璃碗，据研究属于萨珊波斯制造⑦。

2. 玻璃杯

前述北燕冯素弗墓亦出土深绿色玻璃杯一件。1970年在南京鼓楼区幕府山西南的象山王氏家族墓7号墓出土一对淡黄绿色的玻璃杯，口缘及底部有磨花椭圆形花瓣纹，腹部有七个磨花大长椭圆形花纹⑧，现藏

---

① 镇江博物馆、句容市博物馆、句容市文化局：《江苏句容春城南朝宋元嘉十六年墓》，《东南文化》2010年第3期。
② 南京市博物馆、南京市玄武区文化局：《江苏南京市富贵山六朝墓地发掘简报》，《考古》1998年第8期。
③ 南京市博物馆：《江苏南京仙鹤观东晋墓》，《文物》2001年第3期。
④ 广东省文物考古研究所、肇庆市博物馆：《广东肇庆市坪石岗东晋墓》，广东省文物局等编：《广东文物考古三十年》，广州：暨南大学出版社，2009年，第428~436页。
⑤ 黎瑶渤：《辽宁北票县西官营子北燕冯素弗墓》，《文物》1973年第3期。
⑥ 韩兆民：《宁夏固原北周李贤夫妇墓发掘简报》，《文物》1985年第11期。
⑦ 王银田、王雁卿：《大同南郊北魏墓群M107发掘报告》，殷宪、马志强：《北朝研究》（第一辑），北京：北京燕山出版社，2000年，第143~162页；王银田：《萨珊波斯与北魏平城》，《敦煌研究》2005年第2期。
⑧ 南京市博物馆：《南京象山5号、6号、7号墓清理简报》，《文物》1972年第11期。

于南京市博物馆，属于典型的罗马制品①。

3. 玻璃盘

《太平御览》卷 758《器物部三》引《交州杂事》云："太康四年，刺史陶璜表送林邑王范熊所献缥绀、水精盘各一枚。"水精盘即玻璃盘。《艺文类聚》卷 84《宝玉部下》"琉璃"引《世说》曰："武帝尝降王武子，供馔盘悉用琉璃器。"说明王武子拥有成套的玻璃器盘。

4. 玻璃钵

前述北魏河间王琛的酒器中有水晶钵。《南齐书》卷 57《魏虏传》描述北魏执政者"坐施氍毹褥，前施金香炉，琉璃钵，金碗，盛杂食器"，这种水晶钵、琉璃钵都是玻璃钵。地下考古也有实物出土，前述北燕冯素弗墓出土琉璃钵一件，由残碎复原而成；1988 年在山西大同城南张女坟 107 号北魏墓出土淡绿色玻璃钵一件，钵腹外壁磨出四排向内凹的椭圆形纹饰，底部由六个相切的凹圆纹组成，具有典型的萨珊波斯特色②。

5. 玻璃卮

《艺文类聚》卷 73《杂器物部》"卮"引晋傅咸《汙卮赋》序云"人有遗余琉璃卮者"，玻璃卮属于盛酒的器皿。

6. 玻璃钟

《晋书》卷 45《崔洪传》提到："汝南王亮常晏公卿，以琉璃钟行酒。"这种玻璃钟属于饮酒的器皿。

7. 玻璃榼

《晋书》卷 122《吕光载记》云：胡安据盗发张骏墓，得"水陆奇珍不可胜纪"，其中有"琉璃榼"，这应是一种盛酒的玻璃器具。

8. 玻璃爵

《太平御览》卷 760《器物部五》"碗"引《后赵书》曰："石虎子韬以琉璃爵、螺杯劝客酒。"这也是一种饮酒的玻璃器具。

9. 玻璃罂

《梁书》卷 54《诸夷传》"于阗国"条云：天监"十八年，又献琉璃罂"。"琉璃罂"应是一种盛贮类的玻璃器具。

---

① 王志高：《六朝墓葬出土玻璃容器漫谈——兼论朝鲜半岛三国时代玻璃容器的来源》，江苏省六朝史研究会等：《"六朝历史文化与镇江地域发展学术研讨会"论文汇编》，2010 年，第 225~231 页。

② 山西省考古研究所、大同市博物馆：《大同南郊北魏墓群发掘简报》，《文物》1992 年第 8 期。

10. 玻璃枕

《太平御览》卷808《珍宝部七》"琉璃"引《诸葛恢集》曰:"诏答恢,今致琉璃枕一。"这应是一种玻璃制枕具。

11. 玻璃苏鉝

《太平御览》卷760《器物部五》"苏鉝"注引吕静云:"胡食器也。"引《林邑记》曰:"林邑王范明达献琉璃苏鉝二口。"《南齐书》卷五十八《东南夷传》云:永明二年(484),扶南国王朅耶跋摩遣天竺道人释那伽仙上表"并献金镂龙王坐像一躯,白檀像一躯,牙塔二躯,古贝二双,瑠璃苏鉝二口,瑇瑁槟榔柈一枚"。这种"琉璃苏鉝"应是与碗类似的玻璃制食器。

12. 玻璃唾壶

《梁书》卷54《诸夷传》"中天竺国"条云:天监(502~519)初,其王屈多遣长史竺罗达奉表曰:"……今奉献琉璃唾壶、杂香、古贝等物。"

13. 玻璃笔管

《初学记》卷21《文部》引王羲之《笔经》曰:"昔人或以琉璃象牙为笔管,丽饰则有之。"说明魏晋南北朝时期出现了玻璃制笔管。

14. 玻璃屏风

《初学记》卷25《器物部》引崔豹《古今注》曰:"孙亮作琉璃屏风。"《太平御览》卷381《人事部》引王子年《拾遗记》曰:"孙亮作绿琉璃屏风。"《初学记》卷1《天部上》引刘义庆《世说》曰:"满奋畏风,在武帝坐。北窗作琉璃屏风,实密似疏,奋有难色。"说明魏晋南北朝时期皇宫里的玻璃屏风已很常见。

此外,前述北燕冯素弗墓还出土鸭形玻璃注一件,横长身,张扁嘴如鸭,长颈鼓腹,细长尾,颈部用玻璃条盘卷出三角纹,背上粘出双翅,腹下粘出折线的双足,腹底粘一个平正的玻璃饼①。学界对这一玻璃器的来源一直有争论,有的认为出自中国,有的认为来自罗马,但一般认为是采用罗马吹制技术制成的。

魏晋南北朝时期玻璃器具输入中国后,又有一部分流传到朝鲜半岛甚至日本列岛。在朝鲜半岛三国时代晚期的古墓中出土了不少玻璃器具,如在韩国庆州皇南大冢南坟出土一件凤首玻璃瓶与一件玻璃杯,在庆州皇南大冢北坟出土三件玻璃杯与一件玻璃碗,在庆州瑞凤冢出土两件蓝

---

① 黎瑶渤:《辽宁北票县西官营子北燕冯素弗墓》,《文物》1973年第3期。

色玻璃碗和一件波纹玻璃杯,在庆州金玲冢出土两件玻璃杯,在庆州天马冢出土一件玻璃杯,在庆州安溪里出土一件玻璃杯,在庆尚南道陕川郡玉田古坟 M1 出土一件玻璃杯,在庆尚北道漆谷郡松林寺出土一件玻璃杯。在日本奈良橿原市新泽千冢 126 号 5 世纪后期的古墓出土一件无色透明泛青的玻璃碗。因为当时朝鲜半岛的高丽、百济、新罗与日本的倭国都没有与西方直接交往的能力,这些玻璃器具无疑来自于中国。如在日本发现的这只玻璃碗,无论款式还是图案,都与湖北鄂州五里墩 M121 两晋时期的古墓中发现的一件玻璃碗近乎相同①。

大量玻璃器具输入中国,既能满足上层社会的奢侈消费,也能带动玻璃制造技术的传播,推动中国玻璃业的发展。

(二) 金银器

金银器是魏晋南北朝时期丝路贸易的重要商品,罗马与波斯金银器制造历史悠久,技术精湛,是中国金银器的主要来源。《后汉书》卷 88《西域传》"大秦国"条云:"土多金银奇宝。"《晋书》卷 97《四夷传》"大秦国"条道:"其土多出金玉宝物。"《北史》卷 97《西域传》与《周书》卷 50《异域传下》都提到波斯国出金银。罗马与波斯金银器主要是通过陆上丝绸之路输入中国。《太平御览》卷 758《器物部三》"瓶"引《前凉录》曰:"张轨时,西胡致金胡瓶,皆拂菻作,奇状,并人高,二枚。"一般认为拂菻是东罗马帝国的译称,但张轨任前凉主的时间为公元 301 年到 314 年,这时还是罗马帝国时期,说明罗马帝国或许也可能译为拂菻。来自罗马帝国的金胡瓶应该是波斯商人或中亚商人送给前凉执政者张轨的。《太平御览》卷 758《器物部三》"瓶"引《西域记》曰:"疏勒王致魏文帝金胡瓶二枚,银胡瓶二枚。"疏勒王送给魏文帝的金胡瓶和银胡瓶很可能来自罗马和波斯。《宋书》卷 96《鲜卑吐谷浑传》提到吐谷浑国王慕延遭到北魏太武帝拓跋焘的攻击而向刘宋求援,向宋文帝"献乌丸帽、女国金酒器、胡王金钏等物",这些金器也可能来自罗马或波斯等国。《洛阳伽蓝记》卷 4《城西》提到北魏河间王琛"常会宗室,陈诸宝器,金瓶银瓮百余口,瓯檠盘盒称是。……作工奇妙,中土所无,皆从西域而来"。河间王琛的金胡瓶、银胡瓶多达百余口,"皆从西域而来",这里的"西域"很可能指罗马、波斯等国,因为

---

① 王志高:《六朝墓葬出土玻璃容器漫谈——兼论朝鲜半岛三国时代玻璃容器的来源》,江苏省六朝史研究会等:《"六朝历史文化与镇江地域发展学术研讨会"论文汇编》,2010 年,第 225~231 页。

河间王"遣使向西域求名马,远至波斯国",到波斯国除了求购名马外,很可能也会求购金银器具。

南亚和东南亚也是魏晋南北朝时期金银器的重要来源。南亚和东南亚盛产金银,并喜用金银为器,《梁书》卷54《诸夷传》"中天竺国"条云:"土俗出……金、银……"《晋书》卷97《四夷传》:"扶南国"条云:"食器多以银为之,贡赋以金银珠香。"《太平御览》卷787《四夷部八·南蛮三》引康泰《扶南土俗》曰:"诸薄之西北有薄叹洲,土地出金,常以采金为业,转卖与诸贾人,易粮米杂物。"东南亚的金银器通过海上丝绸之路源源不断地输入中国。《晋书》卷97《四夷传》"林邑国"条曰:"佛死,子胡达立,上疏贡金盘碗及金钲等物。"《宋书》卷97《夷蛮传》云:"呵罗单国治阇婆洲。元嘉七年,遣使献金刚指环……""天竺迦毗黎国,元嘉五年……奉献金刚指环、摩勒金环诸宝物……""世祖孝建二年,斤陀利国王释婆罗那邻陀遣长史竺留陀及多献金银宝器。"《南齐书》卷58《东南夷传》曰:"南夷林邑国……永明九年,遣使贡献金簟等物。"《梁书》卷54《诸夷传》云:干陀利国,"宋孝武世,王释婆罗那怜陀遣长史竺留陀献金银宝器",天监十七年,王毗邪跋摩遣长史毗员跋摩奉表曰:"……奉献金芙蓉……"天监十六年,婆利国遣使奉表曰:"……今故遣使献金席等……"《太平御览》卷718《服用部二十》"指环"引《林道记》曰:"林邑王献金指环于吴主。"《太平御览》卷759《器物部四》"钵"引《交州杂事》曰:"太康四年,刺史陶璜表林邑王范熊所献银钵一口,白水精钵一口。"《太平御览》卷760《器物部五》"碗"引《义熙起居注》曰:"林邑王范明达献金碗一副,盖一副。"《太平御览》卷787《四夷部八·南蛮三》引《宋元嘉起居注》曰:"十一年,呵罗单国王尸梨毗遮耶献银漆盘等。"

魏晋南北朝时期域外输入的金银器实物,地下考古也有所发现。在北方,1970年在山西大同北魏都城遗址中发现了一处北魏时期的窖藏,其中有一件完整的海兽纹八曲银洗和一件部分鎏金银碗,前者为典型的萨珊波斯王朝制品,后者则具有强烈的希腊化风格①。1981年9月在大同市西郊小站村发现的北魏封和突墓,出土了一件精美的鎏金银盘,银盘中央为一狩猎图,狩猎图中央站立的是一个伊朗脸型的中年猎者,留着络腮长胡须,脑后有萨珊式飘带两道,从制造工艺和人物图像来看,

---

① 夏鼐:《近年中国出土的萨珊朝文物》,《考古》1978年第2期。

这也是典型的萨珊波斯王朝制品①。1983 年在宁夏固原的北周李贤夫妇墓出土精美的鎏金银壶 1 件，长颈，鸭嘴状流，上腹细长，下腹圆鼓，单把，高圈足座；壶把两端铸两个兽头与壶身相接，壶把上方面向壶口铸有一深目高鼻戴帽的胡人头像；壶颈腹相接处焊一周 13 个突起的圆珠，形成一周联珠纹饰，壶腹与高圈足座相接处也焊一周 11 个突起的圆珠，形成一周联珠纹饰；足座下部饰一周由 20 个突起的圆珠组成的联珠纹饰；壶身腹部浮雕人物图像 6 人，分为男女相对的三组，具有希腊风格的连环故事画面，是典型的萨珊波斯王朝的制品。此墓还出土了金戒指 1 枚，环状，正中镶一蓝灰色青金石，圆形石面上雕一人双手举一弧圈，弧圈两端各垂一囊状物，刻画的是一位正在手举花环、闻歌欲舞的裸体女神的形象②。

在南方，前述南京象山王氏家族墓 7 号墓出土了嵌金钢石金环 1 只，很可能就是上文中提到的金刚指环实物，应当从东南亚通过海上丝绸之路而来。这种金刚指环既可以是一种饰品，也可以是一种雕琢玉器的工具。《太平御览》卷 792《四夷部十三·西戎一》引《通典》曰："后魏宣武时，南天竺国遣使献骏马，云其国……有金刚，似紫石英，百炼不销，可以攻玉。"

金银器的大量输入，对中国金银制造业产生一定影响。

魏晋南北朝时期域外输入中国的器具除玻璃器、金银器之外，还有螺杯、玳瑁制品等。如螺杯来自东南亚，《宋书》卷 46《张邵传》云："魏主又求酒及甘橘，孝武又致螺杯杂物，南土所珍。"《梁书》卷 54《诸夷传》"婆利国"条云：普通三年，"其王频伽复遣使珠贝智贡……螺杯、杂香、药等数十种"。《艺文类聚》卷 73《杂器物部》"杯"引陶侃《故事》曰："侃上成帝螺杯一枚。"《太平御览》卷 759《器物部四》"櫑"引《晋太康起居注》曰："齐王出蕃，诏赐榼樽櫑杯盘各有差。"引《抱朴子》曰："世有使酒之客，以杯櫑相掷者有矣。"引《世说》曰："王夷甫尝属族之事，族人大怒，便举櫑掷其面。"《太平御览》卷 760《器物部五》"爵"引《后赵书》曰："石虎子韬以琉璃爵、螺杯劝客酒。"这种螺杯或櫑杯当来自东南亚，通过海上丝绸之路输入中国。

玳瑁，或作瑇瑁，也出自东南亚，《艺文类聚》卷 84《宝玉部下》"玳瑁"引《南州异物志》曰：

---

① 夏鼐：《北魏封和突墓出土萨珊银盘考》，《文物》1983 年第 8 期。
② 韩兆民：《宁夏固原北周李贤夫妇墓发掘简报》，《文物》1985 年第 11 期；王卫明：《北周李贤夫妇墓若干问题初探》，《美术研究》1985 年第 4 期。

玳瑁如龟，生南方海中，大者如蘧蒢，背上有鳞，大如扇，发取其鳞，因见其文，欲以作器，则煮之，因以刀截，任意所作，冷乃以乳鱼皮错治之，后以枯条木叶莹之，乃有光耀。

《南州异物志》详述了制造玳瑁的基本方法。

魏晋南北朝时期大量玳瑁及其制品通过海上丝绸之路输入中国，当时玳瑁制品种类繁多，有玳瑁麈尾，《艺文类聚》卷69《服饰部上》"麈尾"有引刘宋张悦《玳瑁麈尾铭》。有玳瑁钗，《艺文类聚》卷84《宝玉部下》"玳瑁"引魏繁钦诗曰："何以表别离，耳后玳瑁钗。"《太平御览》卷718《服用部二十》"钗"引《江表传》曰："魏文帝遣使于吴，求玳瑁三点钗。"有玳瑁碗，如《艺文类聚》卷84《宝玉部下》"玳瑁"引晋潘尼《玳瑁碗赋》。有玳瑁盘，《南齐书》卷58《东南夷传》云：永明二年（484），扶南国王阇耶跋摩向南齐政府贡献的物品中有"瑇瑁槟榔柈（同"盘"）一枚"。有玳瑁装饰镜台，《太平御览》卷717《服用部十九》"镜台"引《晋东宫旧事》曰："皇太子纳妃，有玳瑁钿镂镜台一。"有玳瑁装饰乘具，《太平御览》卷807《珍宝部六》"玳瑁"引《齐书》曰："庐陵王子卿为荆州刺史，在镇营造服饰，多违制度。作玳瑁乘具，诏责之，令速送都。"

五、香料与药材

香料与药材也是魏晋南北朝时期丝路贸易中的重要商品。香料主要源自罗马帝国，《后汉书》卷88《西域传》"大秦国"条说其"合会诸香，煎其汁以为苏合"，《三国志》卷30《魏书·乌丸鲜卑东夷传》注引《魏略·西戎传》提到大秦国有"一微木、二苏合、狄提、迷迷、兜纳、白附子、薰陆、郁金、芸胶、薰草木十二种香"，《梁书》卷54《诸夷传》"中天竺国"条云：

其西与大秦、安息交市海中，多大秦珍物，珊瑚、琥珀、金碧珠玑、琅玕、郁金、苏合。苏合是合诸香汁煎之，非自然一物也。又云大秦人采苏合，先笮其汁以为香膏，乃卖其滓与诸国贾人，是以展转来达中国，不大香也。郁金独出罽宾国，华色正黄而细，与芙蓉华里被莲者相似。国人先取以上佛寺，积日香槁，乃粪去之；贾人从寺中征雇，以转卖与佗国也。

可见，出自罗马的香、药有多种，最有名的是苏合。苏合，据林英先生考证①，是采自苏合树的树脂，这种树脂散发出一种怡神的、有点刺鼻的香气，并经久不衰，既可药用，也可制作香料。苏合树很罕见，所以苏合很名贵，并一直有人掺假。苏合在汉代就已传入中国，魏晋南北朝时期更多。

部分香料当来自东南亚，据《梁书》卷54《诸夷传》，林邑特产有"沉木香"；希腊人科斯麻士（科斯马斯）在《世界基督教诸国风土记》（《基督教风土志》）中指出：中国与锡兰之间有个丁香国（今马六甲一带），因盛产丁香得名，由中国和其他地方输入锡兰岛（时称塔普罗巴奈岛）主要有丝绸、沉香、丁香、檀香等，这些商品经锡兰岛运往波斯、罗马等地②，输入锡兰岛的这些香料应该来自东南亚地区。据《晋书》卷97《四夷传》，扶南"贡赋以金银珠香"，能以香料作为贡赋，扶南很可能出产某种香料。

香料通过海、陆两条丝路输入中国。法国学者布尔努瓦指出："粟特人出售香料、布匹、马匹、宝石和琉璃器。"③ 粟特人出售的香料当通过波斯人从罗马帝国转运而来。前述《高昌内藏奏得称价钱帐》有30笔交易能分辨出交易商品名称，其中9笔涉及香料的交易，数量分别为572斤、252斤、362斤、800斤、172斤、92斤、650多斤、52斤、33斤，共计2985斤，数量十分庞大，参与香料交易的商人多为粟特商人。据《梁书》卷54《诸夷传》，中天竺国在天监（502~519）初年、婆利国在普通三年（522）、丹丹国分别在中大通二年（530）和大同元年（535）向萧梁贡献物品，其中都有"杂香"或"杂香药"。《太平御览》卷787《四夷部八·南蛮三》引《宋起居注》曰："孝建二年（455）七月二十日，盘盘国王遣长史竺伽蓝婆奉献金银、琉璃、诸香药等物。"中天竺国、婆利国、丹丹国、盘盘国向南朝政府贡献的"杂香""诸香药"，既可能来自东罗马帝国，也可能来自东南亚各国，经过海上丝绸之路到达中国。

来自西域的香料在中国得到统治者的宠爱，《晋书》卷40《贾充传》云："时西域有贡奇香，一着人则经月不歇，帝甚贵之，惟以赐充及大司

---

① 林英：《大秦宝二则：苏合香与琉璃》，荣新江、罗丰主编：《粟特人在中国：考古发现与出土文献的新印证》，北京：科学出版社，2016年，第264~266页。
② 张星烺编注，朱杰勤校订：《中西交通史料汇编》（第一册），北京：中华书局，1977年，第53、54页；〔英〕裕尔撰，〔法〕考迪埃修订，张绪山译：《东域纪程录丛——古代中国闻见录》，北京：中华书局，2008年，第196、197页。
③ 〔法〕布尔努瓦著，耿昇译：《丝绸之路》，济南：山东画报出版社，2001年，第173页。

马陈骞。"

药与香有时混为一谈，合称为"香药"，有的植物既可以做药材，也可以做香的原料，如郁金。《太平御览》卷787《四夷部八·南蛮三》引《宋元嘉起居注》曰："二十六年（449），蒲黄国献牛黄等物，又献郁金香等物。"蒲黄国所献牛黄应是药材，而郁金香则药、香兼可。前述《高昌内藏奏得称价钱帐》在能分辨出交易商品名称的30笔交易中有6笔涉及硇砂交易，数量分别为172斤、50斤、241斤、11斤、251斤、201斤，共计926斤；涉及石蜜交易一笔，数量为31斤；涉及郁金根交易一笔，数量为87斤。硇砂、石蜜、郁金根均可为药，还有一笔交易商品名称就是"药"，数量为144斤。麝香作为一种药材，在这一时期也是重要的商品，前述古粟特文2号信札就提到派人至敦煌"取32袋麝香"。

六、矿产

魏晋南北朝时期丝路贸易中交易的矿产有金、银、铜等，金银是贡赐贸易中的重要商品，《晋书》卷97《四夷传》：吐谷浑国王辟奚"初闻苻坚之盛，遣使献马五十匹，金银五百斤"。据《梁书》卷54《诸夷传》，丹丹国在大同元年（535），"复遣使献金、银"。贡赐贸易之外，民间贸易中也有金银这种贵金属的交易，如前述《高昌内藏奏得称价钱帐》在能分辨出交易商品名称的30笔交易中有6笔涉及金交易，5笔有具体交易数量，分别为9.5两、10两、8.5两、9两、4两，有一笔具体数量虽缺，但有税钱4文的记载，而据此文书，4.5两金税钱1文，则由此可推出此笔交易黄金数量为18两；涉及银交易6笔，数量分别为2斤、2斤5两、5斤2两、8斤1两、2斤1两、2斤。金银之外，铜、鍮石等矿也出现在交易商品之中，如《高昌内藏奏得称价钱帐》中有铜交易一笔，数量为41斤；鍮石铜交易一笔，数量为30多斤。

七、毛织品、吉贝与火浣布等织物

毛织品在欧洲的罗马帝国、西亚的波斯与中亚许多国家都有出产，《三国志》卷30《魏书·乌丸鲜卑东夷传》引《魏略·西戎传》云：

> 大秦国……有织成细布，言用水羊毳，名曰海西布。此国六畜皆出水，或云非独用羊毛也，亦用木皮或野茧丝作，织成氍毹、毾㲪、罽帐之属皆好，其色又鲜于海东诸国所作也。……黄白黑绿紫红绛绀金黄缥留黄十种氍毹、五色毾㲪、五色九色首下毾㲪……。

据《北史》卷97《西域传》"波斯国"条，波斯的特产有"毦、氍毹、毾𣰆"等毛织品；据《梁书》卷54《诸夷传》，渴盘陁国"多牛马骆驼羊等，出好毡"。毛毡等毛织品也是丝路贸易中的重要商品，据《梁书》卷54《诸夷传》，高昌国曾向萧梁进贡"氍毹等物"。古粟特文2号信札提到，"我们自敦煌去金城（今兰州），销售大麻织品、毛毡（毯）"。据《三国志》卷30《魏书·乌丸鲜卑东夷传》，景初二年（238），曹魏赏赐给倭女王的物品中有"绛地绉粟罽十张"，很可能是来自西域的毛织品。

吉贝，又称古贝，是木棉或草棉的古称。棉花由印度最早培育而成，后分南北两路向中亚与东南亚传播。魏晋南北朝时期，中亚与东南亚很多地方都已用棉布作为衣料。《梁书》卷54《诸夷传》对此解释道：

> 吉贝者，树名也，其华成时如鹅毳，抽其绪纺之以作布，洁白与纻布不殊，亦染成五色，织为斑布也。

这里说的应是木棉。但有的国家已用吉贝布作为主要的衣料，如《梁书》卷54《诸夷传》云：

> 林邑国者……出玳瑁、贝齿、吉贝、沉木香。……男女皆以横幅吉贝绕腰以下，谓之干漫，亦曰都缦；……其王……出则乘象，吹螺击鼓，罩吉贝伞，以吉贝为幡旗。
> 干陀利国，在南海洲上。其俗与林邑、扶南略同。出班布、古贝、槟榔。
> 婆利国……其国人披古贝如帊，及为都缦。
> 狼牙修国……其俗男女皆袒而被发，以古贝为干缦。

《梁书》卷54《诸夷传》云：

> 高昌国……多草木，草实如茧，茧中丝如细纑，名为白叠子，国人多取织以为布。布甚软白，交市用焉。
> 渴盘陀国，于阗西小国也。西邻滑国，南接罽宾国，北连沙勒国。……风俗与于阗相类。衣古贝布，着长身小袖袍、小口袴。

《太平御览》卷820《布帛部七》"白叠"条引康泰《吴时外国传》说：

"诸簿国安子织作白叠花布。"

这种用做主要衣料的吉贝布很可能是草棉。中亚、南亚与东南亚国家向中国政府贡献的商品中往往有吉贝布,如《太平御览》卷820《布帛部七》"白叠"条引吴笃《赵书》曰:"石勒建平二年,大宛献珊瑚、琉璃、氍毹、白叠。"《宋书》卷97《夷蛮传》云:"呵罗单国治阇婆洲。元嘉七年(430),遣使献……天竺国白垒古贝、叶波国古贝等物。"据《梁书》卷54《诸夷传》,中天竺国在天监初、干陀利国在普通三年、丹丹国在中大通二年的贡物中都有"古贝"。

中国进口的棉布主要来自东南亚、南亚地区,因此叫"越叠"或"南布"。东汉时已有使用棉布的记录,《后汉书》卷81《独行传》云:"陆续……喜着越布单衣。"魏晋南北朝时期,棉布使用更广,《太平御览》卷820《布帛部七》"白叠"条引《晋令》曰:"士卒百工不得服越叠。"这种"越叠"就是棉布。《陈书》卷27《姚察传》道:"尝有私门生不敢厚饷,止送南布一端。"这种"南布"也是棉布。《梁书》卷3《武帝本纪下》说梁武帝"身衣布衣,木绵皂帐",这种"木绵皂帐"也是棉布制造的。

火浣布,一般认为是石棉布,因可以用火燃烧去其污渍而得名。《三国志》卷4《魏书·三少帝纪》云:景初三年(239)二月,"西域重译献火浣布,诏大将军、太尉临试以示百寮",注引《异物志》曰:

> 斯调国有火州,在南海中。其上有野火,春夏自生,秋冬自死。有木生于其中而不消也,枝皮更活,秋冬火死则皆枯瘁。其俗常冬采其皮以为布,色小青黑;若尘垢汙之,便投火中,则更鲜明也。

《洛阳伽蓝记》卷4《城西》"永明寺"条载有南方歌营国沙门菩提拔陀所言:"斯调国出火浣布,以树皮为之。其树入火不燃。"《梁书》卷54《诸夷传》道:

> 扶南东界即大涨海,海中有大洲,洲上有诸薄国,国东有马五洲。复东行涨海千余里,至自然大洲。其上有树生火中,洲左近人剥取其皮,纺绩作布,极得数尺以为手巾,与焦麻无异而色微青黑;若小垢涴,则投火中,复更精洁。

《艺文类聚》卷80《火部》引《玄中记》、《通典》卷188《边防四·南蛮下》都有与《梁书》类似的记载，说明南海某岛国出产火浣布。

《后汉书》卷88《西域传》、《三国志》卷30《魏书·乌丸鲜卑东夷传》注引《魏略·西戎传》、《晋书》卷97《四夷传》都提到大秦特产有"火浣布"，说明罗马也是火浣布的主产地。

火浣布早在东汉便已传入中国，《三国志》卷4《魏书·三少帝纪》景初三年二月，"西域重译献火浣布"，注引《傅子》曰：

> 汉桓帝时，大将军梁冀以火浣布为单衣，常大会宾客，冀阳争酒，失杯而汙之，伪怒，解衣曰："烧之。"布得火，炜晔赫然，如烧凡布，垢尽火灭，粲然洁白，若用灰水焉。

魏晋南北朝时期输入中国的火浣布更多，《太平御览》卷493《人事部》"奢"引《晋书》曰："时外国进火浣布，天下更无，帝为衫来幸（石）崇家，崇奴仆五十人皆衣火浣布衫祗承，帝大惭。"《太平御览》卷820《布帛部七》"火浣布"条引《梁四公记》曰："有商人赍火浣布三端，帝以杂布积之。"《艺文类聚》卷85《布帛部》引西晋殷巨《奇布赋》便是对大秦所献"火布"的赞美词赋。《晋书》卷86《张轨传》云："西域诸国献汗血马、火浣布、犛牛、孔雀、巨象及诸珍异二百余品。"《晋书》卷113《苻坚载记上》曰："天竺献火浣布。"《宋书》卷95《索虏传》道："粟特大明（457～464）中遣使献生狮子、火浣布、汗血马。"

毛织品、棉织品的输入对中国纺织业的发展会产生一定的推动作用，特别是棉织品的输入更会带动棉花的引进，从而为解决衣料问题提供新的选择。

八、观赏动物

（一）鹦鹉

鹦鹉作为一种观赏鸟类，魏晋南北朝时期多从南亚和东南亚输入中国，据《晋书》卷10《安帝纪》，林邑在义熙十三年（417）献白鹦鹉；据《宋书》卷97《夷蛮传》，天竺迦毗黎国在元嘉五年（428）献赤白鹦鹉各一头，呵罗单国在元嘉七年献赤鹦鹉鸟，婆皇国在大明三年（459）献赤白鹦鹉各一头；据《梁书》卷54《诸夷传》，婆利国在普通三年（522）贡白鹦鹉。

（二）孔雀

早在汉代，孔雀作为一种观赏鸟类，由南越贡献朝廷。据《汉书》卷95《西南夷两粤朝鲜传》，汉文帝初年，派遣陆贾出使南越，南越王佗"因使者献……孔雀二双"。魏晋南北朝时期孔雀作为一种贡品通过海上丝绸之路从东南亚大规模输入中国。《三国志》卷53《吴书·薛综传》记载薛综分析交州情势道：

> 县官羁縻，示令威服，田户之租赋，裁取供办，贵致远珍名珠、香药、象牙、犀角、玳瑁、珊瑚、琉璃、鹦鹉、翡翠、孔雀、奇物，充备宝玩，不必仰其赋入，以益中国也。

交州输入内地的宝玩包括鹦鹉、孔雀。据《晋书》卷57《陶璜传》，孙皓时，察战邓荀至交阯，一次便"擅调孔雀三千头，遣送秣陵"。据《宋书》卷29《符瑞志下》，孝武帝大明五年（461），"交州刺史垣闳献白孔雀"；据《南齐书》卷58《东南夷传》，永明三年（485），"以司农刘楷为交州刺史，发南康、庐陵、始兴郡兵征交州"，原交州刺史"（李）叔献闻之，遣使愿更申数年，献十二队纯银兜鍪及孔雀毦"。李叔献所献"孔雀毦"，便是以孔雀羽毛做的装饰品。大量孔雀输入内地，孔雀羽毛不仅用作装饰，甚至织以为衣裘，如《南齐书》卷21《文惠太子传》提到文惠太子"善制珍玩之物，织孔雀毛为裘，光彩金翠，过于雉头矣"。因为南方朝廷从东南亚获取了不少孔雀之类的珍玩，所以往往以此作为与北方朝廷交往的礼物，如《三国志》卷47《吴书·吴主传》注引《江表传》提到"魏文帝遣使求雀头香、大贝、明珠、象牙、犀角、玳瑁、孔雀、翡翠、斗鸭、长鸣鸡"等珍玩，孙权"皆具以与之"。《魏书》卷97《岛夷刘裕传》载道，太平真君九年，"义隆遣使献孔雀"。

除了海上丝绸之路以外，孔雀也通过陆上丝绸之路输入中国，《魏书》卷102《西域传》"龟兹国"条提道："土多孔雀，群飞山谷间，人取养而食之，孳乳如鸡鹜，其王家恒有千余只云。"所以孔雀也从西域输入内地。《晋书》卷86《张轨传》载道："西域诸国献汗血马、火浣布、犛牛、孔雀、巨象及诸珍异二百余品。"西域诸国所献珍异中便有孔雀。

（三）驯象

魏晋南北朝时期驯象作为一种大型观赏动物通过海、陆两条丝路输入中国。《后汉书》卷9《孝献帝纪》云：建安七年（202），"于窴国献驯象"，《魏书》卷102《西域传》"于阗国"条云："朝廷遣使者韩羊皮使波斯，波斯王遣使献驯象及珍物。"这是通过陆上丝绸之路从西域输入中国驯象。

但更多的是通过海上丝绸之路从东南亚输入中国，如《晋书》卷7《成帝纪》云：咸康六年（340），"林邑献驯象"。《晋书》卷8《穆帝纪》云：升平元年（357），"扶南竺旃檀献驯象"。《晋书》卷10《安帝纪》云：义熙十三年（417），"林邑献驯象"。《晋书》卷25《舆服志》云："武帝太康（280～289）中平吴后，南越献驯象，诏作大车驾之，以载黄门鼓吹数十人，使越人骑之。"《梁书》卷42《臧盾传》云："中大通五年（533）二月，高祖幸同泰寺开讲，设四部大会，众数万人。南越所献驯象，忽于众中狂逸。"《梁书》卷5《元帝本纪》云：大宝二年（551），"盘盘国献驯象"。《陈书》卷6《后主本纪》云：至德元年（583），"交州刺史李幼荣献驯象"。

驯象也往往作为一种礼物由南方朝廷赠送北方，《魏书》卷4上《世祖纪上》云：延和二年（433），"刘义隆遣使朝贡，奉驯象一"；太延五年（439），"刘义隆遣使朝献，并献驯象一"。《北齐书》卷4《文宣帝纪》云：天保七年（556），"梁湘州刺史王琳献驯象"。《北齐书》卷32《王琳传》云："乃遣使奉表诣齐，并献驯象。"

（四）狮子

狮子作为一种大型观赏动物主要从陆上丝绸之路输入中国，一般是驯狮，如据《魏书》卷4下《世祖纪下》，太平真君十一年（450），"颇盾国献师子一"；《魏书》卷10《孝庄纪》，永安二年（529），"嚈达国献师子一"；《魏书》卷102《西域传》，嚈哒国在正光（520～525）末"遣使贡师子一"；《北齐书》卷14《平秦王归彦传》，其父高徽"以解胡言，为西域大使，得胡师子来献，以功得河东守"；《梁书》卷54《诸夷传》，滑国（即嚈哒国）在普通元年（520）"遣使献黄师子"。也有献没有驯化的狮子，如《宋书》卷95《索虏传》道："粟特大明（457～464）中遣使献生狮子。"这种"生狮子"当是没有驯化的狮子。

少量狮子来自海上，如《太平御览》卷787《四夷部八·南蛮三》引《宋元嘉起居注》曰：师子国王遣使奉献，诏曰："闻彼邻多有师子，此所未睹，可悉致之。"

（五）舞马

《宋书》卷6《孝武帝本纪》云：大明三年（459），"西域献舞马"。《宋书》卷96《鲜卑吐谷浑传》道："世祖大明五年，拾寅遣使献善舞马、四角羊。皇太子、王公以下上《舞马歌》者二十七首。"《宋书》卷85《谢庄传》载道，"时河南献舞马"，"庄作《舞马歌》"，当指此事。《梁书》卷33《张率传》曰：天监四年（505），"河南国献舞马"。《梁书》卷54《诸夷传》"河南王"条道：天监十五年，河南王休运筹"遣使献赤舞龙驹及方物"。《北史》卷96《吐谷浑传》云：西魏大统（535～551）初，吐谷浑王夸吕"遣使献能舞马及羊、牛等"。除了刘宋孝武帝大明三年的舞马来自西域外，其他都来自吐谷浑。《魏书》卷101《吐谷浑传》提到其良马道："青海周回千余里，海内有小山，每冬冰合后，以良牝马置此山，到来春收之，马皆有孕，所生得驹，号为龙种，必多骏异。吐谷浑尝得波斯草马，放入海，因生骢驹，能日行千里，世传青海骢者是也。"所以其舞马也很有名。

（六）波斯狗

《北齐书》卷12《武成十二王传》云：南阳王绰"爱波斯狗"，《北齐书》卷50《恩倖传》道："犹以波斯狗为仪同、郡君，分其干禄。"说明波斯狗在北齐很受宠，这种狗当来自波斯。

观赏动物的输入开拓了人们的视眼，丰富了人们的生活。

九、蒲陶与槟榔等食物

蒲陶，自张骞通西域便传入内地，南北朝时期也是高层的奢侈品。《宋书》卷59《张畅传》提到，宋魏瓜步之战时，刘宋派特使张畅与北魏交涉，双方互赠礼物，北魏特使云："貂裘与太尉，骆驼、骡与安北，蒲陶酒杂饮，叔侄共尝。"《梁书》卷54《诸夷传》"高昌国"条云："出良马、蒲陶酒、石盐。……大同（535～546）中，子坚遣使献鸣盐枕、蒲陶、良马、氍毹等物。"

槟榔来自东南亚，《梁书》卷54《诸夷传》云："干陀利国，在南海洲上。……出班布、古贝、槟榔。槟榔特精好，为诸国之极。"《南齐书》卷58《东南夷传》也道：扶南国"多槟榔"。南朝时期，槟榔已成为社会上层的一种嗜好。《南史》卷15《刘穆之传》载道，晋宋之际的刘穆之少时家贫，好往妻兄家乞食，在一次宴会后，"食毕求槟榔"，其妻兄戏之曰："槟榔消食，君乃常饥，何忽须此？"为官后，"令厨人以金样贮槟榔一斛"以赠其妻兄。《南史》卷59《任昉传》提到，"昉父遥本性重槟榔，以为常饵，临终尝求之，剖百许口，不得好者，昉亦所嗜好，深以为恨，遂终身不尝槟榔"。《南齐书》卷22《豫章文献王传》记载文献王临终交待后事道："三日施灵，唯香火、盘水、干饭、酒脯、槟榔而已。""朔望时节，席地香火、盘水、酒脯、干饭、槟榔便足。"说明其对槟榔的喜好。这些槟榔当通过海上丝绸之路从东南亚输入中国。

蒲陶与槟榔等商品的输入会带动相关品种的输入，从而满足社会需要。

十、宗教文化用品

（一）佛教用品

魏晋南北朝时期是佛教在中国大规模传播与中国化时期，除了中外高僧东来西往，将佛教用品带到中国外，一些佛教国家也将佛教用品当作贡物输入中国，成为贡赐贸易的重要组成部分，常见的有佛像、佛塔、佛经等。南亚的师子国，今斯里兰卡，应是佛教外传最早的国家，早在东晋末年，便向中国进贡佛像。《梁书》卷54《诸夷传》"师子国"条云："晋义熙（405～418）初，始遣献玉像，经十载乃至。像高四尺二寸，玉色洁润，形制殊特，殆非人工。"师子国所献玉像，当是用玉作材料雕刻的佛像。《宋书》卷97《夷蛮传》，刘宋时师子国王刹利摩诃南奉表曰"……故托四道人，遣二白衣送牙台像以为信誓"，"牙台像"当是象牙雕刻的佛像。《艺文类聚》卷76《内典部上》引《宋元嘉起居注》曰："师子王国，遣使奉献，诏答云，此小乘经甚少，彼国所有，皆可写送。"师子国很有可能向南朝政府进献过佛教经典。东南亚也是传播佛教很早的地区，许多国家也向南朝政府进贡佛教用品。《南齐书》卷58《东南夷传》云：永明二年（484），扶南国王阇耶跋摩遣天竺道人释那伽仙上表并"献金镂龙王坐像一躯，白檀像一躯，牙塔二躯"。其中"白檀像"当是以白檀香木雕刻的佛像，"牙塔"是以象牙雕刻而成的佛塔。据《梁书》卷54《诸夷传》"丹丹国"条，中大通二年（530），其王遣使奉表并"奉送牙像及塔各二躯"，"牙像及塔"当是以象牙雕刻而成的佛像和佛塔；"盘盘国"条，"中大通元年五月，累遣使贡牙像及塔，并献沉檀等香数十种。六年八月，复使送菩提国真舍利及画塔，并献菩提树叶、詹糖等香"。其中"牙像及塔""菩提国真舍利及画塔"

"菩提树叶"等都是佛教用品。南亚、东南亚国家向南朝政府进贡佛教用品都是通过海上丝绸之路，而西域的佛教国家通过陆上丝绸之路也向南朝输入佛教用品。据《梁书》卷54《诸夷传》"波斯国"条，中大通二年（530），"遣使献佛牙"；"于阗国"条，大同七年（541），"又献外国刻玉佛"。

佛教用品的大量输入促进了佛教在中国的传播。

（二）儒家典籍

魏晋南北朝时期，儒家典籍也往往成为丝路贸易中的贡赐商品，朝鲜半岛的百济最为明显。据《宋书》卷97《夷蛮传》，元嘉二十七年（450），百济国王毗"表求《易林》《式占》、腰弩，太祖并与之"；据《南史》卷79《夷貊传下》，萧梁时，又"请《涅槃》等经义、《毛诗》博士并工匠画师等，并给之"。儒家典籍之外，中国书法作品作为商品也输往百济，据《南史》卷42《齐高帝诸子传上》，萧梁宗室萧子云为东阳太守时，"百济国使人至建邺求书，逢子云为郡，维舟将发。使人于渚次候之，望船三十许步，行拜行前。子云遣问之，答曰：'侍中尺牍之美，远流海外，今日所求，唯在名迹。'子云乃为停船三日，书三十纸与之，获金货数百万"。萧子云的三十幅书法作品竟然卖出了数百万的市价，可见中国书法在百济之地位。

儒家典籍的对外输出，促进了中国与丝绸之路沿线国家的文化交流。

十一、奴婢

魏晋南北朝时期，奴婢也是重要的丝路贸易商品，有两种形式。一是奴婢成为贡赐物品。据《三国志》卷30《魏书·乌丸鲜卑东夷传》，倭女王卑弥呼在曹魏明帝景初二年（238）向曹魏进献的贡品有"男生口四人，女生口六人"；齐王芳正始四年（243），又"上献生口"；后来倭女王壹与向曹魏"献上男女生口三十人"，可见，倭国一直将奴婢作为贡物进献中国。《梁书》卷54《诸夷传》提道："晋太元（376～396）年中，王须；义熙（405～418）中，王馀映；宋元嘉（424～453）中，王馀毗；并遣献生口。"说明南北朝时期百济常向中国贡献奴婢。《宋书》卷92《良吏传》载道：刘宋派兵败林邑，"林邑乞降，输生口"。而据《梁书》卷54《诸夷传》"中天竺国"条，孙吴向罗马商人秦论赏赐"黝、歙短人"这种战俘奴婢。二是奴婢成为民间贸易商品。《梁书》卷33《王僧孺传》道："郡常有高凉生口及海舶每岁数至，外国贾人以通货易。"说明有"高凉生口"贩卖给外国商人。《宋书》卷76《王玄谟传》云：刘宋孝武帝"宠一昆仑奴子，名白主。常在左右，令以杖击群臣"。"昆仑奴"是来自东南亚一带的奴隶。吐鲁番哈拉合卓九九号墓出土的《北凉承平八年翟绍远买婢券》是一张完整的奴婢买卖契约：

> 承平八年岁次己丑九月廿二日，翟绍远从石阿奴买婢壹人，字绍女，年廿五，交与丘慈锦三张半。贾（价）则毕，人即付。若后有何（呵）盗仞（认）名，仰本主了，不了，部（倍）还本贾（价）。二主先和后券，券成之后，各不得返悔，悔者罚丘慈锦七张，入不悔者。民有私要，要行二主各自署名为信。券唯一支，在绍远边。倩书道护。①

《北凉承平八年翟绍远买婢券》载明了交易时间，交易双方姓名，奴婢的名字、年龄，交易的价格；明确交易双方的责任归属，如果奴婢被人盗出后再交易，卖主必须加倍赔付买主；契约订立后，如有一方反悔，则必须赔付对方一倍的价格；双方签名后，契约存放买方处。《买婢券》内容、格式完整，说明当时奴婢买卖频繁②。从交易双方姓名来看，卖主为石阿奴，当是粟特商人，说明奴婢是粟特商人长途贩运的重要商品。

---

① 国家文物局古文献研究室等编：《吐鲁番出土文书》（第一册），北京：文物出版社，1981年，第187页。
② 钟盛：《〈吐鲁番出土文书〉中所见的南北朝时期高昌地区的奴婢状况》，《内蒙古社会科学（汉文版）》2004年第1期。

第五章 魏晋南北朝丝路贸易的影响

魏晋南北朝时期丝路贸易的发展,加深了中国与丝绸之路沿线国家的相互了解,促进了商品流通与文化、科技交流,推动了中国与丝绸之路沿线国家的社会经济文化发展。

第一节 魏晋南北朝时期中国对丝路沿线国家认识的深化

由于政局动荡,魏晋南北朝时期的丝路交通有过短暂中断,但总体来说,在汉代基础上仍有较大发展。中国与丝绸之路沿线国家的频繁交往,必定会加深彼此了解,如孙权黄武五年(226),有大秦商人秦论到交趾从事贸易,交趾太守吴邈护送他见孙权,"权问方土谣俗,论具以事对"[①]。孙吴政权便从商人秦论那里得到了大量有关大秦的信息。孙吴政权曾派中郎康泰、宣化从事朱应出使海南诸国,"其所经及传闻,则有百数十国"[②],搜集了大量东南亚和南亚国家的资讯,如在扶南见到了天竺使臣陈、宋等人,康泰"具问天竺土俗"[③];归国后,康泰著有《吴时外国传》(又名《扶南志》),朱应撰写了《扶南异物志》,两书虽均已失传,但《水经注》《太平御览》《艺文类聚》《通典》等多有征引,成为今人研究中国和南海诸国经济文化交流的最早文献资料。东晋十六国时期,高僧法显于后秦弘始元年(399)从长安出发,一路向西前往天竺取经,历经14年,从陆路出发,经海路归国,途经中亚、西亚、南亚、东南亚近30个国家,归国后根据亲自经历,撰写了《佛国记》(又名《法显传》),对沿途各国自然地理、交通、物产、宗教信仰、商品贸易等都有详细记载,直到今天仍然是研究西域和印度古代历史与南海交通史的重要文献资料。北魏太武帝拓跋焘"遣散骑侍郎董琬、高明等多赍锦帛"出使西域,"与琬俱来贡献者十有六国","自后相继而来,不间

---

① 《梁书》卷54《诸夷传》,第798页。
② 同上书,第783页。
③ 同上书,第798、799页。

于岁，国使亦数十辈矣"①。董琬之行后，北魏对西域的认识大为深化，《魏书》卷102《西域传》提到："始琬等使还京师，具言凡所经见及传闻傍国。"西域经过多年争战，已由原来的50多国缩减到16国，分为四大部分，"自葱岭以东，流沙以西为一域；葱岭以西，海曲以东为一域；者舌以南，月氏以北为一域；两海之间，水泽以南为一域"，并对其间的交通做了详细介绍。北魏明帝神龟元年（518），胡太后命宋云率佛门惠生、法力等前往天竺西去求经，途经今青海、新疆，到达中亚、西亚、南亚，遍访沿途10多个国家。归国后，宋云著有《魏国以西十一国事》，此书现已亡佚，《新唐书》卷58《艺文志二》有录书目，说明北宋修撰《新唐书》时此书犹存。不过部分内容被北魏杨衒之收录在《洛阳伽蓝记》中，后人将这部分整理出来，称之为《宋云行纪》；惠生撰写有《北魏僧惠生使西域记》（又名《惠生行记》），现存于大正新修《大藏经》第2086部"史传部"中。宋云一行的大规模出访及其著述必定深化人们对丝绸之路沿线国家的了解。

魏晋南北朝时期中国对丝绸之路沿线国家认识的深化可以从波斯与罗马（东罗马）帝国相关的文献记载中得以体现。萨珊波斯王朝（226～642）几乎与中国的魏晋南北朝相始终，波斯向西垄断了对罗马（东罗马）帝国的丝路贸易，向东虽受到粟特人的阻挠，但一直积极争取与中国的直接贸易。到南北朝时期，波斯与中国关系相当密切，波斯与中国的南、北政权同时发展外交关系。据《魏书》本纪记载，波斯曾向北魏遣使贡献多达10次，而据《梁书》本纪，波斯也向萧梁遣使3次。与此同时，中国政府也不断向波斯遣使，如北魏前期，曾派韩羊皮出使波斯②。当时也有部分波斯商人通过海、陆两路到中国经商，大量波斯银币的出土便是双方贸易的凭证。由于中国与波斯交往的频繁，这一时期的中国文献资料对波斯的记载非常详细。《魏书》卷102《西域传》③ 与《梁书》卷54《诸夷传》都单独为波斯做传，其中尤以《魏书》的"波斯国传"最为详尽。

据该传记载，波斯国地理位置："在忸密西"，距北魏"二万四千二百二十八里"。

---

① 《魏书》卷102《西域传》，第2260页。
② 同上书，第2263页。
③ 《魏书》卷102《西域传》原本已遗失，今本《魏书·西域传》抄补自《北史·西域传》，而后者乃辑录自《魏书·西域传》《周书·异域传下》《隋书·西域传》等而成。今本《魏书·西域传》基本上剔除了《周书·异域传下》《隋书·西域传》等内容，与原《魏书·西域传》相差不会太大。

都城:"宿利城","城方十里,户十余万",规模宏大,有条河"经其城中南流"。

自然条件:"气候暑热","地多沙碛",所以农业靠"引水溉灌"。

特产:"金、银、鍮石、珊瑚、琥珀、车渠、马脑,多大真珠、颇梨、琉璃、水精、瑟瑟、金刚、火齐、镔铁、铜、锡、朱砂、水银、绫、锦、叠、毼、氍毹、毾㲪、赤獐皮,及薰陆、郁金、苏合、青木等香,胡椒、毕拨、石蜜、千年枣、香附子、诃梨勒、无食子、盐绿、雌黄等物。"

特色动物:"名马、大驴及驼""白象、师子",还有一种鸟,"有鸟形如橐驼,有两翼,飞而不能高,食草与肉,亦能噉火",应该是驼鸟。

政治制度:"其王姓波氏,名斯。坐金羊床,戴金花冠,衣锦袍、织成帔,饰以真珠宝物。……王于其国内,别有小牙十余所,犹中国之离宫也。……王即位以后,择诸子内贤者,密书其名,封之于库,诸子及大臣皆莫之知也。王死,众乃发书视之,其封内有名者,即立以为王,余子出各就边任,兄弟更不相见也。国人号王曰'医囋',妃曰'防步率',王之诸子曰'杀野'。大官有摸胡坛,掌国内狱讼;泥忽汗,掌库藏开禁;地卑,掌文书及众务;次有遏罗诃地,掌王之内事;薛波勃,掌四方兵马。其下皆有属官,分统其事。兵有甲槊圆排剑弩弓箭,战兼乘象,百人随之。"

刑法:"重罪悬诸竿上,射杀之;次则系狱,新王立乃释之;轻罪则劓刖若髡,或剪半鬓,及系牌于项,以为耻辱;犯强盗者,系之终身;奸贵人妻者,男子流,妇人割其耳鼻。"

服饰:"丈夫剪发,戴白皮帽,贯头衫,两厢近下开之,亦有巾帔,缘以织成;妇女服大衫,披大帔,其发前为髻,后披之,饰以金银花,仍贯五色珠,落之于膊。"

婚姻制度:"多以姊妹为妻妾,自余婚合,亦不择尊卑,诸夷之中最为丑秽矣。百姓女年十岁以上有姿貌者,王收养之,有功勋人即以分赐。"

信仰:"俗事火神、天神",即信仰祆教。

丧葬制度:"死者多弃尸于山,一月着服。城外有人别居,唯知丧葬之事,号为不净人,若入城市,摇铃自别。"

岁时节令:"以六月为岁首,尤重七月七日、十二月一日,其日人庶以上各相命召,设会作乐,以极欢娱。又每年正月二十日,各祭其先死者。"

文字:"与胡书异",说明有自己独特的波斯文字。

货币:"赋税则准地输银钱",说明波斯流通银币。

《魏书》卷102《西域传》中"波斯国"对波斯的记载不仅全面,而且相当准确。

与波斯相比,魏晋南北朝时期中国对罗马(东罗马)帝国的认识要逊色许多,因为安息和萨珊波斯为了垄断对罗马的丝绸贸易,一直阻挠罗马帝国与中国的直接接触。但魏晋南北朝时期中国与罗马(东罗马)帝国的接触较汉代已大为加强。据《后汉书》卷88《西域传》"大秦国"条,东汉桓帝延熹九年(166),"大秦王安敦遣使自日南徼外献象牙、犀角、瑇(玳)瑁,始乃一通焉",而据"安息国"条,西域都护班超曾遣甘英出使大秦,但因安息的阻挠未能成功。从文献记载来看,在整个汉代,中国与罗马帝国之间仅有一次直接接触,是通过海上丝绸之路实现的,而魏晋南北朝时期中国与罗马(东罗马)帝国之间的交往则要频繁得多,并且海、陆两条通道都已开通。在海路,孙吴时期,孙权就接见过大秦商人秦论,并详细询问罗马的"方土谣俗",并派官员刘咸护送①;西晋太康年间,大秦国"遣使来献"②,使团经过广州时,时任广州刺史幕僚的殷巨亲眼目睹,在其所作《奇布赋》"序"中有详细说明③;东晋穆帝(345~361)时,罗马帝国遣使建康,而东晋王朝则在哀帝兴宁元年(363)遣使回访④,此时罗马帝国首都已从罗马城迁到君士坦丁堡。在陆路,北魏时期,译为"普岚"的东罗马帝国三次向北魏政府遣使朝献,标志着东罗马帝国与北魏之间开始了直接的朝贡贸易;北朝末期,突厥联合中亚的粟特商人绕过波斯,开通了与东罗马帝国的直接贸易通道。

随着中国与罗马(东罗马)帝国之间交往增多,魏晋南北朝时期中国对罗马(东罗马)帝国的认识已开始突破层层迷雾,增添了不少正确见解。如刘宋时人范晔撰写《后汉书》时,据其中《西域传》序言所说:"今撰建武以后其事异于先者,以为《西域传》,皆安帝末班勇所记云。"东汉时期,班超、班勇父子长期经营西域,掌握了西域的大量一手资料,所以范晔撰写《西域传》的材料主要来自于班超、班勇父子。班超、班勇父子对"大秦国"也是有所了解的,特别是班超还曾派遣副使

---

① 《梁书》卷54《诸夷传》,第798页。
② 《晋书》卷3《武帝纪》,第75页。
③ [唐]欧阳询撰,汪绍楹校:《艺文类聚》卷85《布帛部》"布"条引西晋殷巨《奇布赋》,北京:中华书局,1965年,第1463、1464页。
④ 《太平御览》卷787《四夷部八·南蛮三》"蒲林国"条引《晋起居注》,第3487页。

甘英出使大秦，可惜因为安息的阻挠而未能如愿，所以班超父子对"大秦国"的资料也基本来自传闻，难免存在误解。而到南北朝时期，随着中国对罗马（东罗马）帝国认识的深化，范晔在撰写"大秦国"条时就能有所分辨。如提到"大秦国"珍宝特多，"土多金银奇宝，有夜光璧、明月珠、骇鸡犀、珊瑚、虎魄、琉璃、琅玕、朱丹、青碧。刺金缕绣，织成金缕罽、杂色绫。作黄金涂、火浣布。又有细布，或言水羊毳，野蚕茧所作也。合会诸香，煎其汁以为苏合。凡外国诸珍异皆出焉"。这条资料明显来自于班超父子的记叙，范晔对此已高度怀疑，说道，"其所表贡，并无珍异，疑传者过焉"。至于"大秦国"，"西有弱水、流沙，近西王母所居处，几于日所入也"，"从安息陆道绕海北行出海西至大秦，人庶连属，十里一亭，三十里一置，终无盗贼寇警。而道多猛虎、师子，遮害行旅，不百余人，赍兵器，辄为所食"；"大秦国"，"有飞桥数百里可度海北"；"大秦国"，多"奇异玉石诸物"。班超父子的这些资料，在范晔看来是"谲怪多不经"，所以不予采纳。在比《后汉书·西域传》成书稍晚的《魏书·西域传》中，"大秦国"条也提到，"于彼国观日月星辰，无异中国，而前史云条支西行百里日入处，失之远矣"。可见，到南北朝时期，中国人对罗马帝国的认知更加真实了。

第二节　魏晋南北朝时期中国与丝路沿线国家的文化交流

魏晋南北朝时期丝路贸易的发展，促进了中国与丝绸之路沿线国家的文化交流，这一时期佛教东来，异域音乐、舞蹈流入，对中国文化产生巨大影响；而以儒家文化为核心的中国文化的对外传播，也促进了丝路沿线国家的文化发展，所以丝绸之路往往被学者称之为"文化交流"之路[①]。

一、外来文化的输入

（一）佛教东来对中国文化的影响

佛教虽然早在汉代就已传入中国，但当时被视为方术之一种，影响甚微，佛教在中国真正的发展时期是魏晋南北朝。东晋十六国时期开始，

---

① 齐陈骏：《漫谈古丝路的研究》，《丝绸之路》1997年第6期。

佛教渐为兴盛，十六国时期的后赵、前秦、后秦等政权，佛教几成国教；到南北朝时期，佛教在中国达到极盛。佛教东来，与丝路贸易发展密不可分，无论西域高僧东来传教，还是中土高僧西去取经，都是以丝路贸易发展为基础的；佛教传布的线路与丝绸之路的路线是完全相同的，在旅途中很多僧侣都得到过商人的资助，而商人也得到僧侣的精神慰藉，僧侣与商人往往结伴而行。魏晋南北朝时期佛教与中国传统文化相结合，实现了佛教的中国化，成为中国文化的一部分，对中国的影响可以说是全方位的。

在哲学方面，中国传统哲学注重现实问题，强调人的自省，缺乏对来生后世的构想，佛教传入中国后，正好弥补了中国传统哲学的这一缺陷[1]，佛教重点思考的正是人生彼岸，强调因缘业报、无常无我，破除人性的欲望樊篱，最终实现涅槃重生，同时佛教教义充满了逻辑思辨，这大大促进了中国逻辑哲学的发展。

在文学方面，魏晋南北朝时期佛教的影响是多方面的，如翻译文学与讲唱文学就是在翻译和宣讲佛教经典的实践中产生的；兴盛一时的山水诗和玄言诗便是禅学思想与玄学思想的结晶；产生和流行于这一时期的志怪小说无疑也是受到佛教、道教与玄学的影响而孕育出来的；这一时期对四声、八病的发现一般认为受到梵文拼音的影响；随着佛教经典的广泛传播，极大的丰富了文学词汇与文学题材[2]。

在艺术方面，魏晋南北朝时期佛教艺术开始在中国大放异彩，开始渗透到中国艺术的各个领域。在建筑艺术领域，佛寺、佛塔和石窟都源于佛教，在魏晋南北朝时期都得到迅速发展。中国最早的佛寺是建于东汉永平十一年（68）的白马寺，但汉代佛教影响有限，佛寺很少，而到魏晋南北朝时期佛教昌盛，寺院数量急剧增多，据北魏杨衒之《洛阳伽蓝记》序言，西晋永嘉年间洛阳佛寺有42所，而到北魏末期，洛阳佛寺多达1000余所。南朝也不遑多让，萧梁时人郭祖深向梁武帝上书说道"都下佛寺五百余所"，"所在郡县，不可胜言"[3]，以致唐代杜牧有"南朝四百八十寺，多少楼台烟雨中"的诗句。

佛塔，源于印度的窣堵坡，为半圆形房屋建筑物，专以供奉佛骨，

---

[1] 黄利平、康薇、周劲思、李景华：《足迹从丝路延伸——中国古代对外文化交流》，北京：人民日报出版社，1995年，第73、74页。

[2] 袁行霈主编：《中国文学史》第2卷，北京：高等教育出版社，1999年，第17～20页；凌谟介主编：《新编世界古代史》，兰州：甘肃人民出版社，1991年，第220页。

[3] 《南史》卷70《循吏传》，第1721页。

而到中国发展成为各种形式的多层高塔建筑。魏晋南北朝时期佛塔建筑发展很快，很多佛寺建有佛塔，如北魏末期胡太后下令所建的永宁寺中有一座佛塔，有九层，高九十丈，塔上还有宝刹十丈，总共离地一千尺，百里之外就能遥望。

石窟，源于印度的支提窟，后结合中国古代建筑演变而成。魏晋南北朝时期中国开始大规模开凿石窟，最早开凿于新疆，以龟兹为中心，以克孜尔石窟、库木吐拉石窟、柏孜克里克石窟为代表；然后在河西走廊，著名的有甘肃武威天梯山石窟（开凿于北凉，凉州模式的代表）、敦煌莫高窟（最早开凿于前秦）；再到天水麦积山石窟（最早开凿于后秦）；再到山西大同云冈石窟（北魏开凿）、河南洛阳龙门石窟（始凿于北魏）。从龟兹模式到凉州模式，再到内地的石窟，沿丝绸之路从西向东，石窟建筑逐渐中国化。而石窟中的雕塑、壁画无论题材、艺术手法还是风格都糅合了印度、波斯与中亚的异域基因，其中又以健陀罗艺术的影响最大①。佛教雕塑、壁画的发展，深刻影响了中国雕塑与绘画艺术。魏晋南北朝时期，佛教题材，特别是佛像，往往成为中国雕塑与绘画的主题，以孙吴时的曹不兴、东晋时的顾恺之、刘宋时的陆探微、萧梁时的张僧繇为代表的六朝画家都擅长画佛像，如顾恺之在建康瓦棺寺画的维摩诘像在当时就轰动一时。佛教艺术对魏晋南北朝时期的装饰艺术影响也很大，如在孙吴和西晋时期，佛像被广泛用作器物上的装饰，江南地区出土了大量这一时期贴塑着佛像的陶瓷谷仓罐、青瓷器皿等，也出土了许多以佛像作图纹的铜镜、铜带具等；而到南北朝时期，随着人们对佛教的信仰更趋虔诚，佛像不再被用来装饰器物，取而代之的是佛教圣物莲花图案②。在北魏平城时期，忍冬纹随着佛教文化传入中国后大量出现在石雕棺床、棺版画、墓葬壁画、墓砖、瓦当甚至普通陶器上，成为当时最为流行的装饰纹样③。

佛教东传，对中国音乐也产生重大影响。为弘扬教义，僧侣们往往与音乐、舞蹈、杂技为伴，《洛阳伽蓝记》卷1《城内》"景乐寺"条就提到"召诸音乐，逞伎寺内"。一些高僧还自创佛曲，如十六国时期的西域高僧鸠摩罗什创造的佛曲就轰动一时。到南北朝时期，中国的佛教

---

① 魏文斌：《丝绸之路佛教及佛教艺术的交流》，《丝绸之路》2014年第15期；王欣：《丝绸之路与古代东西文明交往》，中国中外关系史学会主编：《中外关系史论文集第17辑——"草原丝绸之路"学术研讨会论文集》，2009年，第13页。

② 杨泓：《吴、东晋、南朝的文化及其对海东的影响》，《考古》1984年第6期。

③ 王银田：《丝绸之路与北魏平城》，《暨南学报（哲学社会科学版）》2014年第1期。

信徒开始自创中国佛曲，如南齐竟陵王萧子良和南梁武帝萧衍都有过这方面的尝试。魏晋南北朝时期西域音乐大规模输入中国，而西域国家多为佛国，其音乐中必然包含佛教音乐基因，甚至有不少佛曲，对此，下文将有专门论述。

佛教之外，祆教已在北魏后期传入中国，北齐、北周时期，祆教一度地位崇高，当时信仰祆教的粟特聚落还有政教合一的职官——萨甫，但祆教在魏晋南北朝时期的影响并不大。

（二）异域伎乐的输入

魏晋南北朝时期异域音乐、舞蹈大规模输入中国，其中以西域乐舞影响最大，此外朝鲜半岛的高丽、百济与东南亚的扶南乐舞也有一定影响。魏晋南北朝时期异域伎乐输入后，与中国传统乐舞相融合，为隋唐乐舞的辉煌奠定了坚实基础。

1. 西域伎乐东传

汉代正式开通丝绸之路后，西域伎乐就开始大量传入中国，魏晋南北朝时期随着丝路贸易的发展，传入中国的西域伎乐更多，影响更大，有代表性的有西凉乐、龟兹乐、天竺乐、康国乐、疏勒乐、安国乐等。

（1）西凉乐

《隋书》卷15《音乐志下》云：

> 《西凉》者，起苻氏之末，吕光、沮渠蒙逊等，据有凉州，变龟兹声为之，号为秦汉伎。魏太武既平河西得之，谓之《西凉乐》。至魏、周之际，遂谓之《国伎》。今曲项琵琶、竖头箜篌之徒，并出自西域，非华夏旧器。《杨泽新声》《神白马》之类，生于胡戎。胡戎歌非汉魏遗曲，故其乐器声调，悉与书史不同。其歌曲有《永世乐》，解曲有《万世丰》，舞曲有《于阗佛曲》。其乐器有钟、磬、弹筝、搊筝、卧箜篌、竖箜篌、琵琶、五弦、笙、箫、大筚篥、长笛、小筚篥、横笛、腰鼓、齐鼓、担鼓、铜拔、贝等十九种，为一部。工二十七人。

河西走廊的武威（凉州）是丝绸之路重镇，这里既是中原文化向西域传播的大本营，又是西域文化东传内地的前沿阵地，从而成为中原文化与西域文化的大熔炉，西凉乐就是多种文化融合的结晶。西凉乐的重要来源是龟兹乐，《魏书》卷95《略阳氏吕光传》云：前秦苻坚曾命吕光出征西域，吕光攻占龟兹，降服三十余国，撤退时掠夺大量物资，其中包括"奇伎、异戏"，这些"奇伎、异戏"应当包括龟兹伎乐。后吕光以这支西征之师，攻占凉州，建立后凉，这批龟兹伎乐自然来到凉州，成为西凉乐的主体，所以《隋书》卷15《音乐志下》明言西凉乐是"变龟兹声为之"。西凉乐的乐器"曲项琵琶、竖头箜篌之徒，并出自西域"，乐曲"《杨泽新声》《神白马》之类，生于胡戎"，这些便是西凉乐中龟兹要素的明证。西凉乐除龟兹元素外，还有秦汉旧乐。河西走廊自从汉武帝设郡以来，中原文化便在此扎根。西晋末年，中原大乱，前凉时期的河西相对安定，大批中原人士避难河西，包括秦汉乐舞在内的中原文化在此得以存续，秦汉乐舞便成为了西凉乐的重要来源。《隋书》卷14《音乐志中》"西凉乐"条便说道："盖苻坚之末，吕光出平西域，得胡戎之乐，因又改变，杂以秦声，所谓秦汉乐也。"《旧唐书》卷29《音乐志二》也说道："《西凉乐》者……其乐具有钟磬，盖凉人所传中国旧乐。"另外，河西走廊本是氐、羌等民族的家园，这些民族的乐舞也会对西凉乐产生一定影响，所以《旧唐书》卷29《音乐志二》在"西凉乐"条提到"杂以羌胡之声"。可见，"西凉乐"是龟兹、中原、羌胡等多种音乐长期融合的结晶①。"西凉乐"在吕光的后凉时期形成，沮渠蒙逊的北凉时期得到一定发展，北魏太武帝拓跋焘灭北凉后，"得其伶人、器服，并择而存之"②，便有了"西凉乐"之名，西魏及北周之际"西凉乐"地位甚高，一度改称国伎，在隋代，成为七部乐和九部乐中的一部。

（2）龟兹乐

《隋书》卷15《音乐志下》云：

> 《龟兹》者，起自吕光灭龟兹，因得其声。吕氏亡，其乐分散，后魏平中原，复获之。其声后多变易。至隋有《西国龟兹》《齐朝龟兹》《土龟兹》等，凡三部。……其歌曲有《善善摩尼》，解曲有《婆伽儿》，舞曲有《小天》，又有《疏勒盐》。其乐器有竖箜篌、琵琶、五弦、笙、笛、箫、筚篥、毛员鼓、都昙鼓、答腊鼓、腰鼓、羯鼓、鸡娄鼓、铜拔、贝等十五种，为一部。工二十人。

龟兹乐本是吕光灭龟兹后带到河西走廊的，吕光的后凉政权灭亡后，龟

---

① 成军：《隋唐宫廷音乐表演中的"西凉伎"》，《当代音乐》2017年第16期。
② 《魏书》卷109《乐志五》，第2828页。

兹乐一度遗散，直到北魏太武帝拓跋焘统一中原后，才得以重现。此后，龟兹乐结合中华传统乐舞，不断变化。东魏、北齐时龟兹乐非常流行；在隋代，龟兹乐也成为七部乐和九部乐中的一部。

（3）天竺乐

《隋书》卷15《音乐志下》云：

《天竺》者，起自张重华据有凉州，重四译来贡男伎，《天竺》即其乐焉。歌曲有《沙石疆》，舞曲有《天曲》。乐器有凤首箜篌、琵琶、五弦、笛、铜鼓、毛员鼓、都昙鼓、铜拔、贝等九种，为一部。工十二人。

前凉时期，中原战乱不已，而凉州相对安定，当时沿丝绸之路而来的客商往往以凉州为终端，前凉政权的国际地位一度大幅提升，许多丝绸之路的沿线国家与前凉政权建立官方关系，天竺乐就是天竺政权赠送的国礼。天竺乐传入中国后不断发展，在隋代也成为七部乐和九部乐中的一部。

（4）康国乐、疏勒乐、安国乐

《隋书》卷15《音乐志下》云：

《康国》，起自周武帝娉北狄为后，得其所获西戎伎，因其声。歌曲有《戢殿农和正》，舞曲有《贺兰钵鼻始》《末奚波地》《农惠钵鼻始》《前拔地惠地》等四曲。乐器有笛、正鼓、加鼓、铜拔等四种，为一部。工七人。

据《隋书》卷15《音乐志下》，疏勒乐、安国乐源于北魏"通西域，因得其伎。后渐繁会其声，以别于太乐"。疏勒乐"歌曲有《亢利死让乐》，舞曲有《远服》，解曲有《盐曲》。乐器有竖箜篌、琵琶、五弦、笛、箫、筚篥、答腊鼓、腰鼓、羯鼓、鸡娄鼓等十种"。安国乐"歌曲有《附萨单时》，舞曲有《末奚》，解曲有《居和祇》。乐器有箜篌、琵琶、五弦、笛、箫、筚篥、双筚篥、正鼓、和鼓、铜拔等十种"。但疏勒乐、安国乐在中原的真正发展可能也是在"周武帝娉北狄为后"后，对此，《旧唐书》卷29《音乐志二》云：

周武帝聘虏女为后，西域诸国来媵，于是龟兹、疏勒、安国、康国之乐，大聚长安。胡儿令羯人白智通教习，颇杂以新声。

周武帝为得突厥支援，重金聘娶突厥女阿史那氏为皇后，而阿史那氏酷爱音乐，突厥控制下的龟兹、疏勒、安国、康国等西域国家的乐伎便作为陪嫁来到中原，并在中原得以发展。在隋代，疏勒乐、安国乐、康国乐都是九部乐之一。

魏晋南北朝时期传输到中原的西域伎乐还有悦般与高昌的乐舞。对悦般乐舞，《魏书》卷109《乐志五》提到：北魏太武帝"通西域，又以悦般国鼓舞设于乐署"，说明悦般国的伎乐在北魏时已传入中原。而高昌乐舞，《隋书》卷14《音乐志中》道："太祖辅魏之时，高昌款附，乃得其伎，教习以备飨宴之礼。"说明在宇文泰执政下的西魏时期，高昌乐舞已传到中原，高昌乐舞在西魏、北周时期还一度相当流行。

魏晋南北朝时期特别是北朝后期，西域乐舞已成为宫廷乐舞的主体，《隋书》卷14《音乐志中》提到，北齐后主"唯赏胡戎乐，耽爱无已"，"自能度曲，亲执乐器，悦玩无倦，倚弦而歌"，以致西域乐舞高手"曹妙达、安未弱、安马驹之徒，至有封王开府者，遂服簪缨而为伶人之事"。西域乐舞不仅在北方，而且在南方也很盛行①，据《宋书》卷19《乐志一》，刘宋宫廷乐舞有"西、伧、羌、胡诸杂舞"。刘宋后废帝苍梧王更是"与左右作羌胡伎为乐"②；南齐东昏侯"复有数部，皆奏鼓吹羌胡伎，鼓角横吹"③；南陈部将章昭达"每饮会，必盛设女伎杂乐，备尽羌胡之声"④。南方西域乐舞流行，以致宋魏对阵之际，北魏太武帝拓跋焘还向刘宋借箜篌、琵琶等西域乐器⑤。

随着西域乐舞传入中原，西域乐器也在魏晋南北朝时期继续传入，五弦琵琶、凤首箜篌、筚篥、羯鼓、答腊鼓、鸡娄鼓、都昙鼓、毛员鼓、铜拔、贝等相继传入内地⑥，这些乐器与中原传统乐器融合，成为中华乐器的主体。乐器之外，西域乐理也输入内地，如龟兹音乐大师、琵琶高手苏祗婆随突厥公主阿史那来到北周，其"五旦七调"乐律理论后为

---

① 闫江涌：《魏晋南北朝时期中外音乐交流研究》，安徽大学硕士学位论文，2007年；刘再生：《中国古代音乐史简述》，北京：人民音乐出版社，2006年，第244页。
② 《南齐书》卷1《高帝本纪上》，第10页。
③ 《南齐书》卷7《东昏侯本纪》，第103页。
④ 《陈书》卷11《章昭达传》，第184页。
⑤ 《宋书》卷59《张畅传》，第1605页。
⑥ 闫江涌：《魏晋南北朝时期中外音乐交流研究》，安徽大学硕士学位论文，2007年。

隋代音乐家郑译掌握，从而使中国传统乐调逐渐繁复起来①。

2. 高丽、百济、扶南伎乐的输入

朝鲜半岛的高丽、百济在南北朝时期与中国南北政权关系密切，高丽、百济伎乐通过海、陆两路输入中国，《旧唐书》卷29《音乐志二》云："宋世有高丽、百济伎乐。魏平冯跋（北燕），亦得之而未具。周师灭齐，二国献其乐。"说明在南方刘宋时期，高丽、百济伎乐就已传入；而在北方，北魏太武帝灭北燕之后，北燕重用的高丽、百济伎乐为北魏所得，北周灭北齐后，北周与高丽、百济开始直接来往，高丽、百济伎乐陆续进入中原。高丽乐后来地位甚高，在隋代，也成为七部乐和九部乐中的一部，而百济乐则列入杂乐。

扶南是魏晋南北朝时期东南亚的一个强国，文化程度也较高，早在三国孙吴时期，扶南伎乐就开始传入中国，据《三国志》卷47《吴书·吴主传》记载，赤乌六年（243）十二月，"扶南王范旃遣使献乐人及方物"。后不久，孙权下令在京城建邺东北郊二里处，"置舍以教宫人"，此舍称之为"扶南乐署"②。在隋代，扶南乐也被列入杂乐。

魏晋南北朝时期西域乐、高丽乐、百济乐、扶南乐与中国传统乐舞在中华大地彼此交互融合，促进了中国音乐舞蹈的发展，为隋唐乐舞的辉煌奠定了坚实基础。

二、中华文化的外播

魏晋南北朝时期随着丝路贸易的发展与对外关系的加强，中华文化也沿着丝绸之路向外传播，而魏晋时期，在纸张逐渐取代简牍成为书写的主要载体后，中华文化对外传播的速度也加快了，其中影响最大的是以百济为中心的海东地区，同时对西域与南海诸国也产生一定影响。

（一）中华文化对海东地区的传播

魏晋南北朝时期中华文化对朝鲜半岛和日本列岛的影响是全方位的，包括物质文化、精神文化、制度文化等，其中以儒家文化为中心，同时也有中国化的佛教传播。魏晋南北朝时期海东诸国以百济汉化程度最高，百济成为汉文化向新罗与日本传播的枢纽。新罗因兴起较晚，直到萧梁

---

① 闫江涌：《魏晋南北朝时期中外音乐交流研究》，安徽大学硕士学位论文，2007年。
② [宋] 张敦颐撰：《六朝事迹编类》，南京：南京出版社，2007年，第90页；王介南：《南北朝以前江苏的对外经济文化交流》，中国中外关系史学会编：《中外关系史论丛》（第4辑），天津：天津古籍出版社，1994年，第207页。

时期，仍因"其国小，不能自通使聘"，必须"使使随百济奉献方物"，并且因其文化程度较低，需"语言待百济而后通焉"①。当时日本前往中国时，必须"道迳百济，装治船舫"②；百济又经常派遣博士前往日本传授中国文化，如百济先后选派五经博士王仁、段杨尔、王柳贵、王道长传授儒家经典，也曾派遣历法博士王保孙、医学博士王有陵陀等人赴日传授中国历法和医学知识③。日本学者井上清曾说道："日本社会就如同婴儿寻求母乳般的、如饥似渴地吸取朝鲜与中国先进文明。""这一时期与倭国关系亲密的百济……他们带来了倭国人所不了解的生产技术和新知识，使倭国的生产力飞跃地发展起来。借助于他们，开始传播了铁器的生产和使用，兴建了大型水利与土建工程，农耕技术与工具也飞跃发展，新的陶器、饲养家畜、养蚕以及绢绸等生产也迅速发展了。与技术不可分割的算术知识，估计也传进来了。……倭国人开始向他们学习并使用了汉字与汉文。如此，日本列岛社会从5世纪，在古代中国文化区的东端，在朝鲜移民的引导下，就从蒙昧状态发展到文明阶段。"④

魏晋南北朝时期海东诸国有不少中国人居住，《北史》卷94《百济传》便道："其人杂有新罗、高丽、倭等，亦有中国人。"海东诸国均接受中国政府的册封，甚至采用中国历法与年号，奉中华为正朔。如《周书》卷49《异域传上》云："用宋《元嘉历》，以建寅月为岁首。"据日本学者的研究报告，百济在4世纪时铸造的"七支刀"，铭文中便采用了东晋海西公"泰（太）和四年"（369）的年号⑤。

海东诸国原本没有文字，魏晋南北朝时期开始采用汉字记载自己的历史，据韩国史籍《三国史记》卷24《百济本纪第二》"近肖古王"引《古记》云："百济开国已来，未有以文字记事。至是得博士高兴，始有书记。"兴起于南北朝后期的新罗，据《梁书》卷54《诸夷传》"新罗"条，新罗到萧梁时期仍"无文字，刻木为信"，但随着自身的逐渐强大以及与中国南北政府联系的强化，到南北朝末期，也开始以汉字记事了，《北史》卷94《新罗传》便道："其文字、甲兵，同于中国。"

---

① 《梁书》卷54《诸夷传》，第806页。
② 《宋书》卷97《夷蛮传》，第2395页。
③ 范毓周：《六朝时期中国与百济的友好往来与文化交流》，《江苏社会科学》1994年第5期；〔韩国〕李丙焘著，金思烨译：《韩国古代史》（下），日本东京：六兴出版社，1979年。
④ 〔日〕井上清著，闫伯纬译：《日本历史》，西安：陕西人民出版社，2011年，第8、13页。
⑤ 杨泓：《吴、东晋、南朝的文化及其对海东的影响》，《考古》1984年第6期。

出于对中华文明的崇拜，朝鲜半岛诸国从中国带入大批典籍文物，并延请诸多文化大师，而日本往往从百济引进中国经典，日本山县祯所著《国史纂论》卷一"应神天皇"条提到：应神天皇十五年（284），"百济王使王仁入朝，献《论语》十卷，《千字文》一卷。文教之兴始此"。而据《日本书纪》卷10《应神天皇纪》，日本遣使百济"征王仁"是应神天皇十五年，而王仁到达日本是应神天皇十六年。王仁到日本后，"太子菟道稚郎子师之，习诸典籍于王仁，莫不通达"。

为推广中华文化，海东诸国也仿效中国，设置博士制度，如前引《三国史记》卷24《百济本纪二》有博士高兴，一般认为这是百济设置博士制度之始；前述百济派遣到日本的五经博士有王仁、段杨尔、王柳贵、王道长，历法学博士有王保孙，医学博士有王有陵陀等。魏晋南北朝时期海东诸国学习中华典籍，《南齐书》卷58《东南夷传》"高丽国"条云"知读《五经》"，《周书》卷49《异域传上》"高丽"云："书籍有《五经》《三史》《三国志》《晋阳秋》。"《周书》卷49《异域传上》"百济"云："俗重骑射，兼爱坟史。其秀异者，颇解属文。又解阴阳五行。……亦解医药卜筮占相之术。有投壶、樗蒲等杂戏，然尤尚奕棋。"正是由于受到汉文化的影响，海东诸国习俗与中国基本相同，《周书》卷49《异域传上》"高丽"云："父母及夫丧，其服制同于华夏。""百济"云："婚娶之礼，略同华俗。"

魏晋南北朝时期汉文化对朝鲜半岛特别是百济影响之深，在武宁王陵得到充分展现。武宁王陵是1971年7月韩国考古学家在公州宋山里发掘的。学者们普遍认为，武宁王陵无论从葬地的选择、墓葬封土、斜坡墓道、排水沟、砖室的形制结构、墓砖纹饰，还是随葬品，都与中国南朝的砖筑墓完全一致。武宁王墓出土文物众多，均来自中国南朝或仿造南朝而制，就连石雕神兽，也是仿照南朝的镇墓兽制作的①。武宁王陵墓中发现石质墓志两方，均以汉文书刻，为六朝书体，不仅内容，而且书法风格都与中国镇江20世纪70年代发现的齐、梁间《刘岱墓志》高度相似。其中武宁王的墓志为：

宁东大将军、百济斯麻王，年六十二岁，癸卯年五月丙戌朔，七日壬辰崩，到乙巳年八月癸酉朔，十二日甲申安厝，登冠大墓，

---

① 杨泓：《吴、东晋、南朝的文化及其对海东的影响》，《考古》1984年第6期；卢海鸣：《六朝政权与朝鲜半岛国家之间的交流》，《东南大学学报（哲学社会科学版）》2000年第S1期。

立志如左。

武宁王妃的墓志为：

> 丙午年十一月，百济国王大妃寿终，在丧在酉地，已本年二月癸未朔，十二日甲午改葬，还大墓，立志如左。

武宁王妃的墓志背面为买地券，券文为：

> 钱一万文，右一件。乙巳年八月十二日，宁东大将军百济斯麻王，以前件钱，询土王土佰父母上下众官二千石，申地为墓，故立券为明，不从律令。

从墓志来看，百济采用了中国的干支纪年、纪日和纪时的方法，而买地券的内容和形式也是完全中国化的①，所以武宁王陵可以称作典型的"建康模式"②。正因为武宁王陵在形制和构造上与中国南朝陵墓高度相似，有学者认为其中必有中国工匠参与建设，并起到了主导作用。而前引《南史》卷79《夷貊传下》中，梁武帝中大通六年（534）、大同七年（541），百济曾两次请求萧梁派遣"工匠画师等"，在武宁王陵附近的其他古坟所用的墓砖上有"梁官瓦为师矣"的铭文，说明确实有中国南朝工匠在百济传授技艺的③。

魏晋南北朝时期，中国化的佛教也开始向海东诸国传播。百济佛教，据《三国史记》卷24《百济本纪第二》"枕流王"，枕流王元年（384）九月，"胡僧摩罗难陀自晋至，王迎之致宫内礼敬焉，佛法始于此"，第二年二月，"创佛寺于汉山"，说明东晋时期，中国化后的佛教就传入百济。此后到中国研习佛法的百济高僧众多，如发正在萧梁天监年间（502~519）西渡中国，在华长达30余年，精研佛法，后得解观音信仰的精髓大义，并将相关佛典携归百济，发正成为海东地区观世音信仰之

---

① 范毓周：《六朝时期中国与百济的友好往来与文化交流》，《江苏社会科学》1994年第5期。
② 王志高：《百济武宁王陵形制结构的考察》，〔韩国〕（财）忠清文化财研究院：《东亚考古论坛（创刊号）》，（财）忠清文化财研究院，2005年。
③ 王仲殊：《东晋南北朝时代中国与海东诸国的关系》，《考古》1989年第11期。

首传①。随着佛教的传播，中国的佛雕艺术也传到百济。1936 年在韩国扶余郡扶余邑军守里寺庙遗址出土的观音菩萨铜立像（现藏首尔国立中央博物馆）的面庞圆而温和，很有人情味，被称之为"百济的微笑"，而这种"百济的微笑"与中国南朝时期成都万佛寺及其他南方佛雕艺术风格完全一致，其间的源流关系非常清晰；而在同一遗址出土的石刻如来坐像（现藏首尔国立中央博物馆），则完整地保留了中国北魏时期龙门石窟佛造像的风格，其来源也是明显的②。

高丽佛教，据《高僧传》卷 10《神异下》"宋伪魏长安释昙始"云：东晋孝武太元（376～396）之末，中国高僧释昙"始赍经律数十部，往辽东宣化，显授三乘，立以归戒，盖高句骊闻道之始也"。而据韩国史籍《三国史记》卷 18《高句丽本纪第六》"小兽林王"，佛教传入高丽要早于东晋孝武时期。该传载，小兽林王二年（372）"夏六月，秦王苻坚遣使及浮屠顺道，送佛像、经文"。说明东晋十六国时期，中国化后的佛教从南、北两道传入高丽。南北朝时期，高丽佛教盛行，《周书》卷 49《异域传上》便道高丽人"敬信佛法"。

新罗在南北朝后期兴起后，中国佛教也随之传入新罗，据《三国史记》卷 4《新罗本纪第四》"法兴王"条，新罗此年始"肇行佛法"，当时沙门墨胡子自高句丽到新罗，萧梁遣使赠送檀香等佛教用品，新罗"群臣不知其香名与其所用"。此后，在中国佛教的影响下，新罗佛教发展迅速，《三国史记》卷 4《新罗本纪第四》"真兴王"云：十年，"梁遣使兴入学僧觉德，送佛舍利，王使百官奉迎兴轮寺前路"；二十六年九月，"陈遣使刘思与僧明观来聘，送释氏经论千七百余卷"；三十七年，"安弘法师入隋求法，与胡僧毗摩罗等二僧回，上稜伽胜鬘经及佛舍利"。《三国史记》卷 4《新罗本纪第四》"真平王"云：七年，"秋七月，高僧智明入陈求法"；十一年，"春三月，圆光法师入陈求法"。新罗真兴王时，佛教几成国教。据《三国史记》卷 4《新罗本纪》"真兴王"，真兴王"幼年即位，一心奉佛，至末年祝发，被僧衣，自号法云，以终其身。王妃亦效之为尼，住永兴寺"。

日本佛教是 6 世纪时从百济传入的，据《日本书纪》卷 19《钦明天

---

① 鲍志成：《历史上浙江与朝鲜半岛的友好交往》，中国中外关系史学会等：《中国中外关系史学会第 6 届会员代表大会暨"多元视野中的中外关系史"学术讨论会》，延吉，2005 年，第 15 页。

② 范毓周：《六朝时期中国与百济的友好往来与文化交流》，《江苏社会科学》1994 年第 5 期。

皇纪》，钦明天皇十三年（552）"冬十月，百济圣明王遣西部姬氏达率怒唎斯致契等，献释迦佛金铜像一躯、幡盖若干、经论若干卷"，一般认为这是佛教在日本正式传播之始。但早在孙吴、西晋时期，中国佛像就已传到日本，当时一批中国江南工匠到达日本，他们铸造的铜镜上以佛像为图纹，日本工匠仿铸的三角缘神兽镜也有这种佛像图纹①。

中华文化在朝鲜半岛与日本列岛的传播，大大推动了东亚社会文明的进步。

（二）中华文化对西域的传播

自汉代正式开通丝绸之路以来，西域一直是丝绸之路的主要通道，从而成为西方文化向东传播与中华文化向西传播的交融之所。为加强对西域的管控，汉代在西域设置西域都护府等机构；曹魏、西晋时期沿用汉制，在西域设置西域长史府与戊己校尉，这势必导致以戍卒为主的大批汉人群体进入西域。西晋末期，中原大乱，而河西走廊在张轨治理下相对安定，大批中原民众流落到河西，并经河西进入西域，从而导致西域汉族民众人数激增，特别是今吐鲁番地区的高昌国，北魏孝明帝说道"彼之甿庶，是汉魏遗黎，自晋氏不纲，因难播越"②；《魏书》卷 101《高昌传》也说高昌"国有八城，皆有华人"。而高昌统治者也有意推广中华文化，如高昌王麹嘉"自以边遐，不习典诰"，而向北魏"求借《五经》、诸史，并请国子助教刘燮以为博士"，而得到北魏孝明帝的许可③。西域汉族民众的增加与统治者的推广，必然引起中华文化向西域的传播。《梁书》卷 54《诸夷传》云：高昌"国人言语与中国略同。有《五经》、历代史、诸子集"。《周书》卷 50《异域传下》说高昌"文字亦同华夏，兼用胡书。有《毛诗》《论语》《孝经》，置学官弟子，以相教授。虽习读之，而皆为胡语"，"服饰，丈夫从胡法，妇人略同华夏"，"其刑法、风俗、婚姻、丧葬，与华夏小异而大同"，说明高昌境内虽然文化多元，但中华文化已占据主导地位。高昌以外，西域其他地区也相差不多，据《北史》卷 97《西域传》，焉耆国"婚姻略同华夏"，龟兹国"风俗、婚姻、丧葬、物产与焉耆略同"，于阗国"风俗物产，与龟兹略同"。东晋高僧法显在其《佛国记》中说道："鄯善国……俗人衣服,

---

① 杨泓：《吴、东晋、南朝的文化及其对海东的影响》，《考古》1984 年第 6 期；王仲殊：《日本三角缘神兽镜综论》，《考古》1984 年第 5 期。
② 《魏书》卷 101《高昌传》，第 2244 页。
③ 同上书，第 2245 页。

粗与汉地同，但以毡褐为异。……从此西行，所经诸国，类皆如是。""（竭叉国）自（葱岭）山以东，俗人被服，粗类秦土，亦以毡褐为异。"说明葱岭以东西域地区的服饰虽以毡褐为原料，但式样与中原地区类似。

中华文化对西域地区影响之深也可以从地下文物考古得到充分展现，如1924年在鄯善县出土晋人抄本陈寿《三国志·吴书》残卷，起自《虞翻传》，终于《张温传》，计八十行，存一千九十余字。1965年1月在吐鲁番英沙古城之南又出土晋人抄本《三国志》残卷，内容为《吴书·吴主传》，存四十行，计五百七十余字。《三国志》为西晋时人陈寿所著，而《三国志》抄本传入西域，据郭沫若先生考证，时间当在东晋时期①，可见，《三国志》成书不久便传入西域。1997年在阚氏高昌时期的张祖墓中出土《论语》注、《孝经义》《易经注》《易杂占》等抄本残片②。2006年吐鲁番地区文物局在洋海墓区一号墓地上出土一批纸质文书，后文物修复专家从中修复出白文《诗经》《论语》写本残片，而同墓出土的纪年文书时间跨度从前秦建元二十年（384）到北凉义和三年（433）、缘禾二年（433）③，说明该墓属于十六国时期。另外在古楼兰遗址中发现过《战国策·楚策》的抄本，在楼兰、海头、尼雅等地所出土过数量众多的汉文简牍，而阿斯塔那古墓群出土的各种官私文书基本用汉字书写，说明汉字在西域无论官方还是民间都是通用文字。中原地区的书写工具毛笔，在西域罗布泊遗址、吐鲁番地区都有发现，在尼雅遗址还发现过陶砚碎片④，这充分说明魏晋南北朝时期汉文化对西域的影响是全方位的。

（三）中华文化对东南亚的传播

《梁书》卷54《诸夷传》"扶南国"条云：

> 吴时，遣中郎康泰、宣化从事朱应使于（扶南王范）寻国，国人犹裸，唯妇人着贯头。泰、应谓曰："国中实佳，但人亵露可怪耳。"寻始令国内男子着横幅。横幅，今干漫也。大家乃截锦为之，贫者乃用布。

---

① 郭沫若：《新疆新出土的晋人写本〈三国志〉残卷》，《文物》1972年第8期。
② 荣新江、李肖、孟宪实主编：《新获吐鲁番出土文献》（上），北京：中华书局，2008年，第18页。
③ 同上书，第15页。
④ 何荣：《论魏晋南北朝时期中原与西域文化交流》，《新疆地方志》2005年第3期。

说明孙吴时期中国的服饰文化已影响到扶南国了。《晋书》卷97《四夷传》"林邑国"条云:"(范文)随商贾往来,见上国制度,至林邑,遂教(林邑国王范)逸作宫室、城邑及器械。"范文本为夷帅范椎家奴,后因多次到中国从事贸易,耳濡目染中国各项制度文明,归国后,向林邑国王范逸积极推广,从而得到范逸宠信。可见中华文化在林邑国影响力之大。

第三节 魏晋南北朝时期中国与丝路沿线国家的技术交流

魏晋南北朝时期丝路贸易的发展,促进了中国与丝绸之路沿线国家的技术交流,这一时期许多外来物种、先进工艺随着丝绸之路流入中国;而中国许多先进技术也随丝绸之路对外传播,所以丝绸之路也可以称之为"技术交流"之路。

一、外来物种与工艺技术的传入

随着丝路贸易的发展,魏晋南北朝时期许多外来物种与加工技术不断输入中国;多种工艺技术如金银器制造、玻璃制造工艺等也在这一时期传入内地,其中以玻璃制造工艺的传入影响较大。

(一) 外来物种与加工技术的引进

自从张骞"凿空"西域以来,西域物种源源不断地涌入中原,魏晋南北朝时期随着中国与丝路沿线国家联系的加强,这种态势得以强化。如葡萄早在汉代就传入内地,魏晋南北朝时期内地葡萄种植较汉代更广,葡萄酒已成为中原贵族的常用饮料。《魏书》卷53《李孝伯传》记载宋魏交战之际,北魏使者李孝伯对刘宋使者张畅说道:"诏以貂裘赐太尉,骆驼、骡、马赐安北,蒲萄酒及诸食味当相与同进。"说明葡萄酒与其他"诸食味"一样,已很普通了。又如棉花,最早由印度培育,汉代就已传入我国新疆地区。据王炳华先生等考证,东汉时期塔里木盆地南缘的绿洲居民,已知种植棉花,纺织棉布;魏晋南北朝时期棉花的种植更广,晋代以后,吐鲁番地区的高昌国成为植棉与棉纺织业中心,在高昌国,棉布不仅自用,还用于交易①。《梁书》卷54《诸夷传》"高昌国"条云:"多草木,草实如茧,茧中丝如细纑,名为白叠子,国人多取织以

---

① 王炳华:《西域考古文存》,兰州:兰州大学出版社,2010年,第99~114页。

布。布甚软白,交市用焉。"又如大葱和大蒜,原产于西域,据鸠摩罗什所译《梵网经》称,大约在东晋时代,开始传入中国①,此后逐渐成为中国人的常用蔬菜。再如西域良马,汉代对之近乎痴迷,号称"天马",引进者众,魏晋南北朝时期也有进一步的发展。如《魏书》卷101《吐谷浑传》云:"吐谷浑尝得波斯草马,放入海,因生骢驹,能日行千里,世传青海骢者是也。"优良品种"青海骢"是"波斯草马"的后裔,是吐谷浑通过引进波斯马,培育出适应青海自然条件的新品种②。

西域之外,其他地区的物种也不断传入中国。如甘蔗,汉代开始不断引进南方热带地区的优良蔗种。魏晋南北朝时期引进更多,《太平御览》卷974《果部十一》"甘蔗"条引《吴录·地理志》曰:"交阯句扇县干(甘)蔗大数寸,其味醇美,异于他处。笮以为饧,曝之,凝如冰,破如博棋,入口消释。"《艺文类聚》卷87《果部下》"甘蔗"引《世说》曰:"扶南蔗一丈三节,见日即消,风吹即折。"随着优良蔗种的引入,先进的制糖技术也随之传入中国。明人罗颀《物原·原食》第十提到:"孙权始效交址作蔗糖。"说明孙吴时期就曾学习交址地区制作蔗糖的技术。上引《吴录·地理志》所说"笮以为饧,曝之,凝如冰,破如博棋,入口消释"与《南中八郡志》所说"石蜜",明显是用甘蔗汁加工而成的固体糖,而要得到固体蔗糖需添加石灰作为澄清剂方能成形,这种技术在孙吴时期可能已从交阯传入内地③。

(二)玻璃制造工艺的传入

中国自从战国以来就能制造玻璃,西汉刘胜墓还出土过玻璃耳杯和玻璃盘等器皿,但中国传统的玻璃制造都是采用铸造法,成型后再通体打磨,其主要成分为硅和铅,也有钠和钡,属于铅钡玻璃系统,这种方法生产的玻璃化学稳定性差,又不透明,易碎,缺乏实用性④。魏晋南北朝时期随着中西联系的加强,西方玻璃制造工艺在这一时期传入中国。在北方,《魏书》卷102《西域传》云:

> 大月氏国……世祖时,其国人商贩京师,自云能铸石为五色琉

---

① 沈济时:《丝绸之路》,北京:中华书局,2010年,第35~46页。
② 沈济时:《丝绸之路》,上海:上海古籍出版社,1999年,第136~155页。
③ 金秋鹏:《海事活动中的中外科技文化交流》,联合国教科文组织海上丝绸之路综合考察泉州国际学术讨论会组织委主编:《中国与海上丝绸之路》,福州:福建人民出版社,1991年,第13、14页。
④ 安家瑶:《中国的早期玻璃器皿》,《考古学报》1984年第4期。

璃，于是采矿山中，于京师铸之。既成，光泽乃美于西方来者。乃诏为行殿，容百余人，光色映彻，观者见之，莫不惊骇，以为神明所作。自此中国琉璃遂贱，人不复珍之。

说明北魏太武帝拓跋焘时，大月氏人已经把西方玻璃制造工艺传入中国。大月氏人生产的这种玻璃有多种颜色，并且"光色映彻"，说明透明度很高。北魏宫廷已经掌握了这种工艺，这种玻璃实物从地下考古可以得到证实。1964年在河北定县的北魏塔基石函出土七件玻璃器皿[①]。据安家瑶先生研究，这几件玻璃器都采用了无模自由吹制成型，玻璃钵的口沿采用了烧口技术，玻璃瓶的口沿似内卷成圆唇，玻璃钵与玻璃瓶都缠贴玻璃条为圈足，这些技术都是罗马、萨珊的传统技术，而在中国则是首次采用，此后一直沿用。这些玻璃器皿，以小件为主，器形简单，也比较粗糙，与同一时期进口的西方玻璃器具差距较大，这正说明西方玻璃制造工艺刚刚传入中国，中国工匠对工艺的掌握还不熟练[②]。此外，北魏时期采用西方吹制玻璃技术制造的玻璃器物还有1976年在北魏文明皇后方山永固陵出土的一件玻璃环[③]，1987年在大同市城东南30千米的一处北魏墓群中的M21出土的一件玻璃器，2001年在大同市南郊变电站M6和M20出土玻璃器，2002年大同迎宾大道M16和M37出土玻璃器[④]。这些玻璃器具与河北定县的北魏塔基石函出土的玻璃器皿造型一致，口沿内卷，与北魏陶器的器形有相似之处，玻璃器残片的化学检测结果也与进口的玻璃有明显差别，可见这是北魏自制的[⑤]。

在南方，通过海上丝绸之路，魏晋南北朝时期西方的玻璃制造工艺也传入中国。孙吴时人万震在其《南州异物志》中说道：

琉璃本质是石。欲作器，以自然灰治之。自然灰状如黄灰，生南海滨。亦可浣衣，用之不须淋，但投之水中，滑如苔石。不得此

---

① 刘来成：《河北定县出土北魏石函》，《考古》1966年第5期。
② 安家瑶：《中国的早期玻璃器皿》，《考古学报》1984年第4期。
③ 大同市博物馆、山西省文物工作委员会：《大同方山北魏永固陵》，《文物》1978年第7期。
④ 安家瑶、刘俊喜：《大同地区的北魏玻璃器》，张庆捷、李书吉、李钢主编：《4—6世纪的北中国与欧亚大陆》，北京：科学出版社，2006年，第37~46页。
⑤ 安家瑶：《丝绸之路上的玻璃器》，荣新江、罗丰主编：《粟特人在中国：考古发现与出土文献的新印证》（上册），北京：科学出版社，2016年，第12页。

灰，则不可释。①

东晋时人葛洪在其《抱朴子·内篇》卷2《论仙》提到：

> 外国作水精碗，实是合五种灰以作之。今交广多有得其法而铸作之者。

据安家瑶先生研究，这种"自然灰"或"五种灰"是自然纯碱或草木灰，说明在3、4世纪，中国南方就知道国外用碱来制作玻璃，并加以效仿。在西晋交广范围内的今广西、广东出土过西晋时期制造的大量玻璃珠饰，经研究，其化学成分既与中国中原地区的铅钡玻璃不同，也与一般罗马的玻璃成分不同，其含氧化钾极高，达13.72%。所以，安家瑶先生指出，这一部分玻璃珠饰可能就是当地用草木灰为助熔剂制作而成的②。

安家瑶先生通过对中国出土的早期玻璃器皿的考古资料研究，得出结论：国产玻璃器皿的出现不晚于西汉中期，吹制玻璃器皿的出现不晚于北魏；吹制玻璃技术传到中国，这是中国玻璃史上的一个重要转折，此后的玻璃器皿，基本采用了这一技术；钠钙玻璃器皿和铁棒技术的出现不晚于隋代。这些新技术的采用和钠钙玻璃的出现与魏晋南北朝时期频繁的东西交通有关③。

二、中国技术的外播

随着丝路贸易的发展，魏晋南北朝时期中国农耕技术、养蚕缫丝与丝织工艺、陶瓷与铜镜等工艺技术都沿着丝绸之路对外传播。

（一）中国农耕技术的西传

汉代通西域以来，一直置官屯田戍守，以戍卒为主的大批汉人群体进入西域，农耕技术随之西传。1976年考古工作者在新疆昭苏县夏台墓葬出土一件保存基本完好的西汉铁犁铧，高20厘米，重3千克，与中原出土的汉代铁犁形制完全相同，说明铁器牛耕技术可能早在西汉时期就

---

① 《太平御览》卷808《珍宝部七》"琉璃"引，第3591页。
② 安家瑶：《中国的早期玻璃器皿》，《考古学报》1984年第4期。
③ 安家瑶：《中国的早期玻璃器皿》，《考古学报》1984年第4期；安家瑶：《丝绸之路上的玻璃器》，荣新江、罗丰主编：《粟特人在中国：考古发现与出土文献的新印证》（上册），北京：科学出版社，2016年，第12页。

已传入西域①。魏晋南北朝时期进入西域的汉人群体数量更多,更加速了农耕技术的传播。在罗布泊楼兰古城遗址出土的晋简中,有一支上有"因主簿奉谨遣大侯究犁与牛诣营下受试"简文。楼兰是西晋西域长史驻地,据王炳华先生研究,"大侯"是西域长史下属,"究"当为"穷尽"之意,即"大侯"奉命"究"犁与牛到"营下"受试考核,也就是说,西晋西域长史府在部队屯田中有组织地推广一种新的驭牛犁耕技术②。魏晋南北朝时期西域犁耕特点,开凿于这一时期的克孜尔千佛洞第一百七十五窟的一幅牛耕图壁画可以得以说明。牛耕图中"一人右手持物,驱赶二牛前行,此二牛合驾一辕,其后为一呈三角形尖刃的宽犁桦,双牛负驾吃力。这一'二牛抬杠'式耕作画图,与同一阶段内嘉峪关壁画墓中所见牛耕图近似"③。这一时期西域牛耕的推广还可以从吐鲁番阿斯塔那晋墓中出土的一幅纸画得以体现。这幅纸画有关田园生活的画面中,在整齐的田地上生长着茂盛的庄稼,田地旁堆放着草叉、耙等农具。据王炳华先生研究,纸画转一角度,可以看到一架犁的侧视图,"有犁辕、犁梢、犁架及系绳等";在有关庖厨的画面中,画有磨、碓等谷物加工工具,与中原模式完全相同④。

水利灌溉技术是农耕技术的重要组成部分,魏晋南北朝时期西域地区的水利灌溉技术得到了一定发展。楼兰古城遗址出土的晋简中有大量涉及水利事业的记载⑤,如:

1. 将尹宜部/溉北河田一顷/六月廿六日刺

2. (正面)将张金部见兵廿一人/大麦二顷已截廿亩/下糜九十亩溉七十亩/小麦卅七亩截廿九亩/禾一顷八十五亩灌廿亩茆九十亩

(背面)将梁襄部见兵廿六人/大麦六十六亩已截五十亩/下糜八十亩溉七十亩/小麦六十三亩溉五十亩/禾一顷七十亩茆五十亩溉五十亩

3. ……东空决六所口乘堤已至大决中作……/……五百一人作/……增兵

---

① 阿迪力·阿布力孜:《新疆古代生产工具——镰刀与犁铧》,《中国民族报》2018 年 6 月 24 日。
② 王炳华:《新疆农业考古概述》,《农业考古》1983 年第 1 期。
③ 同上。
④ 同上。
⑤ 王炳华:《新疆农业考古概述》,《农业考古》1983 年第 1 期;李明伟主编:《丝绸之路贸易史》,兰州:甘肃人民出版社,1997 年,第 118 页。

前两件简文讲的军屯中的水利灌溉，最后这件简的文字虽然缺损很多，但意思还是很清楚，说到一个水堤已出现了六处缺口，并正在发生大的决堤，已有五百人抢修，并要求继续派兵增援，明显说的是水利工程的维护。

吐鲁番出土文书中也有不少涉及水利灌溉的，哈拉和卓91号墓出土的《兵曹下八幢符为屯兵值夜守水事》①文书已残，存留文字为：

——右八幢知中部屯。次屯之日：幢共校将一人撰（选）兵十五人夜住守水。残校将一人，将残兵、值苟（狗）还守。兵曹掾张预、史左法疆白。明当引水溉两〔部〕

该件文书上有墨色勾勒，说明是兵曹条知中部等两部屯田部队的正式公文②，可见当时对军屯灌溉用水的重视。《兵曹下八幢符为屯兵值夜守水事》文书无纪年，同墓所出纪年文书起自西凉建初四年（408），止于缘禾五年（436），时间当相差不远。

阿斯塔那382号墓出土的《功曹条任行水官文书》③文字为：

铠曹参军王浻、均役主簿侯遗、校曹书
佐隗季
掾史曹严午兴、县吏一人，右五人知行
中部葡萄水，使竟。
金曹参军张兴周〔均〕□□□、校曹书
佐黄达、曹史
翟庆、县吏一人，□
功曹书佐氾泰、□案樊海白：今引水
溉两部葡萄，谨条任行水人名
在右。事诺约敕奉行。
（后缺）

---

① 国家文物局古文献研究室等编：《吐鲁番出土文书》（第一册），北京：文物出版社，1981年，第138页。
② 柳洪亮：《略谈十六国时期高昌郡的水利制度——吐鲁番出土文书研究》，《新疆大学学报（哲学社会科学版）》1986年第2期。
③ 柳洪亮：《吐鲁番出土十六国时期的文书——吐鲁番阿斯塔那382号墓清理简报》，《文物》1983年第1期。

《功曹条任行水官文书》无纪年，同墓出土的纪年文书起自夏真兴六年（424），止于缘禾十年（441），时间可能相近。《功曹条任行水官文书》真实地反映了十六国时期高昌地方政府对民田灌溉用水的管理情况。行水官全由现任官史兼任，说明水利命脉严格控制在政府手中①。魏晋南北朝时期高昌地区的水利有一整套的管理机构与管理制度，《周书》卷50《异域传下》提道："诸城各有户曹、水曹、田曹。""水曹"便是管理水利事务的最高机构，另外设有行水官与平水官。据柳洪亮先生研究，行水官是在农田需水季节由在职官吏临时兼任，具体执掌民田灌溉用水的分配，行水官具有临时性、季节性特点；而平水官则是常设官职，职掌水利工程建设和办理经常性的水利事务②。

魏晋南北朝时期西域地区的治水，《水经注》卷2《河水注二》保留了一个具体案例，"其一源出于阗国南山，北流，与葱岭河合，东注蒲昌海"，注引释氏《西域记》曰：

> 敦煌索劢，字彦义，有才略。刺史毛奕表行贰师将军，将酒泉、敦煌兵千人，至楼兰屯田，起白屋，召鄯善、焉耆、龟兹三国兵各千，横断注滨河。河断之日，水奋势激，波陵冒堤。……大战三日，水乃回减，灌浸沃衍，胡人称神。大田三年，积粟百万，威服外国。

这段史实说明，治水是屯田的必要前提。这次治水规模浩大，从酒泉、敦煌派遣到西域的屯田兵有上千人，又从鄯善、焉耆、龟兹三国各调遣上千人，至少有四千人的规模。修筑大坝，横断注滨河，使其下游大片土地得以灌溉，从而达到积粟百万的效果。可见，魏晋南北朝时期西域地区的水利工程建设已经达到了一定的水平③。

（二）中国养蚕缫丝与丝织工艺的西传

中国是养蚕缫丝与丝织工艺的发源地，随着丝路贸易的发展，中国养蚕缫丝与丝织工艺也随之西传，到南北朝末期，中国养蚕缫丝与丝织工艺最远已经流传到丝绸之路最西端的拜占庭帝国。

中国养蚕缫丝与丝织工艺先由内地西传到今新疆境内。魏晋南北朝

---

① 柳洪亮：《略谈十六国时期高昌郡的水利制度——吐鲁番出土文书研究》，《新疆大学学报（哲学社会科学版）》1986年第2期。

② 同上。

③ 王炳华：《新疆农业考古概述》，《农业考古》1983年第1期。

时期新疆境内的蚕桑与丝织工艺已有一定发展，吐鲁番地区的高昌成为了西域蚕桑丝织业中心。高昌地区在汉代就是屯田的重镇，西晋末年，又有不少中原流民经河西走廊到达高昌，以致当地皆"汉魏遗黎"①；十六国时期，前凉张骏首次设置高昌郡，高昌与内地关系日趋紧密。439年，北凉亡于北魏后，王族沮渠无讳、沮渠安周兄弟北上占领高昌，建立高昌大凉政权。大凉亡于柔然后，又相继出现阚氏高昌、张氏高昌、马氏高昌、麴氏高昌等以汉族为主体的地方政权，这大大促进了蚕桑与丝织工艺在高昌地区的发展。魏晋南北朝时期高昌植桑养蚕已很普遍，《周书》卷50《异域传下》说高昌"宜蚕"。阿斯塔那一号墓出土的《西凉建初十四年严福愿赁蚕桑券》云：

建初十四年二月廿八日，严福愿从阚
金得赁叁薄蚕桑，贾（价）交与毯
（后缺）②

从此可知，严福愿是养蚕户，至少饲养了叁薄蚕，并要向阚金预购桑叶③。

2006年在吐鲁番洋海4号墓出土的《前秦建元二十年三月高昌郡高宁县都乡安邑里籍》④ 残存有5户的户籍资料，其中第2户崔瓽户，"得阚高桑蔺四亩半"，"得李亏田地桑三亩"，则崔瓽户至少有桑田七亩半；第4户张晏户有"桑三亩半"，又"得张崇桑一亩"，则张晏户至少有桑田四亩半；第5户户主缺失，该户"桑二亩入杨抚"，则该户原来至少有桑田二亩，这充分说明十六国时期，高昌地区植桑之普遍。

魏晋南北朝时期高昌出现了一批蚕桑丝织专业户，1997年洋海出土的《阚氏高昌永康年间供物、差役帐》第20片第7行文字为"卢泮薪付蚕主供染"⑤。该文书的意思是卢泮将应交纳的薪柴，付给蚕主供其作染色用，说明该蚕主既是养蚕专业户，同时又缫丝纺织和染色加工，已由

---

① 《魏书》卷101《高昌传》，第2244页。
② 国家文物局古文献研究室等编：《吐鲁番出土文书》（第一册），北京：文物出版社，1981年，第17页。
③ 武敏：《从出土文书看古代高昌地区的蚕丝与纺织》，《新疆社会科学》1987年第5期。
④ 荣新江、李肖、孟宪实主编：《新获吐鲁番出土文献》（上），北京：中华书局，2008年，第177~180页。
⑤ 同上书，第140页。

蚕桑专业户发展成为兼营丝织户①。哈拉和卓墓道中出土的高昌《某家失火烧损财物帐》②提到其所损财物中有：

> 紫地锦四张，白叠三匹，絛衣一枚，缣褶一领，绢经四匹，绢姬一具，缣襦一领，缣（练）襦一领，缣裤一立，绵经纬二斤，单衣一领，白旎二领，布缕八斤，绵十两，靴六两，蚕种十薄。

所损"蚕种十薄"，则该家至少饲养了十薄蚕；拥有"绢姬一具"，并有大量丝织品原料与成品，说明该户是"从事由植桑养蚕到缫丝纺织等全生产流程的、具有专业性质的蚕桑织造户"③。

魏晋南北朝时期高昌地区以丝织品为赋税征纳对象，阿斯塔那92号墓出土文书中有《高昌诸寺田亩官绢帐》④和《高昌某岁诸寺官绢捎本》⑤，这两件文书都是鞠氏高昌政府向诸寺征调绢绵之帐，前件分记寺名、田亩、树数，并以朱笔分别注明绢、绵数，据武敏先生研究，可能是计田亩、树株以征调绢、绵的文簿，是明细账，而后者仅列诸寺应征绢绵数，是总要。鞠氏高昌崇佛，对佛寺普遍征调绢绵，对农家更当如此，这证明当地蚕桑丝织业已很普及⑥。哈拉和卓一号墓出土文书中有《严奉租丝残文书》⑦，该文书虽无纪年，但该墓纪年文书起自西凉建初四年（408），止于缘禾五年（436），则该文书属于十六国时期当无疑，说明向高昌地区农户征收绢绵早在十六国时期便是如此。

魏晋南北朝时期高昌丝织品种类甚多，2006年洋海出土的《北凉赵货随葬衣物疏》提到的丝织品有"白缣（练）覆面一枚"，"缣（练）襦一枚"，"缣（练）两当一枚"，"绢衫一枚"，"绢单衣一领"，"缣

---

① 乜小红、丁君涛：《古丝绸之路上蚕桑丝织业的兴衰——对吐鲁番出土蚕桑丝织文献的新研究》，《中国经济史研究》2016年第4期。
② 国家文物局古文献研究室等编：《吐鲁番出土文书》（第一册），北京：文物出版社，1981年，第195页。
③ 乜小红、丁君涛：《古丝绸之路上蚕桑丝织业的兴衰——对吐鲁番出土蚕桑丝织文献的新研究》，《中国经济史研究》2016年第4期。
④ 国家文物局古文献研究室等编：《吐鲁番出土文书》（第五册），北京：文物出版社，1983年，第175~180页。
⑤ 同上书，第181~183页。
⑥ 武敏：《从出土文书看古代高昌地区的蚕丝与纺织》，《新疆社会科学》1987年第5期。
⑦ 国家文物局古文献研究室等编：《吐鲁番出土文书》（第一册），北京：文物出版社，1981年，第164页。

（练）裤一立"，"縑（练）群一立"，"绢被一具"①；《北凉缺名随葬衣物疏》有"帛縑（练）一枚"，"绯覆面一枚"，"紫襦一领"，"绮两当一领"，"帛縑（练）衫一领"，"绯帛群一领"，"黄绢群一领"，"绛絓裤一立"，"絓裤一立"，"帛縑（练）袜一量"，"绛丝履一量"，"绢被一领"，"縑（练）辱（褥）一领"②。上述两件北凉时期高昌地区的《随葬衣物疏》中提到的丝织品名称有"帛练""绯帛""紫襦""黄绢""绛絓""绛丝""絓""绮""绢"等，仅颜色就有（帛）白、紫、黄、绛、绯（红）色等。

作为高档丝织品的锦在高昌地区也多有出现，并已形成自己的特色，前引《高昌某家失火烧损财物帐》中有"紫地锦四张"。哈拉和卓八十八号墓出土的《北凉承平五年道人法安弟阿奴举锦券》③ 提到有"举（借贷）高昌所作黄地丘慈中锦一张，绵经绵纬，长九（尺）五寸，广四尺五寸"，"要到前年二月卅日，偿锦一张半"；《北凉承平八年翟绍远买婢券》④，提到买婢价为"丘慈锦三张半"，如有返悔，则须赔偿对方"丘慈锦七张"；《义熙五年道人弘度举锦券》⑤ 有"举（借贷）西向白地锦半张，长四尺，广四尺"。哈拉和卓九十号墓出土的阚氏高昌时期的文书《高昌主簿张绾等传供帐》⑥ 提到"张绾传令：出疏勒锦一张，与处论无根"，《高昌惠宗等入緤毯帐》⑦ 提到"锦十张，三张与画智、张阿双"，《高昌安取锦残帐》⑧ 提到"安取锦四张"，《高昌□归等买鍮石等物残帐》⑨ 中有"钵斯锦系（丝）□昌应出"。阿斯塔那一百七十号墓出土的《高昌章和十三年孝姿随葬衣物疏》⑩ 中有"故树叶锦面衣一枚"，"故锦襦一枚"，"故锦褶一枚"，"合蠡文锦袴一枚"，"树叶锦丑衣二枚"，"故绯红锦鸡鸣枕一枚"，"故波斯锦十张，故魏锦十匹"。"丘慈"即"龟兹"，"钵斯"即"波斯"，高昌所制龟兹锦、疏勒锦、波斯

---

① 荣新江、李肖、孟宪实主编：《新获吐鲁番出土文献》（上），北京：中华书局，2008年，第173页。
② 同上书，第175页。
③ 国家文物局古文献研究室等编：《吐鲁番出土文书》（第一册），文物出版社，1981年，第181页。
④ 同上书，第187页。
⑤ 同上书，第189页。
⑥ 国家文物局古文献研究室等编：《吐鲁番出土文书》（第二册），北京：文物出版社，1981年，第17、18页。
⑦ 同上书，第22页。
⑧ 同上书，第23页。
⑨ 同上书，第24页。
⑩ 同上书，第60页。

锦，当是仿龟兹、疏勒、波斯花纹图案所作。高昌所作锦以"张"为单位，而中原所作锦以"匹"为单位，《高昌章和十三年孝姿随葬衣物疏》中将"波斯锦"与"魏锦"对列，可见风格是不同的。《北凉承平五年道人法安弟阿奴举锦券》中更说龟兹锦是"绵经绵纬"，幅面也比内地宽①。据吴震先生研究，高昌丝织生产可能出现在3世纪，蚕丝业不晚于4世纪，锦的织造则始于5世纪下半叶，即阚氏高昌国时期（460～491）②。

魏晋南北朝时期塔里木盆地周边的绿洲国家蚕桑丝织业也已发展到相当水平，据《魏书》卷102《西域传》，塔里木盆地周边的绿洲国家于阗国，"土宜五谷并桑麻"；焉耆国，"养蚕不以为丝，唯充绵纩"；龟兹国，"物产与焉耆略同"；疏勒国的特产有锦、绵。吐鲁番出土文书中有"丘慈（龟兹）锦""疏勒锦"，"锦"是高级丝织品，说明龟兹、疏勒制锦已很发达，并有特色，成为高昌国模仿的对象③。在尼雅古城附近的一座墓葬发现了大量高级的丝绸服装，包括男尸身上的长袍、裤、袜和手套，女尸身上的内上衣、外上衣、衬衣、裙子、袜子和袜带，另有绸衣一件，"延年益寿大宜子孙"锦制成的枕头两个、刺绣的镜套和粉袋各一件，盖尸绸二件等④。在古于阗国、今新疆和田地区发现过大量的蚕桑业文物，如在洛浦县北阿克斯皮尔古城发现过陶蚕，在民丰尼雅遗址中曾发现过蚕茧与枯桑，在遗址中出土过西晋泰始五年（269）的木简，说明最迟在西晋时期，今新疆和田地区已有了养蚕业⑤。

关于蚕种西传还有一个美丽传说，玄奘在《大唐西域记》卷12《二十二国》"麻射僧伽蓝及蚕种之传入"条说道：

> 王城东南五六里，有麻射僧伽蓝，此国先王妃所立也。昔者此国未知桑蚕，闻东国有之，命使以求。时东国君秘而不赐，严敕关防，无令桑蚕种出也。瞿萨旦那王乃卑辞下礼，求婚东国。国君有怀远之志，遂允其请。瞿萨旦那王命使迎妇，而诫曰："尔致辞东国君女，我国素无丝绵桑蚕之种，可以持来，自为裳服。"女闻其言，

---

① 武敏：《从出土文书看古代高昌地区的蚕丝与纺织》，《新疆社会科学》1987年第5期。
② 吴震：《吐鲁番出土文书中的丝织品考辨》，《吴震敦煌吐鲁番文书研究论集》，上海：上海古籍出版社，2009年，第650、651页。
③ 武敏：《从出土文书看古代高昌地区的蚕丝与纺织》，《新疆社会科学》1987年第5期。
④ 夏鼐：《新疆新发现的古代丝织品——绮、锦和刺绣》，《考古学报》1963年第1期。
⑤ 王炳华：《"丝绸之路"考古的几点新收获》，《西域考古文存》，兰州：兰州大学出版社，2010年，第99～114页。

密求其种,以桑蚕之子,置帽絮中,既至关防,主者遍索,唯王女帽不敢以验。遂入瞿萨旦那国,止麻射伽蓝故地,方备仪礼,奉迎入宫,以桑蚕种留于此地。阳春告始,乃植其桑,蚕月既临,复事采养。初至也,尚以杂叶饲之,自时厥后,桑树连阴。王妃乃刻石为制,不令伤杀,蚕蛾飞尽,乃得治茧,敢有犯违,明神不佑。遂为先蚕建此伽蓝。数株枯桑,云是本种之树也。故今此国有蚕不杀,窃有取丝者,来年辄不宜蚕。

瞿萨旦那国即于阗国,带来蚕种的"东国"公主当来自中国或于阗国以东的某个绿洲国家。该传说或有所本,《新唐书》卷221上《西域传上》"于阗"条也载此事,并将"东国"改为"邻国";敦煌石室发现藏文文书《于阗国史》也提到此事,并说到迎娶"东国"公主的国王为尉迟氏;20世纪初,英国人斯坦因在古于阗国境、今策勒县唐杰谢镇丹丹乌尼克遗址还发现过有关蚕种西传的版画,也或与上述传说有关①。有学者考证,迎娶"东国"公主的于阗国王为第10代君主尉迟舍那,时间大约在3世纪②。而据林梅村先生考证,带来"蚕种"的东国公主来自楼兰③。

自古以来,塔里木盆地绿洲国家与中亚经济文化联系紧密,育蚕丝织技术传入今中国新疆后,便很快由中国新疆地区传到中亚,并从中亚传到波斯与印度。5世纪的波斯丝织业已相当发达,《魏书》卷102《西域传》说到波斯特产有"绫、锦",波斯王"衣锦袍";《梁书》卷54《诸夷传》"滑国"条云:普通元年(520),"遣使献黄师子、白貂裘、波斯锦等物"。据学者们研究,波斯锦不仅有自己独特的图案,而且织锦技术方面也有自己的特色,如以纬线起花和斜纹组织④。前引吐鲁番出土文书提到的"波斯锦",就是高昌地区模仿波斯丝织品风格制作的,此后还影响到内地丝织业。

---

① 王炳华:《"丝绸之路"考古的几点新收获》,《西域考古文存》,兰州:兰州大学出版社,2010年,第99~114页。季羡林先生在《中国蚕丝输入印度问题的初步研究》(《历史研究》1955年第4期,后收入季羡林:《中印文化关系史论文集》,北京:生活·读书·新知三联书店,1982年,第66页)谈到该画版时写道:"中央画着一个盛装贵妇,头戴高冕,女郎跽于两旁。""左边的侍女用左手指着贵妇人的冕。""这贵妇人无疑就是我们上面谈到的把蚕种藏在帽子里偷传到和阗去的中国公主。她对当地人民有大功,他们忘不掉她,奉她为神明,又把她画在画版上。"
② 沈济时:《丝绸之路》,北京:中华书局,2010年,第35~46页。
③ 林梅村:《楼兰公主与蚕种西传于阗和罗马》,《文物天地》1996年第4期。
④ 夏鼐:《新疆新发现的古代丝织品——绮、锦和刺绣》,《考古学报》1963年第1期。

6世纪中叶育蚕缫丝技术传入拜占庭帝国,与拜占庭帝国著名的皇帝查士丁尼一世(527~565在位)同时代的历史学家普罗科波(500~566)对此有详细记载。普罗科波在《哥特人的战争》中说道:

> 就在同时,一些僧侣自印度人(指塔里木盆地的居民)中前来并获悉查士丁尼是如何迫切希望拜占庭人不再向波斯人采购丝绸。他们于是便去拜谒查士丁尼并向他许诺设法使拜占庭人完全不需要向波斯人和其他任何外国采购丝绸。他们声称:我们曾居住在一个有很多印度人(佛教徒的)城市的地区,该地区叫做"赛林迪亚"("西域"),那里从事养蚕业,我们将向拜占庭人介绍其秘密。查士丁尼询问他们以试图知道怎样在拜占庭生产丝绸以及他们的事业有何保证。僧侣们回答说丝绸的生产者是某种在大自然的指挥下操作的毛虫,大自然使它们的工作变得容易了。但由于很难从那里携来活虫(由于距离的关系),他们可以运用诡计。事实上,每条毛虫都生产相当数量的虫卵,但一旦当产生虫卵之后则很容易把它们藏起来。用厩肥覆盖起来后,其温度则可以使之保存一段时间。
>
> 僧侣们作了这样的澄清之后,查士丁尼向他们许诺,如果他们成功地实现了自己的计划,那么他将重赏他们。谈到此之后,僧侣们就再度出发前往印度。过了一段时间之后,他们便为拜占庭携来了相当数量的蚕卵。在完全按照他们所说的方式处理之后,他们便获得了用桑叶饲养的新生毛虫。从此之后,拜占庭便开始饲养蚕了。①

稍后的泰奥法纳(750~817)对蚕种传入拜占庭也有记载,他说:

> 在查士丁尼统治期间,一位波斯人曾在拜占庭介绍过有关蚕虫的起源问题。一直到那时为止,罗马人对此尚一无所知。这位波斯人来自赛里斯人之中,他曾在一个小盒子里(或者空心手杖中)搜集了一些蚕卵,并且一直携至拜占庭。当春天到来时,他用桑叶来喂蚕虫。一旦当蚕虫吞食了这些树叶后,便长出了翅膀。他们完成了剩余的工序。查士丁尼曾向突厥人传授过有关蚕虫的诞生和织茧

---

① 〔法〕阿里·玛扎海里著,耿昇译:《丝绸之路——中国—波斯文化交流史》,北京:中国藏学出版社,2014年,第436页。

的工序问题，突厥人对此惊讶不已，因为突厥人当时控制着赛里斯人的市场和港口，而这一切过去均属于波斯人①。

这两条记载文字虽有所不同，但内容基本相同，都说明育蚕缫丝技术在查士丁尼时期已经由中国新疆传到了拜占庭帝国②。育蚕缫丝技术传入拜占庭帝国，这将大大促进拜占庭帝国的丝织业发展。

（三）中国工艺技术对海东地区的影响

魏晋南北朝时期，随着中国与海东各国贸易联系的加强，大批中国工匠到达海东地区，从而将中国的先进工艺，包括丝织、陶瓷、铜镜等技术传播到海东各国。

《日本书纪》卷10《应神天皇纪》"应神三十七年"条云：

> 春二月戊午朔，遣阿知使主、都加使主于吴，令求缝工女。爰阿知使主等渡高丽国，欲达于吴。则至高丽，更不知道路，乞知道者于高丽。高丽王乃副久礼波、久礼志二人为导者，由是得通吴。吴王于是与工女兄媛、弟媛、吴织、穴织四妇女。

应神三十七年为公元306年，中国为西晋光熙元年，此时孙吴早亡，给予应神天皇四位织女的"吴王"可能是西晋朝廷，也可能是管辖原孙吴故地的某个分封王。据《日本书纪》卷14《雄略天皇纪》记载，雄略七年（463），有一批中国技工和百济技工从百济来到日本，其中有"新汉陶部高贵、鞍部坚贵、画部因斯罗我、锦部定安那、译语卯安那等"，日本将他们安置于"上桃原、下桃原、真神原"，可见这批技工人数之多；雄略十四年：

> 春正月丙寅朔戊寅，身狭村主青等共吴国使，将吴所献手末才伎，汉织、吴织及衣缝兄媛、弟媛等，泊于住吉津。是月，为吴客道，通矶齿津路，名吴坂。三月，命臣、连迎吴使，即安置吴人于

---

① 〔法〕戈岱司编，耿昇译：《希腊拉丁作家远东古文献辑录》，北京：中国藏学出版社，2017年，第123、124页。

② "赛林迪亚"（Serinda）或"赛里斯"一般认为指今新疆和阗，参见张绪山：《中国育蚕术西传拜占庭问题再研究》，《欧亚学刊》2006年第8期；季羡林：《中国蚕丝输入印度问题的初步研究》，《历史研究》1955年第4期。

桧隈野，因名吴原。以衣缝兄媛奉大三轮神，以弟媛为汉衣缝部也。汉织、吴织衣缝，是飞鸟衣缝部、伊势衣缝之先也。

这次送给日本的"手末才伎，汉织、吴织及衣缝兄媛、弟媛等"人数众多，日本为此专门安置，并改安置地名为"吴原"。《南史》卷79《夷貊传下》云：梁武帝中大通六年（534）、大同七年（541），百济"请……工匠画师等，并给之"，可见萧梁时期有不少工匠到达百济。

魏晋南北朝时期中国工匠到达海东各国，地下考古资料也可以证明，如在百济故地、今韩国忠清南道公州郡宋山里古坟出土有"梁官瓦为师矣"铭文的莲花纹砖①；在日本大阪府国分茶臼山古坟出土刻有"吾作明镜真大好，浮游天下敖四海，用青铜至海东"铭文的三角缘神兽镜；在日本滋贺县大岩山古坟出土的三角缘神兽镜上刻有"镜陈氏作甚大工，型模雕刻用青铜，君宜高官至海东"的铭文。据王仲殊先生研究，中国古代的"海东"，一般指朝鲜半岛和日本，可见东渡朝鲜和日本的铸镜师不少②。

魏晋南北朝时期大批中国丝织技术人员到达海东各国，必将促进海东地区丝织业的发展。一般认为，雄略七年，"锦部定安那"从百济来到日本是日本有锦工之始。甚至有人认为，日本和服的起源也与魏晋南北朝时期大批中国丝织技工东渡日本有关。

在中国陶瓷技术影响下，百济也开始仿制陶瓷，早在汉城时期（前18～475）百济就开始模仿中国生产直口短颈壶等陶器，这在梦村土城遗址中多有出土③；百济泗沘时期（538～660），出现了模仿六朝陶瓷制作的铅釉陶器④；在忠清南道扶余郡扶余邑军守里出土的陶虎子就是模仿中国虎子生产的陶器，虽然其整体形状较中国虎子更为简单，但也表现出了虎子固有的结构和功能⑤。

魏晋南北朝时期中国铜镜铸造技术对海东地区影响甚大，在武宁王

---

① 杨泓：《吴、东晋、南朝的文化及其对海东的影响》，《考古》1984年第6期。
② 王仲殊：《日本三角缘神兽镜综论》，《考古》1984年第5期。
③ 〔韩〕朴淳发：《汉城时期（早期）百济与中国交往之一例——对梦村土城出土金属带饰的考察》，南京师范大学文博系编：《东亚古物》（B卷），北京：文物出版社，2007年，第246页；周裕兴：《从海上交通看中国与百济的关系》，《东南文化》2010年第1期。
④ 成正镛、李昌柱、周裕兴：《中国六朝与韩国百济的交流——以陶瓷器为中心》，《东南文化》2005年第1期。
⑤ 赵胤宰：《略论韩国百济故地出土的中国陶瓷》，《故宫博物院院刊》2006年第2期。

陵出土的神兽纹青铜镜，虽为百济制作，但款识纹样与中国六朝神兽纹青铜镜完全相同，明显是模仿中国青铜镜而成①。在日本古坟时代前期古坟中出土了数量众多的三角缘神兽镜，据王仲殊先生研究，日本的三角缘神兽镜是六朝中国工匠东渡日本后，参照中国的平缘神兽镜和三角缘画像镜制作的。三角缘神兽镜主要是采取平缘神兽镜的内区和三角缘画像镜的外区，将二者合而为一，其形体也比中国铜镜庞大，有些镜面配置许多乳状突起，又高又尖，很在特色②。可见日本的三角缘神兽镜是对中国铜镜铸造技术的继承与发展。

魏晋南北朝丝路贸易的发展促进了中国与丝绸之路沿线国家的物质、技术、文化交流，促进了彼此了解与友谊，可以说丝绸之路既是一条贸易交流之路，也是一条技术交流之路、文化交流之路，还是一条友谊之路，魏晋南北朝丝路贸易的发展为隋唐丝路贸易的辉煌奠定了坚实的基础。

---

① 范毓周：《六朝时期中国与百济的友好往来与文化交流》，《江苏社会科学》1994年第5期。
② 王仲殊：《日本三角缘神兽镜综论》，《考古》1984年第5期。

参 考 文 献

一、历史文献与出土文献

1. ［东汉］班固：《汉书》，北京：中华书局，1962年。

2. ［晋］陈寿：《三国志》，北京：中华书局，1959年。

3. ［唐］杜佑撰，王文锦等点校：《通典》，北京：中华书局，1988年。

4. ［东晋］沙门释法显撰，章巽校注：《佛国记》，北京：商务印书馆、中国旅游出版社，2016年。

5. ［南朝宋］范晔：《后汉书》，北京：中华书局，1965年。

6. ［唐］房玄龄等：《晋书》，北京：中华书局，1974年。

7. 国家文物局古文献研究室等编：《吐鲁番出土文书》（第一、二、三、五册），北京：文物出版社，1981、1983年。

8. ［后魏］贾思勰原著，缪启愉校释：《齐民要术校释》（第二版），北京：中国农业出版社，1998年。

9. ［唐］李百药：《北齐书》，北京：中华书局，1972年。

10. ［北魏］郦道元著，陈桥驿校证：《水经注校证》，北京：中华书局，2007年。

11. ［宋］李昉等：《太平御览》，北京：中华书局，1960年。

12. ［宋］李昉等：《太平广记》，北京：中华书局，1961年。

13. ［唐］李延寿：《南史》，北京：中华书局，1975年。

14. ［唐］李延寿：《北史》，北京：中华书局，1974年。

15. ［唐］令狐德棻等：《周书》，北京：中华书局，1971年。

16. ［南朝宋］刘义庆撰，徐震堮著：《世说新语校笺》，北京：中华书局，1984年。

17. ［唐］欧阳询撰，汪绍楹校：《艺文类聚》，北京：中华书局，1965年。

18. 荣新江、李肖、孟宪实主编：《新获吐鲁番出土文献》（全二册），北京：中华书局，2008年。

19. ［梁］沈约：《宋书》，北京：中华书局，1974 年。

20. ［梁］释慧皎撰，汤用彤校注：《高僧传》，北京：中华书局，1992 年。

21. ［北宋］司马光编著，［元］胡三省音注：《资治通鉴》，北京：中华书局，1956 年。

22. ［西汉］司马迁：《史记》，北京：中华书局，1959 年。

23. ［北齐］魏收：《魏书》，北京：中华书局，1974 年。

24. ［唐］魏征、令狐德棻：《隋书》，北京：中华书局，1973 年。

25. ［梁］萧子显：《南齐书》，北京：中华书局，1972 年。

26. ［北魏］杨衒之撰，范祥雍校注：《洛阳伽蓝记校注》，上海：上海古籍出版社，1978 年新 1 版。

27. ［唐］姚思廉：《梁书》，北京：中华书局，1973 年。

28. ［唐］姚思廉：《陈书》，北京：中华书局，1972 年。

二、今人论著

（一）专著类

1. 〔法〕阿里·玛扎海里著，耿昇译：《丝绸之路——中国—波斯文化交流史》，北京：中国藏学出版社，2014 年。

2. 〔法〕布尔努瓦著，耿昇译：《丝绸之路》，济南：山东画报出版社，2001 年。

3. 陈良伟：《丝绸之路河南道》，北京：中国社会科学出版社，2002 年。

4. 方豪：《中西交通史》(全二册)，上海：上海人民出版社，2008 年。

5. 高敏主编：《魏晋南北朝经济史》(上下册)，上海：上海人民出版社，1996 年。

6. 〔法〕戈岱司编，耿昇译：《希腊拉丁作家远东古文献辑录》，北京：中国藏学出版社，2017 年。

7. 姜伯勤：《敦煌吐鲁番文书与丝绸之路》，北京：文物出版社，1994 年。

8. 蒋福亚：《魏晋南北朝社会经济史》，天津：天津古籍出版社，2005 年。

9. 〔高丽〕金富轼著，孙文范等校勘：《三国史记（校勘本）》，长春：吉林文史出版社，2003 年。

10. 黎虎：《汉唐外交制度史》(增订本)，北京：中国社会科学出版社，2019 年。

11. 李明伟主编：《丝绸之路贸易史》，兰州：甘肃人民出版社，1997 年。

12. 林梅村编：《楼兰尼雅出土文书》，《秦汉魏晋出土文献》，北京：文物出版社，1985 年。

13. 林梅村：《汉唐西域与中国文明》，北京：文物出版社，1998 年。

14. 刘再生：《中国古代音乐史简述》，北京：人民音乐出版社，2006 年。

15. 〔苏联〕米·谢·伊凡诺夫著，李希泌、孙伟、汪德全译：《伊朗史纲》，北京：生活·读书·新知三联书店，1973 年。

16. 荣新江：《中古中国与外来文明》，北京：生活·读书·新知三联书店，2001 年。

17. 荣新江：《中古中国与粟特文明》，北京：生活·读书·新知三联书店，2014 年。

18. 荣新江、华澜、张志清主编：《粟特人在中国——历史、考古、语言的新探索》，北京：中华书局，2005 年。

19. 石云涛：《三至六世纪丝绸之路的变迁》，北京：文化艺术出版社，2007 年。

20. 沈福伟：《中西文化交流史》（第 2 版），上海：上海人民出版社，2006 年。

21. 沈光耀：《中国古代对外贸易史》，广州：广东人民出版社，1985 年。

22. 汪家伦、张芳编著：《中国农田水利史》，北京：农业出版社，1990 年。

23. 王素：《高昌史稿：交通编》，北京：文物出版社，2000 年。

24. 王治来：《中亚史》，北京：人民出版社，2010 年。

25. 王仲荦：《魏晋南北朝史》，上海：上海人民出版社，2016 年。

26. 许辉、蒋福亚主编：《六朝经济史》，南京：江苏古籍出版社，1993 年。

27. 杨建新、卢苇：《历史上的欧亚大陆桥——丝绸之路》，兰州：甘肃人民出版社，1992 年。

28. 〔英〕裕尔撰，〔法〕考迪埃修订，张绪山译：《东域纪程录丛——古代中国闻见录》，北京：中华书局，2008 年。

29. 余太山：《嚈哒史研究》，济南：齐鲁书社，1986 年。

30. 余太山：《两汉魏晋南北朝与西域关系史研究》，北京：商务印书馆，2011年。

31. 张星烺编注，朱杰勤校订：《中西交通史料汇编》（全六册），北京：中华书局，1977、1978、1979年。

32. 张绪山：《中国与拜占庭帝国关系研究》，北京：中华书局，2012年。

33. 章巽：《我国古代的海上交通》，北京：商务印书馆，1986年。

34. 赵向群：《甘肃通史·魏晋南北朝卷》，兰州：甘肃人民出版社，2009年。

35. 周伟洲：《吐谷浑史》，银川：宁夏人民出版社，1985年。

（二）论文类

1. 安家瑶：《中国的早期玻璃器皿》，《考古学报》1984年第4期。

2. 成正镛、李昌柱、周裕兴：《中国六朝与韩国百济的交流——以陶瓷器为中心》，《东南文化》2005年第1期。

3. 庚晋、白杉：《中国古代灌钢法冶炼技术》，《铸造技术》2003年第4期。

4. 韩昇：《论魏晋南北朝对高句丽的册封》，《东北史地》2008年第6期。

5. 韩昇：《"魏伐百济"与南北朝时期东亚国际关系》，《历史研究》1995年第3期。

6. 季羡林：《中国蚕丝输入印度问题的初步研究》，《历史研究》1955年第4期。

7. 蒋猷龙：《三国、两晋、南北朝时期的蚕业（上）》，《蚕桑通报》2018年第3期。

8. 蒋猷龙：《三国、两晋、南北朝时期的蚕业（下）》，《蚕桑通报》2018年第4期。

9. 李方：《古代民族政权与绿洲丝绸之路》，《中央民族大学学报（哲学社会科学版）》2017年第3期。

10. 黎虎：《孙权对辽东的经略》，《北京师范大学学报（社会科学版）》1994年第5期。

11. 李瑞哲：《魏晋南北朝隋唐时期陆路丝绸之路上的胡商》，四川大学博士学位论文，2007年。

12. 林梅村：《粟特文买婢契与丝绸之路上的女奴贸易》，《文物》

1992 年第 9 期。

13. 林梅村:《楼兰公主与蚕种西传于阗和罗马》,《文物天地》1996 年第 4 期。

14. 刘波:《敦煌所出粟特语古信札与两晋之际敦煌姑臧的粟特人》,《敦煌研究》1995 年第 3 期。

15. 刘汉东:《从西凉户籍残卷谈五凉时期的人口》,《史学月刊》1988 年第 4 期。

16. 柳洪亮:《略谈十六国时期高昌郡的水利制度——吐鲁番出土文书研究》,《新疆大学学报(哲学社会科学版)》1986 年第 2 期。

17. 莫任南:《突厥在中西交通史上的地位和作用》,《湖南师范大学社会科学学报》1990 年第 6 期。

18. 乜小红、陈国灿:《对丝绸之路上佉卢文买卖契约的探讨》,《西域研究》2017 年第 2 期。

19. 乜小红、丁君涛:《古丝绸之路上蚕桑丝织业的兴衰——对吐鲁番出土蚕桑丝织文献的新研究》,《中国经济史研究》2016 年第 4 期。

20. 齐东方:《李家营子出土的粟特银器与草原丝绸之路》,《北京大学学报(哲学社会科学版)》1992 年第 2 期。

21. 齐东方:《三国两晋南北朝时期的金银器》,《北方文物》2000 年第 1 期。

22. 钱伯泉:《〈职贡图〉与南北朝时期的西域》,《新疆社会科学》1988 年第 3 期。

23. 荣新江:《古代塔里木盆地周边的粟特移民》,《西域研究》1993 年第 2 期。

24. 荣新江:《波斯与中国:两种文化在唐朝的交融》,《中国学术》2002 年第 4 期。

25. 荣新江:《北周史君墓石椁所见之粟特商队》,《文物》2005 年第 3 期。

26. 荣新江:《欧亚大陆视野下的汉唐丝绸之路》,李肖主编:《丝绸之路研究》第一辑,北京:生活·读书·新知三联书店,2017 年。

27. 荣新江:《北朝隋唐粟特人之迁徙及其聚落》,《中古中国与外来文明》,北京:生活·读书·新知三联书店,2001 年。

28. 石云涛:《汉唐间丝绸之路起点的变迁》,《中州学刊》2008 年第 1 期。

29. 石云涛:《北魏西北丝路的利用》,《西域研究》2008 年第 1 期。

30. 孙莉：《萨珊银币在中国的分布及其功能》，《考古学报》2004年第1期。

31. 万国鼎：《齐民要术所记农业技术及其在中国农业技术史上的地位》，《南京农学院学报》1956年第1期。

32. 王万盈：《北魏时期的周边贸易述论》，《北朝研究》第二辑，北京：北京燕山出版社，2001年。

33. 王银田：《丝绸之路与北魏平城》，《暨南学报（哲学社会科学版）》2014年第1期。

34. 王仲殊：《东晋南北朝时代中国与海东诸国的关系》，《考古》1989年第11期。

35. 王仲殊：《日本三角缘神兽镜综论》，《考古》1984年第5期。

36. 武敏：《从出土文书看古代高昌地区的蚕丝与纺织》，《新疆社会科学》1987年第5期。

37. 夏鼐：《综述中国出土的波斯萨珊朝银币》，《考古学报》1974年第1期。

38. 徐苹芳：《考古学上所见的中国境内的丝绸之路》，《燕京学报》新一期，北京：北京大学出版社，1995年。

39. 闫江涌：《魏晋南北朝时期中外音乐交流研究》，安徽大学硕士学位论文，2007年。

40. 杨泓：《吴、东晋、南朝的文化及其对海东的影响》，《考古》1984年第6期。

41. 余太山：《汉魏通西域路线及其变迁》，《西域研究》1994年第1期。

42. 余太山：《裴矩〈西域图记〉所见敦煌至西海的"三道"》，《西域研究》2005年第4期。

43. 张德芳：《从出土汉简看汉王朝对丝绸之路的开拓与经营》，《中国社会科学》2021年第1期。

44. 张俊民：《悬泉汉简所见丝绸之路》，《档案》2015年第6期。

45. 张绪山：《萨珊波斯帝国与中国——拜占庭文化交流》，《全球史评论》2010年第3期。

46. 张绪山：《六七世纪拜占庭帝国对中国的丝绸贸易活动及其历史见证》，《北大史学》，2005年。

47. 张绪山：《汉唐时代华夏族人对希腊罗马世界的认知——以西王母神话为中心的探讨》，《世界历史》2017年第5期。

48. 张绪山：《中国育蚕术西传拜占庭问题再研究》，《欧亚学刊》2006年第8期。

49. 赵胤宰：《略论韩国百济故地出土的中国陶瓷》，《故宫博物院院刊》2006年第2期。

50. 周裕兴：《从海上交通看中国与百济的关系》，《东南文化》2010年第1期。

后　　记

　　历近五载，拙稿终于初成，虽因才拙力薄，仍不完善，但像母亲经过阵痛后孩子的降临，仍是欣慰的，付出的一切都是值得的。

　　拙稿的完成，中国社会科学院经济研究所的魏明孔教授倾注了大量心血，魏老师是我的博士后合作导师，我虽出站多年，魏老师对我一直非常关心，书稿从选题、构思，到最后修改，魏老师都给予了多方指导，书稿框架基本完成后，魏老师又鼓励我申报国家社科基金后期资助项目，可以说，没有魏老师的帮助，拙稿是难以完成的。

　　在书稿的写作过程中，我的博士生导师、首都师范大学的蒋福亚教授给予了不少帮助，特别对如何把握魏晋南北朝时期的经济给予过具体指导。厦门大学林枫教授、泉州学院王万盈教授、浙江师范大学陈国灿教授等也给予过不少建议，在此表示衷心感谢！

　　书稿完成之际，不禁使我思念西北师范大学的赵向群教授，赵老师是我的硕士生导师，正是赵老师将我引入史学殿堂，也正是在赵老师门下，在兰州大地，我与丝绸之路结缘。斯人已逝，无缘再向老师请教，思之不禁潸然泪下。

　　书稿得到了国家社科基金后期资助项目资助，为研究工作与书稿出版提供了经费保障，在评审过程中，专家们提出了详尽的修改意见，为完善书稿指明了方向，在此表示诚挚感谢！

　　在书稿写作过程中，湘潭大学商学院领导及同事给予了诸多便利，在此深表谢意。

　　书稿最终得以出版，北京大学出版社特别是责编周粟老师付出了大量心血，在此表示谢意！

方高峰
2022 年 12 月于湘潭大学